新文科建设年度发展报告（2023）

全国新文科教育研究中心　编

U0911552

山东大学出版社
·济南·

图书在版编目(CIP)数据

新文科建设年度发展报告.2023 / 全国新文科教育研究中心编. —济南:山东大学出版社,2024.2
ISBN 978-7-5607-8013-9

Ⅰ. ①新… Ⅱ. ①全… Ⅲ. ①高等学校-文科(教育)-课程建设-研究报告-2023 Ⅳ. ①G642.4

中国国家版本馆 CIP 数据核字(2023)第 254079 号

责任编辑 李 淼
封面设计 午 云

新文科建设年度发展报告(2023)
XINWENKE JIANSHE NIANDU FAZHANBAOGAO(2023)

出版发行 山东大学出版社
社 址 山东省济南市山大南路 20 号
邮政编码 250100
发行热线 (0531)88363008
经 销 新华书店
印 刷 山东新华印务有限公司
规 格 787 毫米×1092 毫米 1/16
22 印张 335 千字
版 次 2024 年 2 月第 1 版
印 次 2024 年 2 月第 1 次印刷
定 价 70.00 元

《新文科建设年度发展报告(2023)》编委会

领航之声

建设教育强国，是全面建成社会主义现代化强国的战略先导，是实现高水平科技自立自强的重要支撑，是促进全体人民共同富裕的有效途径，是以中国式现代化全面推进中华民族伟大复兴的基础工程。

建设教育强国，龙头是高等教育。要把加快建设中国特色、世界一流的大学和优势学科作为重中之重，大力加强基础学科、新兴学科、交叉学科建设，瞄准世界科技前沿和国家重大战略需求推进科研创新，不断提升原始创新能力和人才培养质量。

——2023 年 5 月 29 日，习近平在中共中央政治局第五次集体学习时的讲话

要优化基础学科建设布局，支持重点学科、新兴学科、冷门学科和薄弱学科发展，推动学科交叉融合和跨学科研究，构筑全面均衡发展的高质量学科体系。

加强基础研究，归根结底要靠高水平人才。要坚持走基础研究人才自主培养之路，深入实施“中学生英才计划”、“强基计划”、“基础学科拔尖学生培养计划”，优化基础学科教育体系，发挥高校特别是“双一流”高校基础研究人才培养主力军作用，加强国家急需高层次人才培养，源源不断地造就规模宏大的基础研究后备力量。

——2023 年 2 月 21 日，习近平在中共中央政治局第三次集体学习时的讲话

目录

政策文件

部长声音

专题报告

专家观点

典型案例

政策文件

关于加强新时代法学教育和法学理论研究的意见*

法学教育和法学理论研究承担着为法治中国建设培养高素质法治人才、提供科学理论支撑的光荣使命，在推进全面依法治国中具有重要地位和作用。为加强新时代法学教育和法学理论研究，现提出如下意见。

一、总体要求

（一）指导思想

坚持以习近平新时代中国特色社会主义思想为指导，认真学习宣传贯彻党的二十大精神，深入学习贯彻习近平法治思想，弘扬伟大建党精神，深刻领悟“两个确立”的决定性意义，增强“四个意识”、坚定“四个自信”、做到“两个维护”，坚定不移走中国特色社会主义法治道路，坚持依法治国和以德治国相结合，坚持社会主义办学方向，提高法治人才培养质量，加强中国特色社会主义法治理论研究，提升法学研究能力和水平，加快构建中国特色法学学科体系、学术体系、话语体系，为建设中国特色社会主义法治体系、建设社会主义法治国家、推动在法治轨道上全面建设社会主义现代化国家提供有力人才保障和理论支撑。

（二）工作原则

坚持和加强党的全面领导，确保法学教育和法学理论研究始终沿着正确政治方向前进。坚持围绕中心、服务大局，把法学教育和法学理论研究放在党和国家工作大局中谋划和推进。坚持立德树人、德法兼修，努力培养造就更多具有坚定理想信念、强烈家国情怀、扎实法学根底的法治人才。坚持遵循法学学科发展规律和人才成长规律，分类建设和管理法学院校。坚持把马克思主义法治理论同中国具体实际相结合、同中华优秀传统法律文化相结合，

---

* 中共中央办公厅　国务院办公厅印发《关于加强新时代法学教育和法学理论研究的意见》，2023-02-26，https：//www.news.cn/legal/2023-02/26/c_1129398885.htm。

总结中国特色社会主义法治实践规律，汲取世界法治文明有益成果，推动法学教育和法学理论研究高质量发展。

（三）主要目标

到 2025 年，法学院校区域布局与学科专业布局更加均衡，法学教育管理指导体制更加完善，人才培养质量稳步提升，重点领域人才短板加快补齐，法学理论研究领域不断拓展、研究能力持续提高，基础理论研究和应用对策研究更加繁荣，中国特色社会主义法治理论研究进一步创新发展。到 2035 年，与法治国家、法治政府、法治社会基本建成相适应，建成一批中国特色、世界一流法学院校，造就一批具有国际影响力的法学专家学者，持续培养大批德才兼备的高素质法治人才，构建起具有鲜明中国特色的法学学科体系、学术体系、话语体系，形成内容科学、结构合理、系统完备、协同高效的法学教育体系和法学理论研究体系。

二、坚持正确政治方向

（四）坚持以习近平法治思想为根本遵循

深入学习贯彻习近平法治思想，坚持用习近平法治思想全方位占领法学教育和法学理论研究阵地，教育引导广大法学院校师生和法学理论工作者做习近平法治思想的坚定信仰者、积极传播者、模范实践者。充分发挥习近平法治思想研究中心（院）及法治工作部门理论研究机构作用，深入研究阐释习近平法治思想的重大原创性贡献，不断丰富发展中国特色社会主义法治理论。深入推进习近平法治思想学理化阐释、学术化表达、体系化构建，推动理论研究成果向课程体系、教材体系、教学体系转化。统筹整合研究力量和资源，积极推出高质量研究成果，充分展现习近平法治思想鲜明的中国特色、实践特色、时代特色。全面推进习近平法治思想进教材、进课堂、进头脑，开设习近平法治思想概论法学专业核心必修课，鼓励有条件的高等学校开设相关必修、选修课程，与法治工作部门联合开设习近平法治思想的法治实践相关课程，打造习近平法治思想专门课程模块，开展好面向全体学生的习近平法治思想教育。加强习近平法治思想师资培训。用好《习近平法治思想学习纲要》《习近平法治思想学习问答》《中国共产党百年法治大事记》等读物。

（五）坚持和加强党的全面领导

牢牢把握党的领导是社会主义法治的根本保证，全面贯彻党的基本理论、基本路线、基本方略，引导广大法学院校师生和法学理论工作者自觉强化党的领导意识，健全党领导法学教育和法学理论研究的体制机制，将党的领导贯彻到法学教育和法学理论研究全过程各方面。坚定不移走中国特色社会主义法治道路，坚持党的领导、人民当家作主、依法治国有机统一，引导广大法学院校师生和法学理论工作者在原则问题和大是大非面前旗帜鲜明、立场坚定，坚决反对和抵制西方“宪政”“三权鼎立”“司法独立”等错误观点。全面贯彻党的教育方针，坚持为党育人、为国育才，着力培养社会主义法治事业的建设者和接班人。坚持用党的创新理论引领法学理论研究，深入学习把握党领导法治建设的百年光辉历程和历史经验，教育引导广大法学理论工作者努力做先进思想的倡导者、学术研究的开拓者、社会风尚的引领者、党执政的坚定支持者。法学院校和科研院所党组织要从严落实好管党治党主体责任，切实把好方向、管好阵地、建好队伍。

（六）加强思想政治建设

把讲政治作为根本要求，教育引导广大法学教师和理论工作者提高政治敏锐性和政治鉴别力，严守政治纪律和政治规矩，把政治标准和政治要求贯穿法学教育和法学理论研究工作始终。把思想政治工作贯穿法学教育教学全过程，加强理想信念教育和社会主义核心价值观教育，强化爱国主义、集体主义、社会主义教育，深入推进法学专业课程思政建设，将思想政治教育有机融入课程设置、课堂教学、教材建设、师资队伍建设、理论研究等人才培养各环节，教育引导广大师生做社会主义法治的忠实崇尚者、自觉遵守者、坚定捍卫者。深刻把握新时代法学理论研究的政治性，自觉围绕建设中国特色社会主义法治体系、建设社会主义法治国家，全面推进国家各方面工作法治化等重大理论和实践问题开展研究，建强马克思主义法治理论阵地。

三、改革完善法学院校体系

（七）优化法学院校发展布局

以服务国家发展大局、适应区域法治人才需求为根本，调整优化法学院校区域布局，统筹全国法学学科专业设置和学位授权点设置，推进法学教育区域均衡发展。完善法学教育准入制度，健全法学相关学科专业办学质量预警机制，对办学条件不足、师资水平持续低下、教育质量较差的院校畅通有序退出机制。建立法学教育质量评估制度，完善评估指标体系，在现有法学学科评估工作基础上，按计划开展高等学校法学本科教育教学评估，通过限期整改、撤销等措施，优化法学学科专业布局。加快“双一流”建设，鼓励法学院校突出特色，形成差异化发展格局。积极支持西部地区法学院校发展，进一步优化法学学位授权点布局，在招生规模、师资、经费、就业等方面加大政策倾斜力度，开展好全国法学教育东西对口支援，实现法学教育资源合理配置。

（八）完善法学院校管理指导体制

完善法学教育管理体制，加强中央依法治国办对法学教育工作的宏观指导，加强国务院教育主管部门和司法行政部门对高等学校法学教育工作的指导。推进法学院校改革发展，发挥好重点政法院校在法学教育和法学理论研究中的骨干示范作用。法治工作部门要加大对法学院校支持力度，积极提供优质实践教学资源，做好法律职业和法学教育之间的有机衔接。发挥好高等学校法学类专业教学指导委员会、国务院学位委员会法学学科评议组、全国法律专业学位研究生教育指导委员会、全国司法职业教育教学指导委员会等专家委员会作用，增加有法治实践经验的委员比例，优化人员组成，提高法学教育指导管理水平。

四、加快完善法学教育体系

（九）优化法学学科体系

完善法学学科专业体系，构建自主设置与引导设置相结合的学科专业建设新机制。立足中国实际，推进法理学、法律史等基础学科以及宪法学与行政法学、刑法学、民商法学、诉讼法学、经济法学、环境与资源保护法学、国际法学、军事法学等更新学科内涵，更好融入全面依法治国实践。适应法治建设新要求，加强立法学、文化法学、教育法学、国家安全法学、区际法学等学科建设，加快发展社会治理法学、科技法学、数字法学、气候法学、海洋法学等新兴学科。坚持依法治国和依规治党有机统一，加强纪检监察学、党内法规学学科建设。推进法学和经济学、社会学、政治学、心理学、统计学、管理学、人类学、网络工程以及自然科学等学科交叉融合发展，培养高质量复合型法治人才。完善涉外法学相关学科专业设置，支持能够开展学位授权自主审核工作的高等学校按程序设置国际法学相关一级学科或硕士专业学位类别，支持具有法学一级学科博士学位授权点的高等学校按程序自主设置国际法学相关二级学科，加快培养具有国际视野，精通国际法、国别法的涉外法治紧缺人才。

（十）健全法学教学体系

注重思想道德素养培育，结合社会实践，积极开展理想信念教育、中华优秀传统法律文化教育，大力弘扬社会主义法治精神，健全法律职业伦理和职业操守教育机制，培育学生崇尚法治、捍卫公正、恪守良知的职业品格。适应多层次多领域法治人才需求，扶持发展法律职业教育，夯实法学本科教育，提升法学研究生教育。完善法学一级学科博士、硕士学位基本要求，法律专业学位基本要求，法学类本科专业教学质量国家标准。更新职业教育法律相关专业教学标准。在法治工作部门支持下，建立法律专业学位研究生教育和法律职业资格衔接机制，研究探索法律专业学位研究生入学考试改革，开展法律专业学位研究生培养单位培养质量认证试点工作，提高培养质量。更新完善法学专业课程体系，一体推进法学专业理论教学课程和实践教学课程建设。适应“互联网+教育”新形态新要求，创新教育教学方法手段。强化法学实践教学，深化协同育人，推动法学院校与法治工作部门在人才培养方案制定、课程建设、教材建设、学生实习实训等环节深度衔接。建立法治工作部门、法律服务机构等接收法学专业学生实习实训工作制度，探索法学专业学生担任实习法官检察官助理，积极拓宽法学专业学生到国际组织实习渠道。建设一批校外法学实践教学基地。根据民族地区实际需求，培养既掌握国家通用语言文字又懂少数民族语言文字的法治人才。

（十一）完善法学教材体系

坚持以习近平法治思想为统领，通过抓好核心教材、编好主干教材、开发新形态教材等，构建中国特色法学教材体系。用好《习近平法治思想概论》

等教材，巩固法学类马克思主义理论研究和建设工程重点教材在法学教材体系中的核心地位，及时组织更新修订，拓展法学类马克思主义理论研究和建设工程重点教材建设的覆盖面，提升影响力。推进中国法学系列教材建设，充分反映全面依法治国发展成就。严格法学教材编写人员资质条件，加强教材分级分类审核，把好政治关、学术关。

（十二）加强法学教师队伍建设

突出政治标准，落实立德树人根本任务，推进法学教师队伍建设改革，打造一支政治立场坚定、法学根底深厚、熟悉中国国情、通晓国际规则的高水平专兼职教师队伍。坚持教育者先受教育，把师德师风作为评价教师队伍素质的第一标准，作为教师招聘引进、职称评审、岗位聘用、导师遴选、评优奖励、聘期考核、项目申报等的首要要求，加强日常教育管理督导，加强思想政治素质考察，强化法治和纪律教育，教育引导广大法学教师努力成为“四有”好老师。建立完善以教学科研工作业绩为主要导向的法学教师考核制度，提高法学教师教学业绩和教学研究在各类评审评价中的分值权重，建立符合法学学科特点的教师评价与职称晋升制度，着力破除唯分数、唯升学、唯文凭、唯论文、唯帽子倾向，弘扬“冷板凳精神”，激励引导法学教师专心治学、教书育人。推动法学院校、科研院所与法治工作部门人员双向交流，加大法学教师、研究人员和高等学校法务部门工作人员到法治工作部门挂职力度，在符合党政领导干部兼职等有关政策规定基础上，探索建立法治工作部门优秀实务专家到高等学校任教以及到智库开展研究制度，实施人员互聘计划。充分发挥全国法学教师培训基地作用。优化法学教师队伍结构，根据法学理论体系、学科体系、课程体系建设要求，形成梯次化法学教师队伍和学术创新团队。

五、创新发展法学理论研究体系

（十三）强化法学基础理论研究

加强马克思主义法学基本原理研究，以马克思主义经典著作为基础，加强法学理论提炼、阐释，不断完善马克思主义法治理论体系。坚持把习近平法治思想的研究阐释作为首要任务，加强对习近平法治思想的原创性概念、判断、范畴、理论的研究，加强对习近平法治思想重大意义、核心要义、丰富内涵和实践要求的研究。紧紧围绕新时代全面依法治国实践，切实加强扎根中国文化、立足中国国情、解决中国问题的法学理论研究，总结提炼中国特色社会主义法治具有主体性、原创性、标识性的概念、观点、理论，把论文写在祖国的大地上，不做西方理论的“搬运工”，构建中国自主的法学知识体系。把握党内法规研究跨学科特点，统筹基础研究和应用研究，为加强党内法规制度建设、依规治党提供有力学理支撑。加强对中国新民主主义革命法制史特别是革命根据地法制史的研究，传承红色法治基因，赓续红色法治血脉。推动中华优秀传统法律文化创造性转化、创新性发展，支持具有重要文化价值和传承意义的法学学科发展。加强外国法与比较法研究，合理借鉴国外有益经验，服务推进全面依法治国实践。强化国家社科基金和部级法学类科研项目导向作用，推进马克思主义法治理论中国化时代化。建设一批国家重点法学基础理论研究基地，加大对法学基础理论研究扶持力度，研究探索社会力量支持法学基础理论研究机制。

（十四）强化全面依法治国实践研究

立足建立健全国家治理急需、满足人民日益增长的美好生活需要必备的法律制度，围绕法治建设重大规划、重点改革、重要举措等，开展前瞻性、针对性、储备性法律政策研究，充分运用法治力量服务中国式现代化。积极回应人民群众新要求新期待，系统研究立法、执法、司法、守法等法治领域人民群众反映强烈的突出问题，提出对策建议。加强对基层立法联系点在发展全过程人民民主中的作用和发挥立法“直通车”功能的研究。围绕完整、准确、全面贯彻新发展理念，加快构建新发展格局，着力推动高质量发展，加强对国家重大发展战略法治保障研究，加强国家安全、科技创新、公共卫生、生物安全、生态文明、防范风险、大国外交等重点领域法治实践研究，加强新技术新业态新应用领域法律制度供给研究。建设国家亟需、特色鲜明、制度创新、引领发展的法治高端智库。建好用好国家级涉外法治研究基地。

（十五）完善科研考核评价制度

坚持鲜明的人才培养导向、潜心治学导向、服务党和人民导向，改进科研评价方式，构建符合法学学科特点的学术评价体系，以学术质量、社会影响、实际效果为衡量标准，建立健全教育、激励、规范、监督、奖惩一体化的科研诚信治理体系，坚持学术不端“零容忍”，健全学术规范监督机制，落实学术不端与师德失范处理处罚联动机制，引导教学研究人员潜心钻研、铸造精品，营造风清气正的科研环境。推动项目管理从重数量、重过程向重质量、重结果转变，实行绩效分类评价，推行科研成果代表作制度，完善将报刊理论文章、教学研究成果、决策咨询报告等纳入学术成果机制，把参与法治实践、咨政建言等纳入科研考核评价体系，提高科研考核评价工作科学性。完善法学研究成果评价评奖机制，组织好高等学校科学研究优秀成果奖（人文社会科学）、中国法学优秀成果奖、董必武青年法学成果奖、钱端升法学研究成果奖、全国法学教材与科研成果奖等评选活动。加强法学学术期刊管理，牢牢把握办刊正确方向和舆论导向，推动法学学术期刊多样化、差异化、高质量发展，支持外文法学学术期刊发展，构建法学学术期刊发展长效机制。完善法学期刊评价指标体系，科学合理设置实务类期刊评价指标，不唯引用率等学术化标准，综合考虑对法治实践的贡献进行评价。

（十六）推进对外学术交流与合作

加强习近平法治思想国际传播，全面展示新时代中国特色社会主义法治建设取得的历史性成就、发生的历史性变革，充分彰显习近平法治思想的理论伟力、真理伟力、实践伟力。加强法学对外交流，通过开展双边多边合作研究、共同举办学术论坛、互派访问学者等形式，拓展对外交流领域和渠道。发挥中国法治国际论坛等平台作用。加强我国优秀法学研究成果对外宣传，推动专家学者对外发声，创新对外话语表达方式，提升中国特色社会主义法学理论体系和话语体系的国际传播能力。认真总结我国法治体系建设和法治实践经验，阐发中华优秀传统法律文化，讲好中国法治故事，提升中国特色社会主义法治体系和法治理论的国际影响力和话语权。加强与共建“一带一路”国家法治学术交流合作。完善外国法查明机制，推进世界主要国家法律法规数据库建设，注重组织搜集筛选、翻译国外法律信息资料，加强世界法学名著的汉译工作和中国法学优秀成果的外译工作。

六、加强组织领导

（十七）强化组织实施

坚持党对法学教育和法学理论研究工作的全面领导，中央依法治国委加强统筹规划，国务院教育主管部门和司法行政部门会同有关法治工作部门密切协作、形成合力，推动各项任务落到实处。各级党委要加强组织领导，及时研究解决重大问题，统筹推进任务落地落实。法治工作部门要加强实践资源、实践平台和实践机会供给，推动法学教育与法治实务相互融合。中国法学会要充分发挥学术团体引领职能，吸引和团结广大法学法律工作者更好服务法治中国建设。组织人事、宣传、发展改革、财政等部门要完善政策保障机制，为加强法学教育和法学理论研究创造更好环境和条件。法学院校和科研院所党组织要履行好办学治校主体责任，切实将推进法学教育和法学理论研究各项工作举措落到实处。探索建立全国法学教育和法学理论研究资源信息网络平台，推进资源整合，实现系统集成、资源互联共享。

普通高等教育学科专业设置调整优化改革方案*

学科专业是高等教育体系的核心支柱，是人才培养的基础平台，学科专业结构和质量直接影响高校立德树人的成效、直接影响高等教育服务经济社会高质量发展的能力。为进一步调整优化学科专业结构，推进高等教育高质量发展，服务支撑中国式现代化建设，制定如下改革方案。

一、总体要求

1. 指导思想

深入学习贯彻党的二十大精神，全面贯彻落实习近平总书记关于教育的重要论述，完整、准确、全面贯彻新发展理念，面向世界科技前沿、面向经济主战场、面向国家重大需求、面向人民生命健康，推动高校积极主动适应经济社会发展需要，深化学科专业供给侧改革，全面提高人才自主培养质量，建设高质量高等教育体系。

2. 工作原则

——服务国家发展。以服务经济社会高质量发展为导向，想国家之所想、急国家之所急、应国家之所需，建好建强国家战略和区域发展急需的学科专业。

——突出优势特色。以新工科、新医科、新农科、新文科建设为引领，做强优势学科专业，形成人才培养高地；做优特色学科专业，实现分类发展、特色发展。

——强化协同联动。加强教育系统与行业部门联动，加强人才需求预测、预警、培养、评价等方面协同，实现学科专业与产业链、创新链、人才链相互匹配、相互促进。

---

* 《教育部等五部门关于印发〈普通高等教育学科专业设置调整优化改革方案〉的通知》（教高〔2023〕1号），2023-04-04，http：//www.moe.gov.cn/srcsite/A08/s7056/20230404_1054230.html。

3. 工作目标

到2025年，优化调整高校20%左右学科专业布点，新设一批适应新技术、新产业、新业态、新模式的学科专业，淘汰不适应经济社会发展的学科专业；基础学科特别是理科和基础医科本科专业点占比进一步提高；建好10000个左右国家级一流专业点、300个左右基础学科拔尖学生培养基地；在具有一定国际影响力、对服务国家重大战略需求发挥重要作用的学科取得突破，形成一大批特色优势学科专业集群；建设一批未来技术学院、现代产业学院、高水平公共卫生学院、卓越工程师学院，建成一批专业特色学院，人才自主培养能力显著提升。到2035年，高等教育学科专业结构更加协调、特色更加彰显、优化调整机制更加完善，形成高水平人才自主培养体系，有力支撑建设一流人才方阵、构建一流大学体系，实现高等教育高质量发展，建成高等教育强国。

二、改进高校学科专业设置、调整、建设工作

4. 加强学科专业发展规划

高校要科学制定学科专业发展中长期规划，主动适应国家和区域经济社会发展、知识创新、科技进步、产业升级需要，做好学科专业优化、调整、升级、换代和新建工作。要将学科专业规划与学校事业发展规划相统一，建立健全工作制度，每年根据社会人才需求、学校办学定位、办学条件等，对本校学科专业设置调整进行专题研究。

5. 加快推进一流学科建设

高校要打破常规，服务国家重大战略需求，聚焦世界科学前沿、关键技术领域、传承弘扬中华优秀文化的学科，以及服务治国理政新领域新方向，打造中国特色世界影响标杆学科。要打破学科专业壁垒，深化学科交叉融合，创新学科组织模式，改革人才培养模式，培育优秀青年人才团队，深化国际交流合作，完善多渠道资源筹集机制，建设科教、产教融合创新平台等。

6. 深化新工科建设

主动适应产业发展趋势，主动服务制造强国战略，围绕“新的工科专业，工科专业的新要求，交叉融合再出新”，深化新工科建设，加快学科专业结构

调整。对现有工科专业全要素改造升级，将相关学科专业发展前沿成果、最新要求融入人才培养方案和教学过程。加大国家重大战略、战略性新兴产业、区域支柱产业等相关学科专业建设力度，打造特色鲜明、相互协同的学科专业集群。推动现有工科交叉复合、工科与其他学科交叉融合、应用理科向工科延伸，形成新兴交叉学科专业，培育新的工科领域。

7. 加强新医科建设

面向人民生命健康，落实“大健康”理念，加快构建服务生命全周期、健康全过程的医学学科专业体系。聚焦理念内容、方法技术、标准评价等，全方位改造升级现有医学专业。主动适应医学新发展、健康产业新发展，布局建设智能医学、互联网医疗、医疗器械等领域紧缺专业。瞄准医学科技发展前沿，大力推进医科与理科、工科、文科等学科深度交叉融合，培育“医学+X”“X+医学”等新兴学科专业。

8. 推进新农科建设

面向新农村、新农业、新农民、新生态，推进农林学科专业供给侧改革，服务支撑农业转型升级和乡村振兴。适应新一轮科技革命对人才培养的新要求，主动运用现代生物技术、信息技术、工程技术等改造提升现有涉农学科专业。服务国家种业安全、耕地保护建设、现代农业发展、生态系统治理、乡村建设等战略需求，以及森林康养、绿色低碳等新产业新业态发展，开设生物育种、智慧耕地、种子科学与工程、农林智能装备、乡村规划设计等重点领域紧缺专业。积极推进农工、农理、农医、农文深度交叉融合创新发展，培育新兴涉农学科专业。

9. 加快新文科建设

构建中国特色哲学社会科学，建构中国自主的知识体系，努力回答中国之问、世界之问、人民之问、时代之问，彰显中国之路、中国之治、中国之理。推动文科间、文科与理工农医学科交叉融合，积极发展文科类新兴专业，推动原有文科专业改造升级。强化重点领域涉外人才培养相关专业建设，打造涉外法治人才教育培养基地和关键语种人才教育培养基地，主动服务国家软实力提升和文化繁荣发展。推进文科专业数字化改造，深化文科专业课程体系和教学内容改革，做到价值塑造、知识传授、能力培养相统一，打造文科专业教育的中国范式。

10. 加强基础学科专业建设

建强数理化生等基础理科学科专业，适度扩大天文学等紧缺理科学科专业布局。精准推动基础医学（含药学）学科专业建设，推进基础与临床融通的整合式8年制临床医学教育改革。系统推进哲学、历史学等基础文科学科专业建设，推动形成哲学社会科学中国学派。促进多学科交叉融通。适应“强化基础、重视应用、特色培养”要求，分类推进基础和应用人才培养。高水平研究型大学要加大基础研究人才培养力度；地方高校要拓宽基础学科应用面向，构建“基础+应用”复合培养体系，探索设置“基础学科+”辅修学士学位和双学士学位项目。

11. 完善学科专业建设质量保障机制

高校要按照人才培养“先宽后深”的原则，制定科学、规范的人才培养方案，系统设计课程体系，配齐配强教师队伍、教学条件、实践基地等，确保人才培养方案落实落地。定期开展学科专业自评工作，建立健全学科专业建设质量年度报告制度，系统报告学科专业建设与调整整体情况、分专业建设情况、服务经济社会发展情况等，主动公开接受社会监督。

三、强化省级学科专业建设统筹和管理

12. 加强学科专业设置统筹

省级教育行政部门、有关部门（单位）教育司（局）要做好本地、本部门所属高校学科专业发展规划，指导本地、本部门高校做好学科专业设置工作。综合应用规划、信息服务、政策指导、资源配置等，促进所属高校优化学科专业结构。强化省级学位委员会统筹力度，推动学位授予单位动态调整学位授权点；充分发挥学位授权自主审核功能，推动自主审核单位优化现有学位授权点布局结构。

13. 严格学科专业检查评价

省级教育行政部门要对照相关标准，对所属高校新设学科专业的基本办学条件、师资力量、实践条件、学生满意度、招生规范度等进行检查，对未达到条件的要限制招生、限期整改。定期开展学科专业建设质量检查，对办学条件

严重不足、教学质量低下、就业率过低的，要责令暂停招生、限期整改。

14. 开展人才需求和使用情况评价

国家和省级有关行业部门要主动开展行业人才需求预测、毕业生就业反馈预警及人才使用情况评价，适时发布区域及有关重点产业和行业人才需求。省级教育行政部门要积极开展高校学科专业与区域发展需求匹配度评估，及时公布本地优先发展和暂缓发展的学科专业名单。建立健全招生培养就业联动机制。鼓励行业企业参与高校人才培养方案修订及实施工作。

四、优化学科专业国家宏观调控机制

15. 切实发挥学科专业目录指导作用

实施新版研究生教育学科专业目录，完善一级学科设置、积极发展专业学位、统计编制二级学科和专业领域指导性目录，积极发展新兴交叉学科。修订普通高等学校本科专业目录，根据经济社会发展需求变化，动态调整国家控制布点本科专业和特设专业目录。

16. 完善学科专业管理制度

实施研究生教育学科专业目录管理办法和交叉学科设置与管理办法。定期编制急需学科专业引导发展清单。修订本科专业设置管理规定，探索建立专业预调整制度，明确高校申请备案（审批）专业，须列入学校发展规划，原则上提前 1 年进行预备案（申报）。加强学科专业存量调整，完善退出机制。对高校连续五年未招生的专业予以撤销处理。

17. 加强学科专业标准建设和应用

完善学位授权审核基本条件和学位基本要求，开展博士硕士学位授权点核验，完善本科专业类教学质量标准，兜住学科专业建设质量底线，推动高校依据标准和人才培养实际动态完善人才培养方案。发挥国务院学位委员会学科评议组、全国专业学位研究生教育指导委员会、教育部高等学校教学指导委员会等专家组织作用，积极开展对学科专业建设的指导与质量监督。

18. 强化示范引领

深入实施一流学科培优行动和一流本科专业建设“双万计划”，树立学科专业建设标杆。推进分类评价，基础学科专业更强调科教融合，应用型学科专业更强调产教融合，引导不同类型学科专业办出特色和水平。开展保合格、上水平、追卓越的三级本科专业认证工作。

19. 深入实施“国家急需高层次人才培养专项”

统筹“双一流”建设高校、领军企业、重点院所等资源，创新招生、培养、管理、评价模式，超常规布局一批急需学科专业，建成一批高层次人才培养基地，形成更加完备的高质量人才培养体系，显著提升高层次人才自主培养能力。

20. 加强专业学院建设

在学科专业基础好、整体实力强的高校建设30个左右未来技术学院；在行业特色鲜明、与产业联系紧密的高校建设300个左右现代产业学院；依托有关高校布局建设一批高水平公共卫生学院。支持高校以特色优势学科专业为依托，建设示范性集成电路学院、特色化示范性软件学院、一流网络安全学院、示范性密码学院、示范性能源学院、储能技术学院、智慧农业学院、涉外法治学院、国际组织学院等专业特色学院。推动专业性（行业特色型）高校进一步提高特色化办学水平。

21. 健全学科专业调整与人才需求联动机制

人力资源社会保障及有关行业部门要大力支持高校学科专业建设，建立健全人才预测、预警机制，建立人才需求数据库，及时向社会发布重点行业产业人才需求，对人才需求趋少的行业产业进行学科专业设置预警。

22. “一校一案”狠抓落实

各地各高校要根据改革方案，结合本地本校实际，按照“一校一案”原则，研究制定学科专业改革实施方案。地方高校方案报省级教育行政部门备案，其他中央部门所属高校经主管部门同意后报教育部备案，直属高校及各地实施方案报教育部备案。各地各高校应结合年度学科专业设置，每年9月底前报告实施方案落实情况。

“十四五”普通高等教育本科国家级规划教材建设实施方案*

为深入贯彻党的二十大精神，加快推进自主知识体系、学科专业体系、教材教学体系建设，全面加强教材建设和管理，系统构建中国特色、世界水平的高等教育本科规划教材体系，支撑服务高等教育走好高质量人才自主培养之路，制定本方案。

一、总体要求

（一）指导思想

坚持以习近平新时代中国特色社会主义思想为指导，深入贯彻党的二十大精神，全面贯彻党的教育方针，落实立德树人根本任务，坚持和弘扬社会主义核心价值观，落实教材国家事权，服务国家发展战略，服务自主知识体系构建，站稳中国立场，遵循教育教学规律和人才培养规律，注重守正创新，推动学科交叉、产教融合、科教融汇，为建设教育强国、培养德智体美劳全面发展的社会主义建设者和接班人提供坚强支撑。

（二）基本原则

坚持价值引领。深入推进习近平新时代中国特色社会主义思想进教材，心怀“国之大者”，坚持为党育人、为国育才，坚持理论联系实际，强化教材育人理念，为培养担当中华民族复兴大任的时代新人提供坚实支持。

坚持需求导向。紧密围绕党和国家事业发展对人才培养的新要求，扎根中国大地，面向世界科技前沿、面向经济主战场、面向国家重大需求、面向人民生命健康，以培养学生的创新精神和实践能力为重点，支撑服务国家和

---

* 《教育部办公厅关于印发〈“十四五”普通高等教育本科国家级规划教材建设实施方案〉的通知》（教高厅〔2023〕1号），2023-12-07，http：//www.moe.gov.cn/srcsite/A08/s7056/202312/t20231207_1093515.html。

区域经济社会发展。

坚持分类发展。根据高等教育普及化阶段多样化人才需求，完善教材分类建设、分类使用、分类评价机制，克服教材结构与内容同质化倾向，实现本科教材特色和高质量发展。

坚持守正创新。完善优秀教材传承创新机制，锤炼经典教材。创新教材话语体系，推动教学改革新成果、学科专业发展新成就进教材。创新教材呈现方式，加快以数字教材为引领的新形态教材建设。

（三）建设目标

到 2025 年，教育部“十四五”本科规划教材重点立项建设 1000 种左右，遴选 5000 种左右，加快自主知识体系与教材体系建设，着力打造中国特色、世界水平的高质量教材体系，为高等教育强国建设提供坚实支撑。

二、重点任务

（一）深入推进新时代党的创新理论进教材

推动“十四五”期间完成的新编或修订教材全面落实习近平新时代中国特色社会主义思想和党的二十大精神，全面、准确、系统体现习近平新时代中国特色社会主义思想和党的二十大精神内涵，紧密结合学科专业人才培养，突出重点、抓住关键点，帮助学生深刻领会习近平新时代中国特色社会主义思想和党的二十大精神实质，充分发挥教材的铸魂育人功能。

（二）重点建设一批关键领域核心教材

组建具有丰富教学经验的教师与顶尖学术水平的专家团队，在一些关键学科领域有组织建设一批核心教材。在数学、物理学、化学、生物科学、基础医学、经济学、哲学和计算机、中药学等重点学科领域，建设一批反映国际学术前沿、国内高水平学术成果的核心教材，满足基础学科拔尖创新人才培养需要。在新工科、新医科、新农科、新文科重点领域，特别是国家急需的战略性新兴领域和紧缺专业领域，鼓励高校联合行业产业部门、科技部门建设一批核心教材，支撑和引领人才培养范式变革。

（三）培育和打造一批经典传承教材

推动高校对使用时间长、影响范围广、师生认可度高的优秀教材建立传承创新机制，组建老中青结合的教材建设梯队，创新编写理念，更新内容形态，培育和打造一批具有典范性、权威性、创新性的经典传承教材，不断提升经典教材的生命力和影响力。

（四）探索建设一批示范性新形态教材

充分利用新一代信息技术，整合优质资源，创新教材呈现方式，提升教材新技术研发能力和服务水平，以数字教材为引领，建设一批理念先进、规范性强、集成度高、适用性好的示范性新形态教材，探索构建灵活、开放、规范的新形态教材建设与管理运行机制。

三、教材建设与认定

“十四五”规划教材建设实行国家、省、校三级联动，有效衔接，全面建成国家、省、校三级本科规划教材体系。教育部采取重点立项与统一推荐遴选相结合方式，对“十四五”期间完成的新编或修订教材开展“十四五”国家级规划教材认定工作。教材编写工作强化科教协同、产学合作，鼓励和支持打破部门、校际、学科专业和校内校外壁垒。

（一）国家级重点立项教材

1. 关键领域核心教材、经典传承教材等由教育部统一组织实行立项建设，加强规划、指导与管理。

2. 重点立项教材采取项目制管理。教材书稿编写完成后，由第一主编所在单位和出版机构邀请校内外相关学科专业领域教学专家和学术专家，采取专家个人审读与会议评审相结合方式，对书稿进行严格审核。重点立项教材应尽快出版，已出版的优先推荐参与“十四五”规划教材认定。

3. 重点立项教材按照《普通高等学校教材管理办法》要求规范管理。2025 年 12 月底前，未取得图书在版编目（CIP）核准号的立项教材不再认定“十四五”规划教材。

（二）统一推荐遴选教材

根据不同类型人才培养需求，在全日制普通高等学校本科教学使用的教材中，统一推荐遴选一批公共课、专业基础课、专业课精品教材，包括纸质教材和新形态教材等。

计划2023—2025年分两批组织开展申报推荐和遴选工作。参与遴选的教材原则上应在2022年12月以后新编、修订或重印出版。参与申报推荐的教材须在申报前完成相关审核工作，审核方式参照教育部重点立项教材审核程序和要求。

纳入马克思主义理论研究和建设工程重点教材建设目录的教材不参加“十四五”规划教材立项和遴选。

四、规划教材管理与退出机制

（一）规划教材专用标志的使用

通过认定的“十四五”规划教材可在教材封面、扉页等位置标注由教育部统一发布的“‘十四五’普通高等教育本科国家级规划教材”专用标志，标志使用期限至2030年12月31日，到期后自动失效。在标志使用期内修订的规划教材通过审核后，可继续使用专用标志至使用期结束。使用期结束后修订的规划教材不再标注专用标志。任何单位和个人不得扩大或变相扩大“十四五”规划教材专用标志使用范围，盗用、仿冒专用标志的，依法依规追究责任。自2026年1月1日起，教育部发布的“六五”至“十二五”国家级规划教材专用标志停止使用。

（二）新形态教材基本要求

数字教材等新形态教材建设坚持思想性、系统性、科学性、生动性、先进性相统一，应做到结构严谨、逻辑性强、体系完备、资源内容丰富，有效拓展教材功能和表现形态。新形态教材须为具有书号的正式出版物，教材所有数字资源按教材和出版规范编修、审核与管理。数字资源和工具须部署在出版单位自主可控的公共服务平台上，平台按照国家有关规定备案，并确保数字资源安全。

（三）修订要求

“十四五”规划教材应及时将党的理论创新成果、科学技术最新突破和应用成果、学术研究最新进展充实到教材中，原则上每四至五年至少修订一次。修订教材出版前须按照“十四五”规划教材审核要求进行审核。

（四）退出机制及责任追究

对于未按要求及时修订、主要编写者被发现存在师德师风和学术不端等问题，出现重大负面影响事件、教材出版或印制发行违规以及出现《普通高等学校教材管理办法》第三十条所列有关情形的教材，将责令退出“十四五”规划教材目录，不得继续使用规划教材专用标志，并按有关规定严肃追责问责。

五、组织与保障

（一）中央和国家机关有关部门加强规划与指导

在国家教材委员会统筹指导下，教育部负责“十四五”规划教材建设整体规划和宏观指导，组织开展国家级规划教材重点立项建设、统一遴选、使用监测等工作，把优秀教材选用情况纳入示范建设、质量评估等考核指标体系。中央和国家机关其他有关部门对本领域相关教材建设提出指导建议，指导、监督所属高校“十四五”规划教材建设工作。

（二）省级教育行政部门协同推动

省级教育行政部门指导和统筹本地区高校教材建设工作，结合本地实际培育省级规划教材，在教育部指导下组织本地区国家级“十四五”规划教材申报推荐和审核工作，加强对所属高校“十四五”规划教材选用的检查监督。

（三）高校落实教材工作主体责任

高校要坚持党对教材建设工作的全面领导，将教材工作纳入学校中长期发展规划。制定和落实“十四五”规划教材建设的支持和保障措施，组建老中青结合的高水平教材编写队伍，加强产教研协同合作，择优建设学科优势教材，支持教师参与有组织跨校编写高水平教材。落实党委负总责的要求，严格教材编、审、修、选、用审查和督导，坚持“凡编必审”的编修原则和“凡选必审”“适宜教学”等选用原则，做好“十四五”规划教材编修和选用工作。

（四）出版机构提升教材出版水平

推动出版机构以追求高质量出版为目标，坚持社会效益优先，加强与高校协同，建强教材编辑与专家审稿队伍。将“十四五”规划立项教材或申报教材作为重点书稿，在党委主持下，强化对教材内容和出版质量审查，严把政治关、学术关、质量关。积极开发新形态教材，依法依规建设数字教材资源平台，保证教材内容安全和系统运行安全，保障教材资源质量和服务质量。

（五）专家组织发挥指导咨询作用

教育部高等学校教学指导委员会等专家组织要积极开展教材调查研究与教材建设研究，发挥桥梁纽带作用，主动听取行业组织、科技单位、产业机构等意见建议，加强对高校“十四五”规划教材建设专业指导，为高校教材建设提供专家咨询意见。鼓励结合产教融合、科教融汇的协同育人培养模式改革，推动跨校、跨区域联合编写教材。

（六）加强宣传推广与支持保障

各级教育行政部门、专家组织、高校和教材出版机构要通过各种渠道扩大国家规划教材宣传力度。推动落实承担“十四五”规划教材编写修订任务的主编和主要编写成员享受相应政策待遇。加大对教材研究、编写、出版工作的经费支持，鼓励设立专项经费支持“十四五”规划教材使用培训、信息化管理等工作。

教育部哲学社会科学实验室建设与管理办法（试行）*

第一章　总　则

第一条　为深入贯彻落实习近平总书记关于哲学社会科学工作的重要论述和中共中央《关于加快构建中国特色哲学社会科学的意见》精神，贯彻落实《面向2035高校哲学社会科学高质量发展行动计划》，加强有组织科研，推动哲学社会科学高质量发展，规范教育部哲学社会科学实验室（以下简称实验室）的建设与管理，制定本办法。

第二条　实验室是构建中国特色哲学社会科学学科体系、学术体系、话语体系的重要平台，是培养高等学校（以下简称高校）哲学社会科学拔尖创新人才的重要基地，是服务党和国家决策的重要载体，是完善科研体制机制、提升治理能力、释放科研活力、开展重大科研攻关的试验田。

第三条　实验室应着眼解决经济社会发展中的前瞻性、综合性、复杂性问题，充分利用信息技术手段，推动哲学社会科学各学科之间深度合作及与理工农医学科的交叉融合，培育和催生新的学科和学术增长点，引领哲学社会科学研究范式转型，产出重大成果，提高拔尖创新人才自主培养能力和水平，建成学科交叉融合发展、教学科研咨政并重的高质量创新平台。

第四条　实验室建设坚持“战略引导、需求牵引、系统布局、创新方法、共建共享”原则，坚持目标导向、问题导向、效果导向相统一，自觉服务于中国自主知识体系建构和创新型国家建设。

---

* 《教育部关于印发〈教育部哲学社会科学实验室建设与管理办法（试行）〉的通知》（教社科〔2023〕2号），2024－02－26，http：//www.moe.gov.cn/srcsite/A13/moe_2557/s3103/202402/t20240226_1116821.html。

第二章　管理职责

第五条　教育部是实验室的宏观管理部门，主要职责是：

（一）制定实验室总体发展政策，编制实验室总体规划和发展计划；

（二）制定实验室管理办法，宏观指导实验室的建设和运行；

（三）负责开展实验室立项建设、调整和撤销工作；

（四）组织开展实验室验收、考核评估工作；

（五）总结推广实验室经验做法，采纳运用研究成果；

（六）督查处理涉及实验室的有关学风问题。

第六条　依托高校是其他中央部门所属高校和地方高校的，其上级主管部门配合教育部做好实验室的管理工作，主要职责是：

（一）将实验室的建设发展纳入行业或地方哲学社会科学高质量发展的重点规划；

（二）保障、落实实验室运行的相关人事、经费等配套政策；

（三）协助教育部做好实验室的验收、考核评估等工作；

（四）协助教育部做好实验室经验总结、宣传推广、成果应用、学风建设等工作。

第七条　依托高校是实验室的具体负责单位，主要职责是：

（一）贯彻教育部有关实验室建设管理要求，为实验室建设和发展提供人财物等相关条件保障；

（二）制定本单位实验室管理细则，组织实施实验室建设；

（三）组建管理委员会和学术委员会，聘任实验室主任、管理委员会主任、学术委员会主任；

（四）指导和监督实验室日常运行和管理，协助教育部做好实验室的验收、考核评估工作。

第八条　实验室是建设主体，主要职责是：

（一）制定实施学术规划和建设计划；

（二）完善内部治理结构、规章制度建设，发挥开放、引领和协同作用；

（三）加强学术研究团队和人才梯队建设，注重培育拔尖创新人才；

（四）承担重大科研任务，开展交叉创新研究，推动科研组织模式和科研范式变革，产出重大成果，为知识体系创新赋能，服务经济社会发展，提供决策支撑；

（五）加强国际学术交流合作，构建高水平国际学术网络。

第三章　立项建设

第九条　实验室实行“专家认定、择优入选、定期考核、优胜劣汰”的动态管理机制。立项后每轮建设周期 5 年，其中试运行期 1 年。试运行期满，教育部组织开展验收，验收未通过的，取消立项建设资格；验收通过的，正式挂牌运行。

第十条　教育部根据实验室的发展规划和布局，发布申报通知。高校应从已建实验室中有计划、有重点地遴选申报，坚持宁缺毋滥，做到优中选优。

第十一条　实验室应具备以下基本条件：

（一）依托高校党委高度重视哲学社会科学，具有较强哲学社会科学实力。学校具有较为完备的实验室建设管理规章，在“双一流”建设、文理工农医交叉融合、科研改革创新、培育和支持实验室等方面成效明显。

（二）具有多学科交叉融合发展基础，至少涵盖 2 个（含）以上一级学科。其中主要依托学科须为哲学社会科学学科，且优先考虑教育部“双一流”建设公布的哲学社会科学一流学科。

（三）原则上为学校相对独立的二级实体研究机构，且已稳定运行 2 年（含）以上。管理制度健全，内部运行有序，具有专职管理人员，拥有相对独立的人财物使用权和技术路线决定权。管理委员会和学术委员会充分发挥作用。未来发展规划清晰，成效可预期、可检测。

（四）具备解决重大问题的科研实力、鲜明的研究特色、明确的主攻方向和创新的研究方法，在相关学科领域有扎实的研究基础。主动服务国家战略，已取得体现学科交叉融合、认可度高的重要理论研究成果和实践创新成果。成果转化渠道畅通，服务成效显著。

（五）具有满足研究需求、长期积累、来源渠道稳定的必要数据资源，数据管理安全可控，无知识产权争议，符合有关系统安全等级备案要求。能够自主设计开发建设相关数据库和应用软件，数据分析、处理和研究能力独树一帜、体现创新，在本领域处于国内领先地位。

（六）具有结构合理、学科交叉、梯队衔接的稳定的高水平复合型科研队伍，专兼职研究人员不少于15人（含具有实验技术和方法专长的专职研究人员）。

（七）实验室主任应是本领域的学术带头人，具备坚定的政治立场、突出的科研能力、优秀的管理能力和充足的研究精力，原则上不超过65周岁。

（八）具备良好的办公条件、科研实验条件和基础保障条件。实验室总面积原则上不少于500平方米，人员与用房相对集中。具备充足且先进适用的实验仪器设备、完善的配套设施及相应的实验环境。有稳定的经费资助渠道，每年固定支持经费不少于100万元。

（九）建有“开放、流动、联合、竞争”的运行机制。实验室具有开放性和较强的资源整合能力，能有效协同和集聚校内不同学科、兄弟高校、科研院所、企事业单位、社会资源，开展联合建设或联合攻关。具备社会服务条件，在资源共享、信息互通、国际交流方面有较好基础。

（十）政治方向、价值取向、研究导向正确，师德师风和学术生态良好，学术风气端正，无不良记录。

第十二条 依托高校组织具备条件的实验室填写《教育部哲学社会科学实验室申报表》，审核后报教育部。

第十三条 教育部组织专家评审并实地考察后，择优认定，分为试点和培育进行建设。认定后3个月内，依托高校聘任实验室主任、制定实验室建设计划，并报教育部备案。试点和培育建设任务完成后，由教育部组织开展考核。

第四章 运行管理

第十四条 实验室实行依托高校领导下的主任负责制。

第十五条 实验室主任由依托高校自主招聘、择优聘任。实验室主任聘期5年，聘期结束考核优秀可连任，原则上连任不超过两届。每年在实验室工作时间一般不少于8个月。

第十六条 实验室要注重科研团队和人才梯队建设。实验室由固定人员和流动人员组成。固定人员包括专职研究人员、实验技术人员和行政管理人员，流动人员包括兼职研究人员、博士后研究人员等。实验室人员实行聘任制，按照依托高校制定的管理细则规定履行聘任手续。实验室需根据研究方向持续优化人员结构和规模。

第十七条 实验室应围绕哲学社会科学领域的关键性、基础性、前沿性问题开展研究。通过自主设立研究项目，有组织地持续深入开展系统性研究和决策咨询研究。

第十八条 实验室应加强专题数据库建设。注重基础研究数据的采集、积累和跟踪分析，注重研究方法创新和研究工具开发，鼓励在数据驱动的实验技术方法方面开展自主探索。规范数据处理活动，维护数据安全。

第十九条 实验室应积极开展国际学术交流合作，主导和参与重大国际学术合作计划。立足中国，借鉴国外，深化高水平国际合作网络建设，积极传播中国声音，讲好中国故事。

第二十条 实验室要注重协同创新和学科交叉融合。主动面向经济社会发展主战场和学术前沿，打造公共研究平台。

第二十一条 实验室要重视科学普及，有条件的要面向社会公众特别是学生开放，更好服务于立德树人的根本任务。

第二十二条 实验室要统筹制定科研仪器设备的管理和使用规章，有计划地购置、更新、使用科研仪器设备，保障科研仪器高效运转和开放共享，并按照有关规定和要求实施数据共享。

第二十三条 实验室应营造风清气正的学术生态。坚持学术质量和实际贡献导向，深化评价改革，加强学风建设，坚守学术初心，潜心深耕细作。

第二十四条 实验室应加强内部运行管理和经费合规使用，健全内部规章制度，确保重大事项决策公开透明，严格遵守国家有关保密规定。

第二十五条 实验室应加强知识产权保护。在实验室完成的专著、论文、研究报告、数据库、专利等研究成果均应标注实验室名称。

第二十六条 实验室更名、变更研究方向或进行结构调整的，须由依托高校提出书面报告，报教育部审批。

第五章 经费保障

第二十七条 教育部安排专项经费，支持实验室的建设运行、科研仪器设备购置更新和自主创新研究，并赋予实验室更大经费管理自主权。

第二十八条 专项经费参照《高等学校哲学社会科学繁荣计划专项资金管理办法》管理，单独核算，专款专用。

第二十九条 实验室根据工作需要自主编制经费预算，非研究项目经费不低于总额的40%，预算报表应经管理委员会讨论并审议通过后，上报主管部门备案。

第三十条 依托高校除每年安排固定支持经费外，还应与实验室共同制定相应的经费使用管理办法，提供科研财务服务，减轻科研人员事务性负担。

第六章 考核评估

第三十一条 实验室须按要求于每年年底提交年度工作总结，经依托高校审核后报教育部。

第三十二条 依托高校须对实验室进行年度考核，并将考核结果报教育部备案。年度考核的主要目的是了解实验室发展状况和存在的问题。教育部加强对实验室建设进展情况的分析研判和工作指导。

第三十三条 教育部对实验室进行建设周期评估，一般5年为一个周期。

第三十四条 建设周期评估主要对实验室建设成效进行综合评价，主要包括研究方法创新、学科交叉融合、数据资源建设、代表性成果、内部管理机制等方面。

第三十五条 建设周期评估程序分为现场评估和综合评估，结果分为优秀、合格和不合格。评估委托第三方机构具体组织实施。

第三十六条 教育部根据建设周期评估情况，对实验室进行动态调整。评估结果为优秀的，进一步加强专项经费支持。评估结果为不合格的，予以整改或退出。

第七章　附　则

第三十七条　实验室统一命名为“教育部哲学社会科学实验室——XX 大学 XXX 实验室（中心、平台等）”。

第三十八条　本办法自印发之日起施行，由教育部社会科学司负责解释。

部长声音

以教育之强夯实国家富强之基

怀进鹏*

教育兴则国家兴，教育强则国家强。习近平总书记在主持二十届中共中央政治局第五次集体学习时就建设教育强国发表重要讲话，充分肯定新时代教育事业取得历史性成就、发生格局性变化，科学回答了“建设什么样的教育强国、怎样建设教育强国”这一重大时代课题。习近平总书记的重要讲话是指导我国教育强国建设的纲领性文献，是新时代新征程教育事业改革发展的行动指南，为加快建设教育强国指明了前进方向、提供了根本遵循。

一、深刻领会习近平总书记重要讲话的重大意义和丰富内涵，切实增强建设教育强国的政治自觉和历史主动

党的二十大报告明确到2035年建成教育强国，并对教育、科技、人才进行统筹安排、一体部署，单独列章阐述，吹响了加快建设教育强国的号角。我们要把深入学习贯彻习近平总书记重要讲话精神同深入学习贯彻党的二十大精神结合起来，深刻领会习近平总书记重要讲话的政治性、思想性、战略性，坚决把思想和行动统一到以习近平同志为核心的党中央决策部署上来。

认清教育强国建设的战略定位，下好实现中华民族伟大复兴的重要先手棋。习近平总书记指出：“建设教育强国，是全面建成社会主义现代化强国的战略先导，是实现高水平科技自立自强的重要支撑，是促进全体人民共同富裕的有效途径，是以中国式现代化全面推进中华民族伟大复兴的基础工程。”纵观人类文明史，世界强国无一不是把教育视为对未来的“战略投资”和持久繁荣的根基。我们要切实提高政治站位，牢记“国之大者”，准确把握教育

---

* 怀进鹏，教育部党组书记、部长。

强国建设的战略定位，充分发挥教育的基础性、先导性、全局性地位和作用，以教育之力厚植人民幸福之本，以教育之强夯实国家富强之基。

增强教育强国建设的历史自信，坚定不移走好中国特色社会主义教育发展道路。习近平总书记指出：“党的十八大以来，党中央坚持把教育作为国之大计、党之大计，作出加快教育现代化、建设教育强国的重大决策，推动新时代教育事业取得历史性成就、发生格局性变化。”新时代十年，我们建成了世界上规模最大的教育体系，教育普及水平实现历史性跨越，为加快建设教育强国打下了坚实基础。我们要增强教育强国建设的历史自信，扎根中国、融通中外，立足时代、面向未来，加快实现从教育大国向教育强国的跨越，发展具有中国特色、世界水平的现代教育。

明确教育强国建设的基本要求，切实以教育现代化支撑引领中国式现代化。习近平总书记指出：“我们要建设的教育强国，是中国特色社会主义教育强国，必须以坚持党对教育事业的全面领导为根本保证，以立德树人为根本任务，以为党育人、为国育才为根本目标，以服务中华民族伟大复兴为重要使命，以教育理念、体系、制度、内容、方法、治理现代化为基本路径，以支撑引领中国式现代化为核心功能，最终是办好人民满意的教育。”推进和拓展中国式现代化，要充分认识我国教育面临着内外部环境的深刻变化，全面应对科技革命、产业变革和人口结构变化给教育带来的挑战，有针对性地解决在建设教育强国上存在的差距、短板和弱项，实现我国教育新的系统性跃升和质变，有力回答好“强国建设、教育何为”的时代课题。

二、牢牢把握建设教育强国的战略方向和重点任务，坚定不移将习近平总书记擘画的宏伟蓝图转化为生动实践

习近平总书记的重要讲话全面阐述了建设教育强国的战略方向和重点任务，指向清晰、要求明确。我们要增强责任感、使命感、紧迫感，坚定不移把习近平总书记擘画的宏伟蓝图转化为加快建设教育强国的生动实践。

着力培养担当民族复兴大任的时代新人。坚持不懈用习近平新时代中国特色社会主义思想铸魂育人，开好讲好“习近平新时代中国特色社会主义思想概论”课，深入实施时代新人铸魂工程，着力加强社会主义核心价值观宣

传教育，引导学生坚定不移听党话、跟党走。推进大中小学思想政治教育一体化建设，完善“大思政课”工作体系，提高思政课的针对性和吸引力。提高网络育人能力，扎实做好互联网时代的学校思想政治工作和意识形态工作。深入开展青少年读书行动，引导学生爱读书、读好书、善读书。发展素质教育，加强体育锻炼、美育熏陶、劳动实践，着力提升学生身心健康素质，培养德智体美劳全面发展的社会主义建设者和接班人。

加快建设高质量教育体系。深入实施基础教育提质扩优专项行动，坚定不移推进“双减”，夯实基础教育的基础。深化现代职业教育体系建设改革，推动职业教育提质升级，切实提高职业教育的质量、适应性和吸引力。发挥高等教育的龙头作用，深化高等教育综合改革，推动高校在全面提高人才自主培养质量、造就拔尖创新人才上先行先试，在服务区域经济社会发展、优化结构布局上先行先试，在不同“赛道”上办出特色、办出水平。加快构建服务全民终身学习的教育体系，建立健全全民终身学习推进机制，促进人的全面发展。

有针对性提升教育对高质量发展的支撑力、贡献力。进一步加强科学教育、工程教育，加强拔尖创新人才自主培养，有的放矢培养国家战略人才和急需紧缺人才，为解决我国关键核心技术“卡脖子”问题提供人才支撑。深入推进“双一流”建设，突出培养一流人才、产出一流成果，增强服务国家重大战略和区域经济社会发展的能力。加快建设国家战略科技力量，有力支撑高水平科技自立自强。构建教育服务经济社会发展战略新格局，创新部省会商战略合作机制，推动形成与国家发展战略、生产力布局和城镇化要求相适应的多层次、多样化教育发展新高地。

全面提高教育治理体系和治理能力现代化水平。进一步用好教育评价的“指挥棒”，抓好《深化新时代教育评价改革总体方案》落实落地，统筹推进育人方式、办学模式、管理体制、保障机制改革。坚持教育公益性原则，加快构建优质均衡的基本公共教育服务体系，扩大优质教育资源覆盖面，不断缩小教育的城乡、区域、校际、群体差距。深入实施教材建设和管理行动，把握正确政治方向和价值导向，进一步提升教材质量，增强育人功能，提高教材管理效能。深化教育数字化战略行动，发展公平包容、更有质量、绿色发展、开放合作的数字教育，着力开辟教育发展新赛道，塑造教育发展新优势。

不断增强我国教育的国际影响力和话语权。完善教育对外开放战略策略，实施高水平教育对外开放推进行动，有效利用世界一流教育资源和创新要素，使我国成为具有强大影响力的世界重要教育中心。加强同世界各国的互融、互鉴、互通，推动更大范围、更宽领域、更深层次、更加主动灵活的教育对外开放，促进学生在交流互鉴中开拓视野。积极参与全球教育治理，大力推进“留学中国”品牌建设，讲好中国故事、传播中国经验、发出中国声音。

大力培养造就高素质专业化教师队伍。持续深化新时代教师队伍建设改革，弘扬教育家精神，激励教师成为学生为学、为事、为人的“大先生”。坚持师德师风第一标准，全面落实新时代幼儿园、中小学、高校教师职业行为准则，对师德违规问题“零容忍”。健全中国特色教师教育体系，支持高水平综合性大学培养高素质复合型教师，推动师范院校将办好师范教育作为第一职责，大力培养造就一支师德高尚、业务精湛、结构合理、充满活力的高素质专业化教师队伍。营造尊师重教社会风尚，构建全方位的教师发展保障体系，引导广大教师树立“躬耕教坛、强国有我”的志向和抱负，坚守三尺讲台，潜心教书育人。

三、全力以赴推动习近平总书记重要讲话精神落地生根，确保教育强国建设各项任务取得扎实成效

一分部署，九分落实。建设教育强国使命光荣、责任重大。我们要全面贯彻习近平新时代中国特色社会主义思想，深刻领悟“两个确立”的决定性意义，切实增强“四个意识”、坚定“四个自信”、做到“两个维护”，奋力开拓教育强国建设新局面。

推动学习贯彻习近平新时代中国特色社会主义思想主题教育走深走实。当前，教育系统全力推进主题教育走深走实，广大师生在凝神聚气中感悟奋进力量，用党的创新理论统一思想、统一意志、统一行动。要把对习近平总书记重要讲话精神的深入学习领会、全面贯彻落实融入主题教育之中，进一步加强宣传引导，深化研究阐释，宣传好各地各校贯彻落实的具体举措和实

际行动，推出一批高质量研究成果，持续营造加快教育强国建设的浓厚氛围。

加强教育强国建设的战略规划。要大兴调查研究，坚持以人民为中心发展教育，聚焦教育强国建设重大目标任务，坚持问计于群众、问计于实践。加快推进《教育强国建设规划纲要》编制，把握新时代新征程教育高质量发展的形势任务要求，对教育强国建设的战略策略、实现路径和政策举措进行系统谋划设计，形成教育强国建设的施工图和时间表。策划实施一批建设教育强国重大工程项目和专项行动，发挥好区域创新探索和先行先试作用，努力谱写教育强国建设新篇章。

凝聚全党全社会建设教育强国的合力。建设教育强国是全党全社会的共同任务。要坚决贯彻好、落实好习近平总书记重要讲话精神，全面、系统、整体落实党对教育工作的领导，不断完善党委统一领导、党政齐抓共管、部门各负其责的教育领导体制。推动健全优先发展教育事业的体制机制，推动各级党委和政府在经济社会发展规划上优先安排教育发展、在财政资金上优先保障教育投入、在公共资源配置上优先满足教育发展需要。积极构建学校、家庭、社会协同育人格局，完善学校积极主导、家庭主动尽责、社会有效支持的工作机制，切实增强工作合力，共同办好教育强国事业，为早日实现教育强国目标而共同努力。

（原载于《人民日报》2023 年 8 月 31 日）

深入实施教育数字化战略行动
以教育数字化支撑引领中国教育现代化

吴　岩*

当前，以互联网、大数据、云计算为代表的数字技术创新和迭代速度明显加快，数字化转型已成为世界各国发展的必然趋势。党的十八大以来，党中央高度重视发展数字经济、数字社会，将其上升为国家战略。习近平总书记高度重视信息化建设和数字经济、数字中国建设，多次强调数字化、网络化、智能化在中国特色社会主义现代化建设中的重要意义，从国家层面部署推动数字经济发展。

高等教育是孕育和创造新技术的重要源泉，也是新技术运用的先行者。党的二十大报告首次把教育、科技、人才进行"三位一体"统筹安排、一体部署，并提出"推进教育数字化，建设全民终身学习的学习型社会、学习型大国"。这是教育数字化第一次写入党的代表大会报告，是以习近平同志为核心的党中央做出的重大战略部署，赋予了教育在全面建设社会主义现代化国家中新的使命任务，明确了教育数字化未来发展的行动纲领，具有重大意义。教育系统将积极深入实施教育数字化战略行动，不断推动教育变革和创新，扎根中国大地，建设人人皆学、处处能学、时时可学的学习型社会、学习型大国。

一、深刻认识教育数字化的重大意义

教育数字化是高质量发展的必然要求。当前，高等教育的主要矛盾表现为社会发展和人民群众日益增长的对优质高等教育的迫切需要与高等教育发

---

* 吴岩，教育部党组成员、副部长。

展不平衡不充分之间的矛盾。以数字化全面赋能教育，提供更高质量、更加公平、更多选择、更加便捷、更加开放、更加灵活的教育服务，满足人民群众的高品质、个性化学习需要，助力学习型社会和学习型大国的构建。我们要抓住数字时代机遇，聚焦数字资源共建共享，开展教育数字化协同创新，携手实现教育包容、公平和质量的新突破。

教育数字化是普及化阶段的必然趋势。随着我国高等教育进入普及化阶段，高等教育的服务面向、服务层级、服务领域进一步扩大拓展，个性化教育将成为高等教育特别重要的特征。高等教育要适应质量多样化、学习终身化、培养个性化、治理现代化的需求，利用数字技术推进高等教育转型升级，不断提升教育品质、更新教育理念、改进教育手段、变革教育模式，为高等教育提供多样化的学习场景和优质资源，以信息技术赋能教育教学，实现高等教育全方位的深刻变革。

教育数字化是推动教育变革的必由之路。高等教育数字化源于数字技术革新，技术革新驱动高等教育数字化的转型与发展。在数字经济成为世界经济和社会发展新引擎的时代，批判性思考、协作沟通、问题解决、人机互动等能力占据更加突出的位置。高等教育作为推动人类社会可持续发展的重要力量，与经济社会可持续发展是双向支撑关系，回应数字时代可持续发展现实需求已成为全球高等教育发展的核心任务。当前，在世界范围内，利用数字技术推进高等教育转型升级，重塑高等教育理念、范式和实践，不断提升高等教育品质已成为高等教育变革趋势。

二、中国慕课与在线教育十年建设与实践

近年来，随着互联网的进一步发展尤其是移动互联网的普及，慕课（Massive Open Online Courses，即大规模在线开放课程，中文称之为“慕课”）于 2012 年在世界范围兴起，并快速席卷全球，给世界高等教育带来了发展改革的新机遇。中国慕课自 2013 年起步，十年来，中国建成了世界最大规模的在线课程体系和教学体系，掀起了一场学习的革命，建设了国家高等教育智慧教育平台，牵头发布了世界首份高等教育数字化发展报告，中国慕课与在线教育正在深刻改变高等教育的形态，成为中国高等教育的一张闪亮

的名片。

（一）建成世界最大规模的在线课程体系和教学体系

坚持“政府主导、学校主体、社会参与”的建设理念，持续推动慕课“建用学管”，经过近十年的发展实践，中国慕课取得了骄人成绩。

一是政府主导，中国慕课与在线教育蓬勃发展。近十年来，教育部组织信息技术与教育教学深度融合大讨论，出台了一系列政策举措，全面部署慕课建、用、学、管，推动中国慕课与在线教育蓬勃健康发展。2013 年，教育部组织召开多次会议，深入研讨我国慕课等在线开放课程的发展路径，支持我国高水平大学率先开展慕课建设。2015 年，发布《教育部关于加强高等学校在线开放课程建设应用与管理的意见》，提出了“高校主体、政府支持、社会参与”，成为我国慕课建设总方针。2017 年、2018 年，连续推出 1289 门国家精品在线开放课程。2019 年，在国家精品在线开放课程建设取得一定成效基础上，发布《教育部关于一流本科课程建设的实施意见》，启动国家级一流本科课程建设“双万计划”，推动建设线上、线下、线上线下混合式、虚拟仿真实验教学和社会实践五大一流课程。2020 年，及时印发《教育部应对新型冠状病毒感染肺炎疫情工作领导小组办公室关于在疫情防控期间做好普通高等学校在线教学组织与管理工作的指导意见》，组织发动全国高校开展了一场世界高等教育史上前所未有的大规模在线教学实践，掀起了一场高等教育领域的“学习革命”。2022 年，教育部联合中央网信办、工信部、公安部、市场监管总局发布《教育部等五部门关于加强普通高等学校在线开放课程教学管理的若干意见》，提出一系列规范管理举措，维护和保障信息技术与教育教学深度融合的教育教学改革行稳致远。截至 2022 年 11 月，上线慕课数量超过 6.19 万门，注册用户 4.02 亿，学习人数达 9.79 亿人次，在校生获得慕课学分认定 3.52 亿人次，中国慕课数量和学习人数均居世界第一。

二是学校主体，中国慕课率先建成中国“金课”。在政策指引推动下，广大高校和教师热烈响应，一大批中国最好的大学、最好的教师建设了数以万计的优质慕课。让课程优起来、课堂活起来、教学热起来，课程教学改革空前活跃。北京大学林毅夫教授的“新结构经济学”、复旦大学张文宏教授的“传染病学”、敦煌学者樊锦诗等的“敦煌的艺术”，一大批名师大家的课程纷纷上线，中国慕课正在成为高质量的中国“金课”。

三是社会参与，平台成为慕课建设与应用的重要支撑力量。中国慕课是在政府几乎没有任何投入的情况下，广泛发动课程平台等社会力量，与广大高校教师合作建设起来的。经过十年发展，全国建成了以爱课程、学堂在线、智慧树、超星等为代表的各类在线课程平台30余个。课程平台在支撑优质慕课建设、提供在线教学服务、打造在线教学工具、推动慕课开放共享、保障疫情在线教学等方面发挥了重要作用，成为推动教学改革、构建教育新形态的重要支撑力量，为国家数字经济发展开辟了广阔前景。

（二）掀起了一场“学习革命”

慕课打破了传统教育的时空界限和学校的围墙，颠覆了传统大学课堂教与学的方式，掀起了一场影响深远的“学习革命”，在推进教育公平、促进学习革命、应对疫情挑战、促进国际交流等方面取得了显著成效。

一是在线教学实践形成中国范式。一大批教师投身到慕课与在线教育探索实践中来，涌现出跨校跨区域在线教学、“1（门慕课）M（所学校）N（个学生）”协同教学、线上线下混合式教学、MOOC+SPOC（Small Private Online Course，简称SPOC，小规模限制性在线课程）翻转课堂等多样式的生动实践。特别是2020年新冠肺炎疫情暴发，高校的正常教学秩序受到巨大冲击。教育部充分利用前期建设的慕课、虚拟仿真实验等数字资源，组织全国高校开展了一场世界高等教育史上前所未有的大规模在线教学实践。据统计，108万名教师开出110万门课程，合计1719万门次，参加在线学习的大学生达2259万人，合计35亿人次，不仅成功应对了疫情带来的停教、停学危机，而且主动求变、化危为机，改变了教师的教，改变了学生的学，改变了学校的管，改变了教育的形态。

二是慕课西行推动更有质量的公平。教育部启动实施了“慕课西部行计划”，运用信息技术赋能教育、连接东西，通过成千上万个慕课、基于慕课应用的线上线下混合式教学、“同步课堂”等方式，帮助西部高校提升教学质量。同时开展常态化师资培训，帮助西部教师因地制宜用好优质资源，提升西部高校教育教学“造血”功能，探索出了一条东西部高校合作共赢之路。据统计，已有725所西部高校使用慕课开展在线教学或混合式教学，占西部高校比例达 97.3%。向西部高校提供 17.29 万门慕课及定制化课程服务，帮助西部地区开展混合式教学 327.24 万门次，学生参与学习达 3.76 亿人次，西部地区教师参加应用培训 171.4 万人次。

三是面向世界贡献在线教育中国方案。以开放的姿态分享中国慕课与在线教育成果，为世界高等教育应对世纪疫情和数字时代教育变革提出了中国方案，做出了中国贡献。

搭建国际交流新舞台。2019 年，召开中国慕课大会，发布《中国慕课行动宣言》，2020—2022 年连续三年召开世界慕课与在线教育大会，发布了《慕课发展北京宣言》《世界高等教育数字化发展报告》，系列大会的召开凝聚了发展共识，向世界传播了中国方案、中国主张，中国慕课与在线教育的朋友圈越来越大。

构建合作交流新机制。2020 年首届世界慕课大会上，成立了世界慕课与在线教育联盟，这是中国倡议成立的首个高等在线教育国际组织，联盟秘书处设在中国，清华大学校长担任首任联盟主席。依托联盟秘书处，组织了数十场全球在线教育高端对话活动，开设了 168 门全球融合式课程，11 个国家的 13 所世界著名大学实现了学分互认，推出了聚焦全球人类命运重大议题的英文全球公开课，吸引全球学习者 730 万在线学习，国际在线教育合作交流不断走向深入。

建设国际在线教学新平台。2020 年疫情期间推出了爱课程和学堂在线两个高校在线教学国际平台，入选联合国教科文组织全球教育联盟，向全世界大学生和学习者开放 1000 余门、14 个语种的在线课程，全球累计选课达 67 万人次，向全世界传递中国高等教育最有温度、最有力量、最有穿透力的爱。

慕课出海实现新突破。在世界慕课与在线教育联盟秘书处推动下，中国慕课扬帆出海，与印度尼西亚国家平台签署合作协议，中国 34 所大学为印度尼西亚提供 104 门高水平慕课，支持印度尼西亚 3000 多所高校学生的在线学习。联合国教科文组织亚太地区教育局教育创新与技能开发部主任汪利兵在大学世界新闻网（University World News）发表文章指出："本次合作是优质教育内容与教学方式在国际流动方面取得的一项重要成就，有助于亚太地区高等教育优质资源获取、高质量和公平发展。"

（三）建设永远在线的中国“金课堂”

2022年，教育部启动实施了教育数字化战略行动，在全面整合十年慕课与在线教育资源的基础上，建设上线了国家高等教育智慧教育平台。截至2022年11月，平台及其提供教学支持服务的专门平台访问总量292亿次，用户覆盖166个国家和地区，已经成为中国高等教育提高质量、推进公平、改进方法、变革模式、深化合作的关键抓手。

一是汇聚海量优质学习资源。平台汇聚了国内国外最好大学、最好老师的最好课程。一期从全国5.2万余门慕课中遴选、汇聚了众多高水平大学、名师大家的2.7万门优质课程，覆盖高等教育全部14个学科门类、92个专业类。在首批课程上线基础上，平台又陆续上线了虚拟仿真实验以及6.5万余条教材、课件、案例等各类教与学资源，实现了德智体美劳“五育”并举、课内外教育横向联通、本研教育纵向贯通，成为覆盖高等教育人才培养全过程的综合服务平台。

二是持续拓展平台服务功能。平台采用智能搜索引擎技术，帮助学习者实现一键在手、全网好课尽在眼前，享受更加高效便捷个性化的学习服务。虚仿实验板块首批上线300门优质虚拟仿真实验课程，运用虚拟现实、人工智能、交互技术等新一代信息技术，实现在“网上做实验”和“虚拟做真实验”。在面向社会开放公共资源服务的同时，平台还建设了数据中台和学分课监测中心，面向各级教育行政部门和高校提供在线课程教与学大数据分析服务，推动教育管理精准化、智能化。

三是培养学生敢闯会创的能力。集聚整合创新创业全要素资源，建设了“创课平台”板块，设置了创业理论、创业模拟、创业实践、创业支持四个模块，遴选近500门创新创业慕课、微课和虚拟仿真实验，以及历届中国国际“互联网+”大学生创新创业大赛获奖项目案例、100家创新创业实践教育基地等优质资源，从慕课“教得好”“学得好”拓展到创课“干得好”“创得好”，着力提升学生解决实际问题的能力和知识转化能力，助力造就大批“敢闯会创”的优秀人才。

当前，国家高等教育智慧教育平台已经搭建起了师生教与学的智慧立交桥，已成为覆盖高等教育人才培养全过程的综合资源服务平台。未来，平台将致力于打造一个永远在线的中国“金课堂”，实现人人皆学、处处能学、时时可学的教育愿景。

（四）发布世界首份高等教育数字化发展报告

为深入探索高等教育数字化发展规律，引领全球高等教育数字化改革发展，教育部支持世界慕课与在线教育联盟秘书处编撰了《无限的可能——世界高等教育数字化发展报告》（以下简称《报告》），这是中国牵头编制的世界首份高等教育数字化战略报告，具有重要标志性意义。《报告》具备以下鲜明特点。

一是立足国际视野。《报告》充分体现了“国际范”，由来自全球72所高校、机构的200余位专家共同编写。全面搜集梳理了五大洲50个国家和26个国际组织教育数字化战略举措、主要经验成就，凝练了九大行动共识、三大趋势和四大变革，针对目前面临的挑战提出未来10—15年教育数字化发展六条倡议。

二是彰显中国特色。《报告》充分体现了“中国味”，40余处介绍中国教育数字化系列宏观政策、战略举措和经验成就，实现了爱国主义和国际主义二者完美融合，发出中国声音、提供中国方案、分享中国经验。

三是实现理论创新。《报告》在系统梳理全球数字化发展现状的基础上，开创性提出教育数字化发展转化、转型、智慧三阶段论，并首次从育人方式、办学模式、管理体制、保障机制四个方面来观察分析世界高等教育数字化的变革与挑战，为高等教育数字化理论研究提供了新的视角和思路。

四是推出发展指数。《报告》首次发布世界高等教育数字化发展指数，依据较强的科学性、可靠性及国际可比性的统计数据进行多维精准评价，直观呈现高等教育数字化发展水平，具有重要的存史、预警、导研、资政价值，对于探讨内在发展规律、考察各国发展状况、寻求未来发展策略等具有重要意义。

《报告》和指数的发布标志着中国在世界高等教育数字化领域开始实现从跟跑到领跑、从学生到先生角色的转变。未来，教育部将继续支持联盟秘书处持续深入开展研究，并按年度发布“发展报告”，将其打造成引领世界高等教育数字化发展的风向标，形成具有重要影响力的国际报告品牌。

三、教育数字化引领未来

在数字化时代，全球范围内对适应数字转型中高素质创新人才的迫切需求，成为高等教育必须回答的时代命题。未来，我们要通过教育数字化方面的探索引领高等教育范式创新，促进教育公平，加强标准规范，扩大开放合作，持续推进高等教育领域的学习革命、质量革命，重塑高等教育的形态。

一是深化融合应用，重塑高等教育形态。加快高等教育数字化转型，加强互联网、大数据、人工智能等技术在教育领域的融合应用与转化，推进信息技术与高等教育的深度融合，在育人方式、办学模式、管理体制、保障机制等方面不断创新，实现流程重塑、结构重组和文化重构，培育高等教育新形态。

二是加快开放共享，推进更有质量的公平。加快网络通信设施基础建设，建设好国家高等教育智慧教育平台，扩大优质资源的可持续供给和应用，持续扩大教育公共服务平台开放度和数字教育资源覆盖面，让优质数字教育资源流动畅通无阻。深入实施“慕课西部行计划”2.0，扩大慕课出海范围，有效弥合数字鸿沟，让优质教育资源惠及数以亿计发展中国家和中国欠发达地区的学生。

三是完善标准规范，推动在线教育健康发展。推动慕课与在线教育在理念、技术、内容、评价等方面的持续创新，形成世界通用的教育数字化标准规范，如构建学分学位认证体系、资源共享规范、教师能力认定标准等。要遵循技术伦理，运用法律、监管、技术等多种手段，保护个人隐私和知识产权，维护信息安全。

四是扩大开放合作，构建全球教育共同体。办好世界慕课与在线教育大会，加强数字教育资源的国际开放和共享，促进教师、高校、平台间以及全球的交流合作，为全球学习者提供更丰富更优质资源。建设好世界慕课与在线教育联盟，秉承真诚合作、同舟共济、互惠互利的原则，联合各方力量构建全球教育数字化共同体，互学互鉴，优势互补，提高优质资源流动性，推动课程共享、学分互认，提升全球教育数字化治理能力。

技术赋能教育，教育塑造未来。我们深刻认识到，高等教育数字化不是一般的策略问题，而是影响甚至决定高等教育高质量发展的战略性问题，是实现高等教育学习革命、质量革命和高质量发展的战略选择和创新路径，事关新一轮国际高等教育竞争中能否下好先手棋、抢占制高点、享有话语权、拥有影响力，事关在中国高等教育能否真正适应普及化阶段质量多样化、学习终身化、培养个性化、治理现代化的需求。

未来，中国高等教育要争做时代发展的引领者、时代变革的先行者，要把握数字革命历史机遇，开辟教育数字化新领域，培育教育发展新动能，以高等教育数字化支撑引领中国教育现代化，为加快实现高等教育强国做出历史性贡献！

（原载于《中国高等教育》2023 年第 2 期）

专题报告

新文科建设理论研究进展报告

宁继鸣　周汶霏　冯迎霜　王琦*

一、引言

新文科建设发端于以中国式现代化全面推进中华民族伟大复兴的关键节点，迄今已经走过五年的历程。全国专家学者、教育工作者以习近平新时代中国特色社会主义思想为指导，认真学习党的二十大精神和习近平总书记关于高等教育的系列重要论述，贯彻落实新文科建设工作会议精神，持续深化思想认识，积极探索实践路径，新文科建设星火燎原已然成势，理论研究观点纷呈蓄势待发。

“这是一个需要理论而且一定能够产生理论的时代，这是一个需要思想而且一定能够产生思想的时代。我们不能辜负了这个时代。”① 习近平总书记的讲话，体现出高度的理论自信，包含着对哲学社会科学工作者理论创新的期待。以中国式现代化全面推进中华民族伟大复兴，是中国哲学社会科学事业创新发展的根本遵循，是广大哲学社会科学工作者必须担当的历史责任。中国已进入全面建设社会主义现代化国家、向第二个百年奋斗目标迈进的新征程，百年未有之大变局对作为科技、人才、创新结合点的高等教育提出了高质量发展要求。“当今世界，科技革命和产业变革正加速演进，知识创新加速推进，从知识发现到商业化应用、发明的转移加速迭代，给教育带来全新挑战和机遇，每个国家都在思考教育是否迎来新拐点，‘教育向何处去’成为世

---

* 宁继鸣，山东大学国际教育学院教授，全国新文科教育研究中心副主任；周汶霏，山东大学国际教育学院副教授，全国新文科教育研究中心青年研究员；冯迎霜，山东大学国际教育学院博士研究生；王琦，南京林业大学人文社会科学学院讲师。

① 习近平：《在哲学社会科学工作座谈会上的讲话》，人民出版社 2016 年版，第 8 页。

界关注的时代命题。”[①] 重塑世界高等教育发展新路径正在成为国际共识，“重塑”就是要建立高等教育发展的新范式。[②] 加快构建以育人、育才为中心的哲学社会科学发展新格局，培养担当民族复兴大任的新时代文科人才，加快建构中国自主知识体系，在回答中国之问、世界之问、人民之问、时代之问的学术探索中凝聚共识、推动中华优秀传统文化创造性转化与创新性发展，主动回应“强国建设，教育何为?”这一重大问题，是广大哲学社会科学工作者义不容辞的使命担当。这是一场伟大的实践，将从根本上重塑中国哲学社会科学的品格，使中国哲学社会科学重新建立与东方这片广袤大地的联系，使哲学社会科学的中国范式真正屹立于世界学术之林。[③]

习近平总书记指出：“我们要坚持用马克思主义观察时代、解读时代、引领时代，用鲜活丰富的当代中国实践来推动马克思主义发展，用宽广视野吸收人类创造的一切优秀文明成果，坚持在改革中守正出新、不断超越自己，在开放中博采众长、不断完善自己。”[④] 回顾以往，展望未来，我们有信心更有责任在新的起点上进一步提高站位、拓展视野、有所作为。

五年来，学者们从时代背景、中国实践、学科发展、高等教育、数字变革等不同视角出发，在观点争鸣、思想碰撞与理论建构中汇聚共识，在全面提升人才自主培养质量、全方位建构中国自主知识体系的进程中不断探索、扎实推进。为全面梳理与呈现新文科建设理论研究的多维视角、多重观点，本报告对 2018—2023 年在中文期刊上发表的新文科建设理论研究文献进行历时分析与重点解读。与此同时，对 1980—2023 年关涉文科创新发展的英文文献予以集成，形成了报告的基本框架：一、引言；二、数据来源与研究方法；三、新文科建设理论研究进展（2018—2023）；四、文科创新发展海外研究动态（1980—2023）；五、回顾与展望：新时代新文科新使命。需要特别说明的是，在报告的第五部分，按照回顾、环视和展望的行动逻辑，尝试从“融入

---

① 《教育部部长怀进鹏在 2024 世界数字教育大会上的主旨演讲：携手推动数字教育应用、共享与创新》，2024-02-01，http：//www. moe. gov. cn/jyb_xwfb/moe_176/202402/t20240201_1113761. html。

② 参见吴岩：《中国式现代化与高等教育改革创新发展》，《中国高教研究》2022 年第 11 期。

③ 参见王学典：《中国知识体系建构：从“特色”到“自主”》，《新文科理论与实践》2022 年第 2 期。

④ 习近平：《在纪念马克思诞辰 200 周年大会上的讲话》，人民出版社 2018 年版，第 27 页。

时代，发出新文科建设的中国之声”，“以世界为参照，建构文科教育现代化的中国学派”和“以强国建设为目标，加快文科理论创新与实践应用”三个维度，对“新时代新文科新使命”做出回应，也期盼海内外更多的学者专家、教育工作者参与到文科创新发展理论研究与实践探索的历史进程中，以实现新时代文科教育现代化守正创新、继往开来。

二、数据来源与研究方法

本报告的数据来源主要有两个方面：一是2018—2023年新文科建设提出5年以来的相关文献；二是1980—2023年海外文科创新发展40余年的相关文献（英文）。从概念表述看，“新文科”是中国自主建构的，涵盖学术、学科、人才培养等多重维度的学术话语，与“新工科”“新医科”“新农科”共同构成了“四新”这一中国自主学术话语体系，具有特定的属性、范畴和含义。为规范表述和比较分析，基于“新文科”与“New liberal arts”对应关系，国内文献表述采用的是“新文科”，海外文献中文表述采用的是“文科创新发展”。

为全面梳理近五年新文科建设理论研究的主题演化、研究特征与前沿趋势等问题，报告以中国知网（CNKI）为中文数据源，以“主题=‘新文科’ and 篇关摘（篇名关键词摘要）=‘新文科’”、起止时间“2018年1月1日至2023年12月31日”为检索条件，共检索到5475篇文献，其中包括学术期刊4590篇、学位论文62篇、会议107篇、报纸23篇等①，首篇文章为期刊文章，发表于2018年12月8日②。报告按照“三步走”的分析思路，首先从研究文献数量变化、学科分布、文献引用量与下载量等方面对5475篇文献进行概括性描述；为更集中、更精准地分析与呈现五年来新文科研究概况与主要议题，将其中的4590篇期刊文献作为分析对象，在剔除通知、征稿等噪声数据后，获得4415篇期刊文献，运用CiteSpace6.2.4软件③进行文献计量分析与

① 检索日期：2024年1月31日。

② 参见王伟：《传承闽南审美文化，推动新时代美育发展——新文科背景下“本硕一体”闽南文化人才培养》，《南方论刊》2018年第12期。

③ CiteSpace是基于java环境的可视化文献计量软件，能够对研究领域的关键文献、主流议题、整体趋势等进行分析与可视化呈现。

可视化呈现；为进一步聚焦新文科建设理论研究的核心议题及相关成果，特别以南京大学“中文社会科学引文索引”（CSSCI）、北京大学图书馆“中文核心期刊”（北大核心）两类核心期刊体系，以及新文科专业学术期刊为筛选依据，从上述4415篇期刊文献中筛选出CSSCI与北大核心期刊文献890篇，以及《新文科教育研究》《新文科理论与实践》两份新文科专业学术期刊文献230篇，合计1120篇文献，作为新文科建设理论研究主题分析的数据来源。

目前，在以英语为主要通行语言的海外学界，有关“新文科”的关键词包括“New liberal arts”“New Literacies”“Xin Wen Ke”等，为准确地探查、理解与检视海外相关研究，在广泛调研国内外文献基础上，确立“New liberal arts”作为在相对程度上与“新文科”相对应的术语（团队将“New liberal arts”这一术语译为“文科创新发展”）。在梳理海外学界有关“New liberal arts”研究文献的过程中发现，美国阿尔弗雷德·P. 斯隆基金会（Alfred P. Sloan Foundation，以下简称“斯隆基金会”①）在1981年开始力推“New liberal arts”概念②，在这一年，时任斯隆基金会特别项目总监的斯蒂芬·怀特（Stephen White）征求了十位教育工作者的意见后撰写成文，经由时任斯隆基金会副主席詹姆斯·D. 科纳（James D. Koerner）编辑后发表了题为“New liberal arts”的临时论文（occasional paper）③。同年，斯隆基金会召开会议探讨“New liberal arts”相关议题，主持此次会议的埃尔廷·莫里森（Elting Morison）在会后撰写了给与会者的信，信中多次提及各学科之间的相互作用，以及跨学科、传统文科与计算机技术结合等问题，指出传统文科制度改革应

---

① 斯隆基金会成立于1934年，是一家美国非营利性组织，据其官方网站显示，该基金会为支持与科学、技术、工程、数学和经济学相关的原创研究和教育提供资金支持。基金会相信这些领域及其研究者和从业者是国家健康与繁荣的主要推动力，理性、明智地理解自然与社会将带来一个更美好的世界。The Alfred P. Sloan Foundation，https：//sloan. org/about，2024-1-15. 董事会是斯隆基金会进行资金支持决策的责任主体，成员包括通用汽车的多任总裁、摩根士丹利与美国运通等金融机构总裁、美国国务卿、世界银行总裁等高级政府官员，以及国家科学院院长和高级研究所所长等教授与科学管理人员。Heukelom，F. ，“A Sense of Mission：The Alfred P. Sloan and Russell Sage Foundations' Behavioral Economics Program，1984-1992”，*Science in Context*，2012，25（2），pp. 263-286.

② Alfred P. Sloan Foundation，Annual Report for 1981，1981，pp. 4-10.

③ Alfred P. Sloan Foundation，Annual Report for 1981，1981，p. 3.

是关注重点。[①] 此外，斯隆基金会在 1981 年度报告中称“New liberal arts”是其致力于探索的一项“可能的新计划”，之所以推行这项计划，是出于一种认知假设，即所有大学毕业生应具备一定的定量和分析推理能力，并对技术有一定了解，但目前许多（也许是大多数）优秀大学的课程并不能完全满足这些目标。[②] 1982 年起，海外学界有关“New liberal arts”的研究文章相继出现。[③]

基于上述情况，报告将检索“文科创新发展”的海外学术成果的起始点设置于 1980 年，以 Web of Science Core Collection 为来源，以“New liberal arts（Topic） or New liberal arts（Title） or New liberal arts（Abstract）”、起止时间“1982 年 1 月 1 日至 2023 年 12 月 31 日”为检索条件，共获取 641 篇英文文献，在剔除噪声数据后获得 630 篇英文文献，作为分析文科创新发展海外研究动态的数据来源。

报告使用 CiteSpace 软件分别对 4415 篇中文期刊文献和 630 篇英文期刊文献进行分析与可视化呈现，相关基本参数设置情况如下：（1）每一年为一个时间切片（Time Slicing）；（2）文本处理（Text Processing）中的术语来源（Term Source）为题名（Title）、摘要（Abstract）、作者关键词（Author Keywords）和扩展关键词（Keywords Plus）；（3）标准化阈值设定为知识单元提取方式（g-index），规模因子 $k=25$。

三、新文科建设理论研究进展(2018—2023)

（一）研究概况

报告首先从年度发文量、学科分布、文献引用量与下载量等方面对 5475 篇中文文献进行概括性描述。

---

① White, S., Koerner, J. D. & Alfred, P., “The New Liberal Arts: An Exchange of Views (No Title)”, https://digitalcollections.library.cmu.edu/node/61254.

② Alfred P. Sloan Foundation, Annual Report for 1981, 1981, pp. 4–10.

③ 已检索到最早的两篇文章发表于 1982 年 1 月，分别为《自然》（*Nature*）杂志的文章《文科的新出路》（“New Ways from the Liberal Arts?”）与《高教学刊》（*Journal of Higher Education*）的文章《文科的一个新案例：机构性目标和学生发展评估》（“A New Case for the Liberal Arts: Assessing Institutional Goals and Student Development”）。

2018 年中央文件提出“新文科”概念以来，相关理论研究与实践行动从不同维度铺设与推进开来。由图 1 可知，2018—2020 年，新文科建设理论研究文献发表数量增幅相对较缓，研究主题多集中于新文科概念定位、理论逻辑、路径选择等宏观层面，整体上处于初始发展阶段。2021—2023 年，新文科建设理论研究进入一个新的发展阶段，这一时期文献发表数量大幅上升，年度发文量均在 1000 篇以上，新文科概念定位、理论逻辑、路径选择等既有研究维度的理论探索持续深化，研究视角延展至更为广泛的实践层面，涉及新文科建设的体制机制、组织架构、专业与课程设置、项目设计与实施、教学改革等各方面。

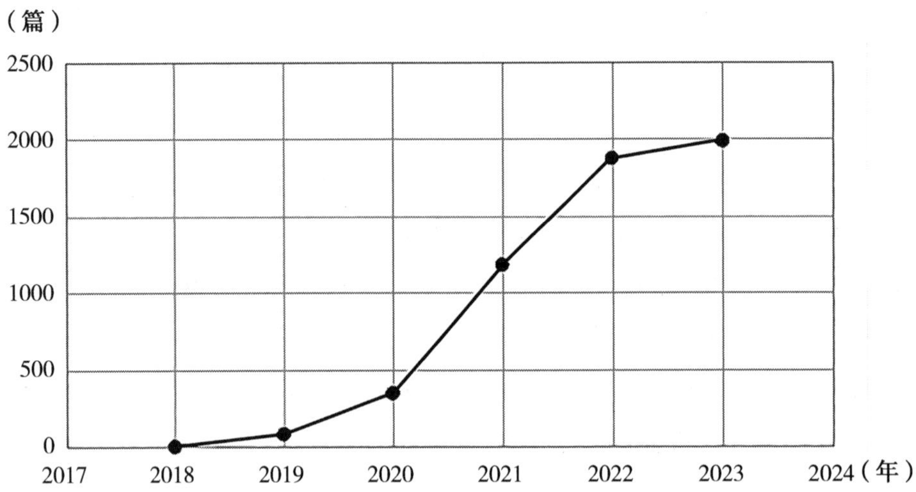

图 1　2018—2023 年新文科建设理论研究年度发文量[①]

从学科分布看，高等教育领域发表的新文科建设理论研究文献数量最多，为 3755 篇。作为中国高等教育创新发展的重要组成部分，“新文科建设”正成为中国高等教育改革实践的新主题与新议题[②]，经过五年发展，已经涌现出一系列具有中国特色的高等文科教育研究成果。来自外国语言文学、中国语言文学、新闻与传媒、文艺理论、美术书法雕塑与摄影、贸易经济、教育理

① 检索日期：2024 年 1 月 31 日。

② 参见吕林海：《中国大学“新文科教育”建设：价值蕴意、核心内涵与实践路径》，《大学教育科学》2021 年第 5 期。

论与教育管理等传统文科领域的相关研究文献数量保持持续增长。此外，计算机软件及计算机应用、图书情报与数字图书馆等学科领域的新文科研究文献数量也居于前列，反映出人文社会科学与数字技术结合日益紧密（见表1）。由此引发的范式革新与教育创新，不仅促进了传统文科的现代化发展，更为数字人文这一新学科领域的发展创造了条件。

表1　发文量前10位的学科分布

序号	发文量（篇）	学科分布
1	3755	高等教育
2	687	外国语言文学
3	501	中国语言文学
4	414	新闻与传媒
5	295	计算机软件及计算机应用
6	282	文艺理论
7	277	美术书法雕塑与摄影
8	235	贸易经济
9	202	教育理论与教育管理
10	165	图书情报与数字图书馆

资料来源：中国知网。

从文献引用量①看，吴岩发表在《外语教育研究前沿》2019年第2期的《新使命　大格局　新文科　大外语》一文以484次的引用量位居榜首，排在第二位和第三位的分别是樊丽明发表在《中国大学教学》2020年第5期的《“新文科”：时代需求与建设重点》（引用量为392次）以及樊丽明等发表在《中国高教研究》2019年第10期的《新文科建设的内涵与发展路径（笔谈）》（引用量为316次）（见表2）。高被引文献主要聚焦“新文科”概念的整体定位，从时代需求与顶层设计的角度探究新文科建设的内在逻辑、发展规律与实现路径问题。

① 引用量数据更新自中国知网（CNKI）2024年1月31日实时数据。

表 2　新文科研究的高被引文献

序号	作者	文献名称	引用量	下载量
1	吴　岩	《新使命　大格局　新文科　大外语》	484	9894
2	樊丽明	《“新文科”：时代需求与建设重点》	392	10196
3	樊丽明等	《新文科建设的内涵与发展路径（笔谈）》	316	12033
4	黄启兵、田晓明	《“新文科”的来源、特性及建设路径》	312	10335
5	周　毅、李卓卓	《新文科建设的理路与设计》	281	10193

资料来源：中国知网。

从文献下载量①看，戴炜栋等发表在《外语界》2020 年第 4 期的《新文科背景下的语言学跨学科发展》，下载量最多，为 12524 次；樊丽明等发表在《中国高教研究》2019 年第 10 期的《新文科建设的内涵与发展路径（笔谈）》，下载量为 12033 次；程海东、陈凡发表在《自然辩证法研究》2023 年第 4 期的《建党百年：中国自然辩证法的发展与创新》，下载量为 10393 次（见表 3）。

表 3　新文科领域的高下载量文献

序号	作者	文献名称	引用量	下载量
1	戴炜栋等	《新文科背景下的语言学跨学科发展》	81	12524
2	樊丽明等	《新文科建设的内涵与发展路径（笔谈）》	316	12033
3	程海东、陈凡	《建党百年：中国自然辩证法的发展与创新》	3	10393
4	黄启兵、田晓明	《“新文科”的来源、特性及建设路径》	312	10335
5	樊丽明	《“新文科”：时代需求与建设重点》	392	10196

资料来源：中国知网。

如上文所述，为更集中、更精准地分析与呈现五年来新文科研究概况与主要议题，报告以检索到的 4590 篇期刊文献作为分析对象，在剔除通知、征稿等噪声数据后，获得 4415 篇期刊文献，运用 CiteSpace 软件对获得的文献关

① 下载量数据更新自中国知网（CNKI）2024 年 1 月 31 日实时数据。

键词进行共现分析与可视化呈现，绘制新文科研究关键词共现图谱，如图 2 所示。

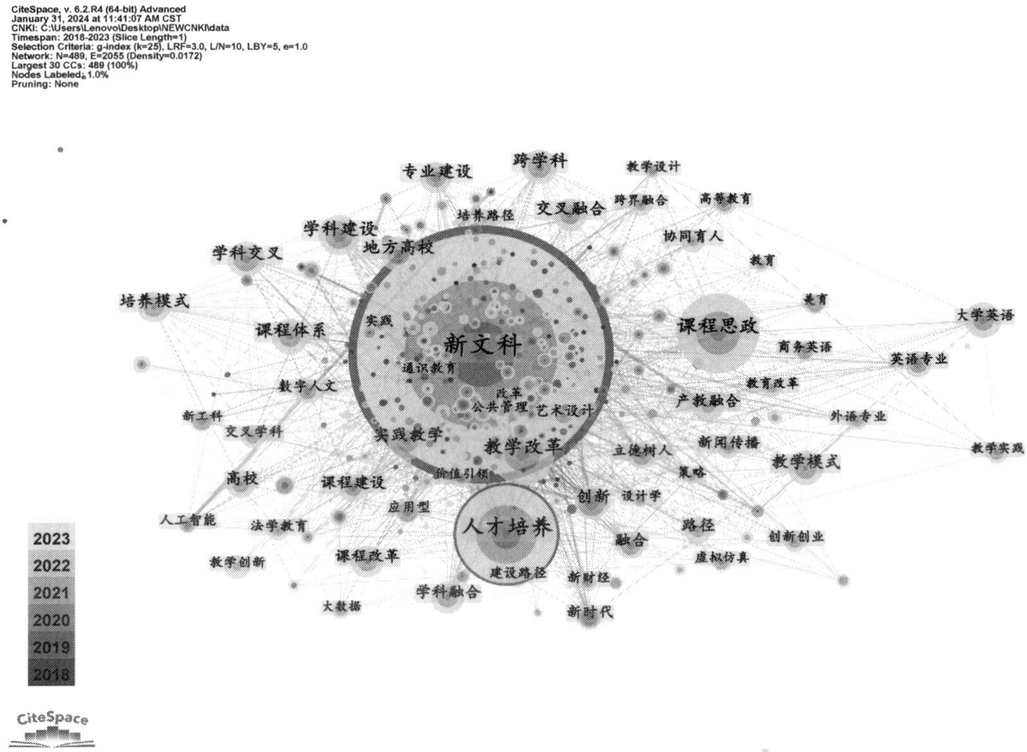

图 2 新文科研究关键词共现图谱

由图 2 可以看到，新文科领域研究关键词节点较多，共 489 个，形成了以“新文科”为核心节点的研究知识图谱，表明五年中围绕“新文科”概念已拓展出更为丰富与宽广的研究领域与研究视角。在相关节点中，“人才培养”“学科建设”“学科交叉”“学科融合”“课程思政”“课程改革”等节点较为突出，这些主题与新文科建设高度关联，也是当前新文科建设理论研究的关注重点。此外，关键词共现图谱中共有 2055 条连线，包括学科、高校、教学模式、课程建设等各类节点之间联系紧密，表明新文科研究各维度之间保持着较为密切的对话与互动，新文科建设研究具有鲜明的交叉性与融合性。

根据关键词共现图谱可得到新文科建设理论研究的关键词词频和中心度①，按照关键词频次高低排序，如表 4 所示。“新文科”出现频率与中心度均为最高，除此之外，人才培养、课程思政、教学改革、学科建设、专业建设、课程体系、培养模式、交叉融合、跨学科与教学模式是中心度较高的关键词，显示出新文科建设理论研究最为关注人才培养与学科建设两大关键议题，重视以课程思政实现价值引领的相关问题，关注如何从教学改革与学科交叉融合等方面探索新文科建设的实践路径。

表 4　新文科研究关键词频次与中心度情况

序号	频次	中心度	年份	关键词
1	2845	1. 29	2018	新文科
2	480	0. 21	2019	人才培养
3	312	0. 1	2020	课程思政
4	191	0. 06	2020	教学改革
5	88	0. 04	2019	学科建设
6	71	0. 01	2021	实践教学
7	71	0. 03	2020	课程体系
8	68	0. 02	2020	学科交叉
9	68	0. 03	2019	跨学科
10	65	0. 02	2019	地方高校
11	63	0. 03	2020	教学模式
12	63	0. 03	2020	大学英语
13	58	0. 02	2019	创新
14	57	0. 04	2020	专业建设
15	55	0. 02	2020	学科融合
16	55	0. 02	2020	课程改革

① 关键词中心度代表其在共现网络中的角色强度，中心度越高，与其他关键词共现并成为研究核心议题的可能性越大。

续表

序号	频次	中心度	年份	关键词
17	54	0. 03	2020	培养模式
18	54	0. 03	2021	交叉融合
19	51	0. 01	2019	产教融合
20	43	0. 02	2020	高校
21	40	0. 02	2020	课程建设
22	40	0. 02	2020	路径
23	40	0. 01	2020	英语专业
24	39	0. 02	2020	融合
25	36	0. 01	2020	立德树人

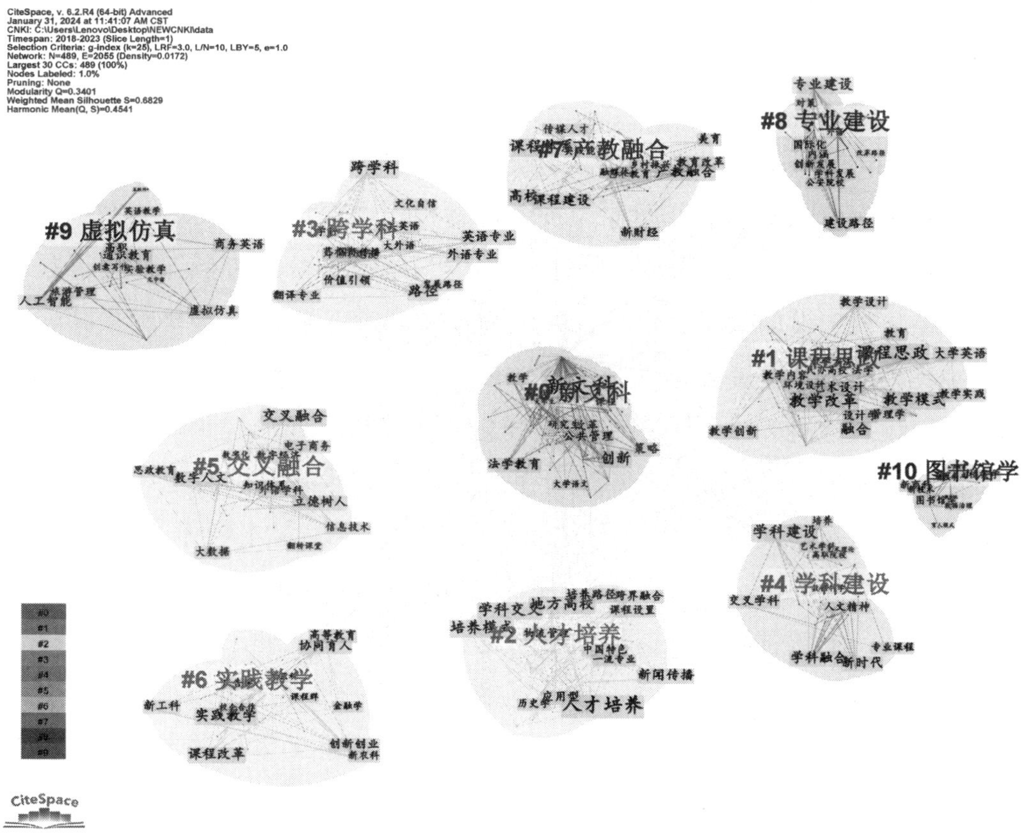

图 3　新文科研究核心议题聚类图谱

报告进一步对关键词进行聚类分析以凸显研究中的重要议题，如图 3 所示。新文科研究的核心议题聚类包括新文科、课程思政、人才培养、跨学科、学科建设、交叉融合、实践教学、产教融合、专业建设、虚拟仿真及图书馆学 11 个模块。通过对 11 个聚类模块整理分析，按照各聚类的内在逻辑进行上位聚类，可将其大致划分为四大类核心议题，分别是理念与范式研究、学科专业发展研究、人才培养模式研究以及规划实践路径研究。

具体来看，理念范式研究议题主要关注新文科理念的时代内涵、战略意义、发展逻辑及新文科知识体系的建构问题；学科专业发展议题主要从专业学科建设、学科组合优化、课程教学改革、产教融合探索等方面探讨了新文科建设适应国家战略和经济社会发展需要所进行的理论与实践探索；人才培养模式研究议题围绕建构人才自主培养体系这一核心问题，主要从基础学科拔尖人才培养、跨学科人才培养、传统学科人才培养等差异化人才培养目标展开探讨，并将社会用人需求与高校教师发展等关联因素纳入讨论；规划实践路径研究议题视角宽阔，兼具规划论证与经验分析，主要涉及学科交叉融合路径、数字技术融合路径、守正创新路径等多重维度。

运用 CiteSpace 软件生成关键词聚类时间线图谱（见图 4）。① 由图 4 可知，在研究初始阶段，人才培养即作为关键问题被集中探讨，新文科的实践理路也是探讨较多的问题；计算机、艺术、法学、外语、新闻传播、财经等是较早关注新文科建设的学科。随后，如何通过学科交叉创新文科培养模式、提高专业建设质量，发展数字人文等问题成为学者们关注的热点。这一阶段的新文科建设理论研究主要关注新文科概念、价值与范式的建构、诠释，规划实践路径及实现经验等层面。2020 年后，新文科建设理论研究进入蓬勃发展阶段，表现在对新文科建设的价值引领、学科建设、人才培养、课程建设、教学创新、媒介融合、信息技术应用等问题的探讨日益丰富和深入；艺术设计、国际化、创新思维、数据治理、物流管理、数字经济、商务英语等体现新文科建设理念的新学科新方向及其实践案例获得了更高的关注度；此外，对新文科建设与新工科、新医科、新农科建设的经验互鉴与融合发展，以及

① 关键词聚类时间线图可呈现关键词在时间维度上的演变过程，能够在一定程度上显示出新文科建设理论研究的学术发展脉络。

新文科建设的国际化发展、通识教育与专业教育、教材建设、智慧教学等相关议题的探讨引向纵深。整体而言，新文科建设理论研究在守正创新、与时俱进中不断推动文科创新发展“中国方案”的生成与落地，各个学科都在努力寻求发展领域的突围与创新机制的突破，在这一过程中，中华优秀传统文化创造性转化、创新性发展与新文科建设的互构与互促不断强化，新文科参与建构中国自主知识体系的使命、功能与价值认知不断深化。

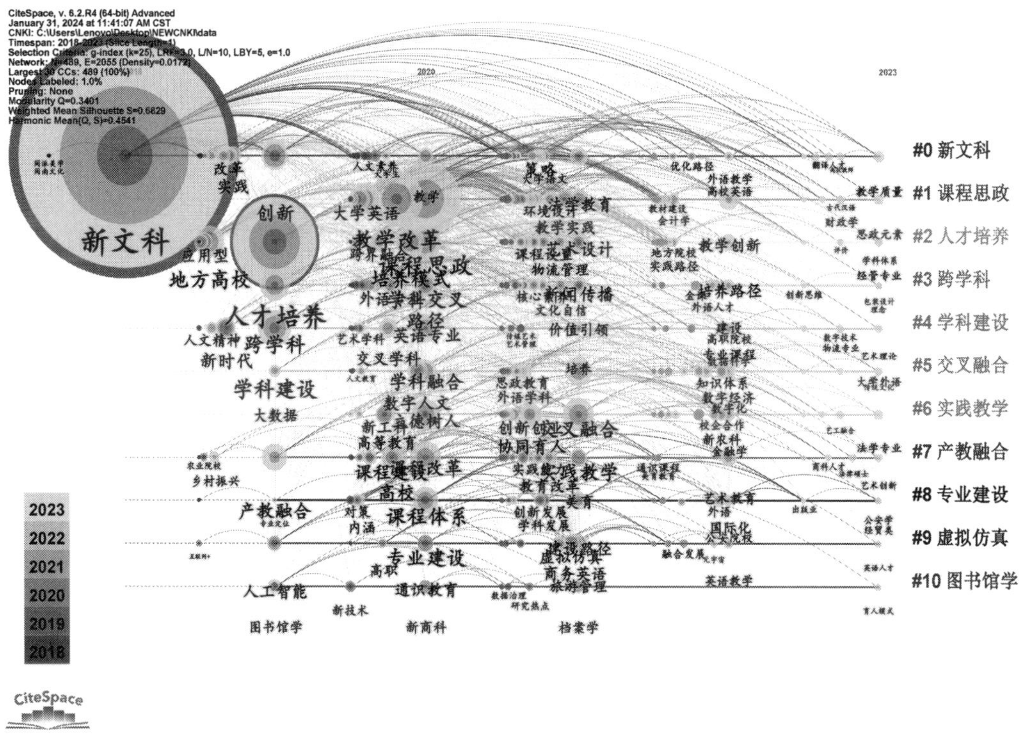

图 4 新文科研究关键词聚类时间线图谱

（二）主题分析

为进一步梳理新文科建设理论研究的核心议题及相关成果，报告以南京大学“中文社会科学引文索引”（CSSCI）、北京大学图书馆“中文核心期刊”（北大核心）两类核心期刊体系，以及新文科专业学术期刊为选择依据，从已获得的4415篇期刊文献中筛选出CSSCI与北大核心期刊论文890篇，以及《新文科教育研究》《新文科理论与实践》两份新文科专业学术期刊论文230

篇，合计 1120 篇文献，作为分析数据，结合文本挖掘技术与质性分析方法，提炼出新文科建设理论研究的核心议题。

通过分析 1120 篇期刊文献的作者及其发文情况，报告列举了五年来高发文量作者及其被引次数最多的代表性文章（见表 5），绘制新文科研究作者合作共现图谱（见图 5）。表 5 显示，高发文量作者分别为北京师范大学的周星（14 篇），教育部的吴岩（7 篇），山东大学的樊丽明（6 篇），华东交通大学的唐衍军（5 篇），兰州大学的魏志鹏、北京师范大学的张燕、上海工程技术大学的曹如中和郭华（4 篇），发文量大于等于 3 篇的作者共有 22 位，发文量为 2 篇的作者共有 90 位。新文科高发文量作者已经出现，这些作者的研究方向显著聚焦于新文科建设，密切关注新文科研究前沿动向，聚焦真问题与新问题，所阐述的研究观点也在其持续深耕中更趋系统化、科学化，其研究观点启发和带动了更多研究者围绕相关问题进行调研、思考、论证与探究。作者的研究方向涉及教育学科、语言学科、艺术学科、经济学科、哲学学科等多个领域，跨学科交叉融合研究有所增加。从作者合作强度看，随着《新文科建设宣言》发布、新文科研究与改革实践项目有序推进、新文科建设相关研讨活动持续推出、新文科专门期刊出版发行等外部支持条件出现，专家学者们从各自领域出发，聚焦新文科建设展开学术对话与合作，经过五年的积

表 5　新文科高发文量作者及其被引次数最多的代表性文章

序号	作者	发文量	代表性文章	被引次数
1	周　星	14	《新文科建设背景下艺术学科综合性发展的思考》	63
2	吴　岩	7	《新使命　大格局　新文科　大外语》	485
3	樊丽明	6	《“新文科”：时代需求与建设重点》	393
4	唐衍军	5	《跨界融合：新时代新文科人才培养的新进路》	84
5	魏志鹏	4	《循证社会科学视角下的新文科建设路径研究》	30
5	张　燕	4	《新文科建设背景下“戏剧与影视学”三种课程的圈层建设》	21
5	曹如中	4	《新文科背景下数字化赋能图情档学科向数字人文转型发展研究》	6
5	郭　华	4	《新文科背景下数字化赋能图情档学科向数字人文转型发展研究》	6

累与推进已形成若干较为活跃的作者合作网络。值得注意的是，目前新文科研究领域的合作多为文科领域内的学者间合作，文科学者与其他基础学科学者合作仍存在较大发展空间。

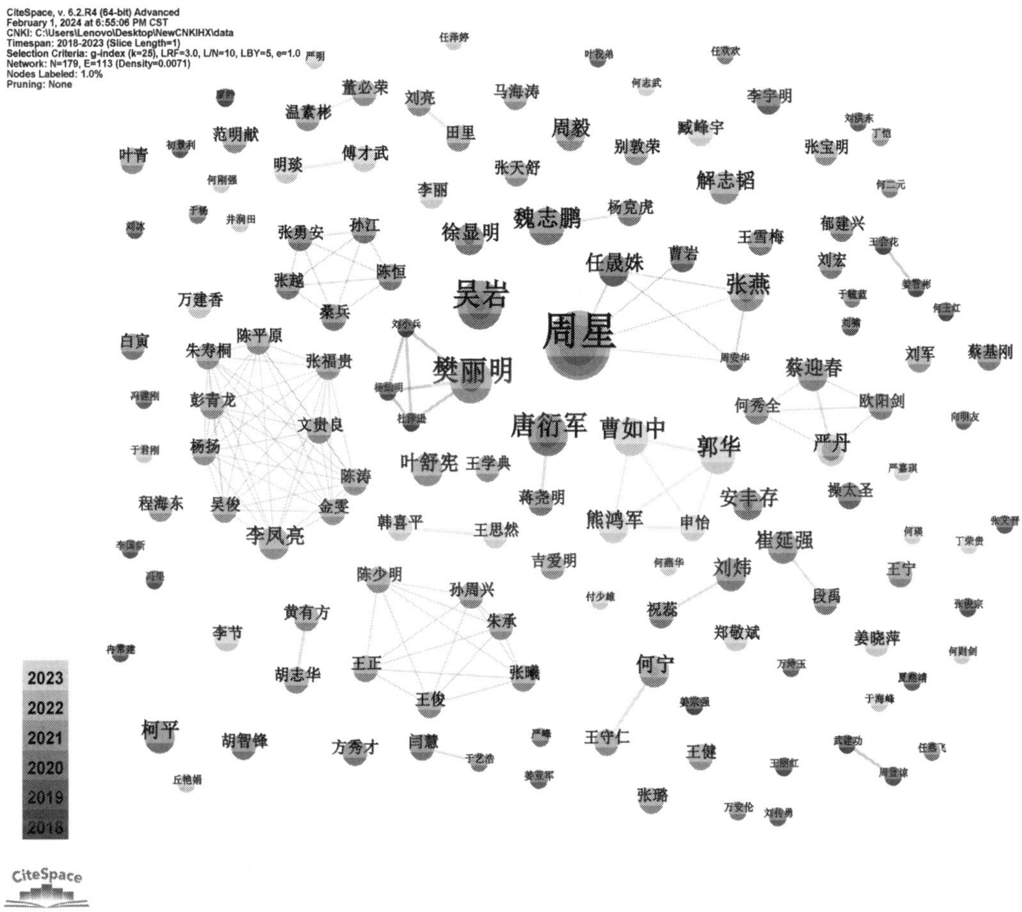

图 5　新文科研究作者合作共现图谱

通过分析 1120 篇文献的作者单位发现，新文科建设研究领域已出现一批高发文机构，使用 CiteSpace 软件识别出新文科研究发文机构之间的合作关系，如图 6 所示。

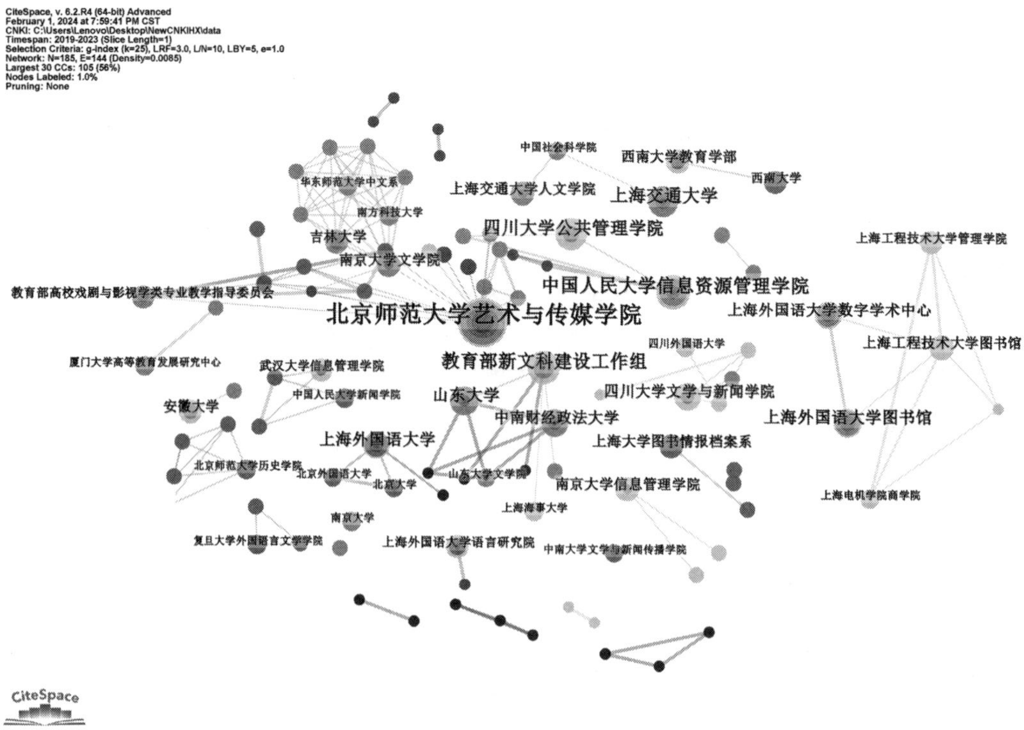

图 6　新文科研究机构合作共现图谱

总体来看，在教育部高等教育司、教育部新文科建设工作组的统筹指导与全国新文科教育研究中心的聚力推进下，全国新文科研究机构结合各自问题与优势，积极开展理论研究与实践探索，新文科建设的建制格局也在这一过程中趋于形成。从发文机构来看，北京师范大学、中南财经政法大学、中国人民大学、四川大学、上海交通大学、山东大学、上海外国语大学等机构发文数量较多，相关理论研究较为深入。教育部高等教育司、教育部新文科建设工作组与全国新文科教育研究中心在学术研究发展中起到了重要的引领与助推作用，传统文科强校及哲学社会科学专业院校是当前新文科建设理论研究的机构主力军，具有突出的积极性与主动性。与此同时，高发文机构呈现出多学科、多专业融合特征，如信息资源管理、数字信息技术等领域相关研究机构表现较为突出。从合作关系来看，目前尚未形成突出、稳定的中心合作网络结构，但相关机构之间已存在一些较为明显的合作链接，各学术机构多元联动、拓展合作的趋势在不断加强。

报告提取1120篇文献中的摘要内容为分析文本，使用Jieba分词工具对其进行中文分词处理，保留2个字以上的词，并进行必要同义词替换，完成数据清洗。运用LDA主题模型对相关文本进行主题—特征词分布分析。LDA主题模型（Latent Dirichlet Allocation，隐含狄利克雷函数）是一种无监督算法主题模型，通过计算主题中词汇的分布情况以表征和识别出潜在主题。在经过多次计算后获得具有良好泛化性、迭代次数为150次、主题模型个数为10的主题概率分布，根据权重提取各主题的前10个特征词，得到基于1120篇文献摘要的“新文科”主题—特征词分布（见表6）。

表6 新文科学术文本的主题—特征词分布

序号	特征词	概率分布
1	培养，人才培养，人才，高校，需求，课程体系，路径，探索，特色，构建	0.1057
2	学生，专业，能力，提升，培养，评价，理念，创新，导向，学习	0.1037
3	课程，教学，分析，新文科背景，模式，实践，方法，高校，探索，过程	0.1031
4	学科，研究，学科建设，艺术，学术，理论，学科发展，交叉，交叉学科，学科体系	0.1017
5	新文科建设，新时代，文科，推进，创新，高等教育，推动，数字人文，文科教育，教育部	0.1002
6	发展，社会，技术，推动，挑战，变革，交叉融合，领域，人工智能，面临	0.0992
7	理论，传统，基础，法学，人文，系统，知识，环境，范式，哲学	0.0989
8	新文科，新文科建设，建构，时代，中国特色，逻辑，目标，关注，内涵，哲学社会科学	0.0988
9	教育，我国，体系，融合，实践，跨学科，课程思政，育人，内容，强化	0.0971
10	文化，服务，历史，学术，讨论，人文学科，世界，现代化，影响，展开	0.0915

由LDA主题概率分布看，“新文科”的学术话语主题涉及时代与社会发展、人才培养、课程改革、数字技术与数字人文、教学实践、学科与专业建设、跨学科理念、课程思政、高等教育发展等方面。通过合并同类项得到五类主题，分别是高等教育与时代要求、教育数字化与文科转型发展、学科交叉与自主知识体系建构、人才培养与课程改革、课程思政与协同育人。报告

结合分析文本对上述五类主题进行质性解读。

1. 高等教育与时代要求

党的二十大报告正式将“推动构建人类命运共同体”列为中国式现代化的本质要求之一，指出中国始终坚持维护世界和平、促进共同发展的外交政策宗旨，致力于推动构建人类命运共同体。中国式现代化是发展中国家探索走向现代化的新选择，为人类文明和进步事业贡献中国智慧与中国方案，兼具中国价值与世界价值。[①] 高等教育是科技第一生产力、人才第一资源、创新第一动力的重要结合点，要在实现中国式现代化的过程中发挥龙头作用，率先建成高等教育强国。[②] 中国式现代化为高等教育廓清历史使命、形成理论自觉、建构中国学派提供了关键指引。作为高等教育在新时代发展的重要构成，新文科建设是应时代之需、国家之需、社会之需而生发的系统性教育创新，一方面承载着推动中华优秀传统文化创造性转化与创新性发展的历史使命，另一方面要集跨学科之力建构中国哲学社会科学自主知识体系，培养传承中华优秀传统文化、担当创造性转化创新性发展大任的人才。[③] 分析文本发现，观点主要集中在以下三个方面。

（1）新文科的时代方位。急速发展与变化的社会带来了诸多新挑战，人类所处的时代与所面临的问题是由多维度、多学科构成的复杂综合体，严格划分的现代学科体系难以应对，建设进得去出得来的学科交叉、文理融合模式是历史发展的必然，也是社会现实的需求。[④] 新文科建设与新时代、中国化、世界性相契合，是代表新时代发展方向的思想体系、学术体系、话语体系与实践体系的总称，夯实人文灵魂、弘扬中国文化、耦合学科体系、重振文科教育是当代新文科建设的现实走向。[⑤] 通过凝聚理论共识、形成理性自觉，建构中国自主的知识体系，是完成哲学社会科学“中国化”的转型，是

---

① 参见曹玉涛、谷合强：《中国式现代化的世界意义》，《中国社会科学报》2023 年 12 月 4 日。

② 参见吴岩：《中国式现代化与高等教育改革创新发展》，《中国高教研究》2022 年第 11 期。

③ 参见樊丽明：《中国新文科建设的使命、成就及前瞻》，《中国高等教育》2022 年第 12 期。

④ 参见熊澄宇：《关于新文科建设及学科融合的相关思考》，《上海交通大学学报》（哲学社会科学版）2021 年第 2 期。

⑤ 参见龙宝新：《中国新文科的时代内涵与建设路向》，《南京社会科学》2021 年第 1 期。

百余年来中国知识体系更新和再造进程的最终环节。① 普及化阶段的高等教育是需求导向的，这就要求高等文科教育自身发展的“小逻辑”要主动服务服从于国家经济社会发展的“大逻辑”。只有这样才能够真正地推进改革，真正地提高学生能力，真正地提升老师的积极性，真正实现新文科建设的纵深发展。②

（2）新文科的国家责任。新文科建设需致力于探索如何培养基础扎实、博古通今、创新力强的中国文化研究人才以承担创新性发展职责，如何着力培养知识广博、通晓中外的跨文化研究与传播人才以促进多元文化交流交融，如何着力培养知识复合、创造力和实践力强的文化创意人才以实现文化创造性转化。③ 在中华优秀传统文化基础方面，可按照学科融合思路构建课程体系，系统讲授中华民族在物质文明、精神文明、政治文明、社会文明和生态文明中所形成的核心思想、传统美德和人文精神。④ 在核心理念部分，要以社会主义核心价值观为引领，立足“社会主义核心价值观的坚定信仰者、积极传播者、模范践行者”的培育目标，讲透中华优秀传统文化在个人美德、社会公德、国家大德方面的核心理念与美德精髓。⑤

（3）新文科的教育使命。新文科建设能否在专业优化、课程提质、模式创新、实践能力培养等方面取得创新突破，是构建世界水平、中国特色的文科人才培养体系的关键。相较于传统文科教育，新文科之“新”在于从社会转型过程中产生的新需求出发，推出新文科的教育目标、宗旨与实践路径，需要聚焦学生高度认知可塑性的培养，帮助新文科人才为“尚未出现的工作”做好准备。⑥

---

① 参见王学典：《中国知识体系建构：从“特色”到“自主”》，《新文科理论与实践》2022 年第 2 期。

② 参见高文轩：《关于深入推进新文科建设的几点思考》，《新文科理论与实践》2023 年第 2 期。

③ 参见樊丽明：《中国新文科建设的使命、成就及前瞻》，《中国高等教育》2022 年第 12 期。

④ 参见曹胜高：《中华优秀传统文化核心课程体系的建构》，《中国大学教学》2022 年第 9 期。

⑤ 参见张亮、郭明姬：《新文科背景下中华优秀传统文化通识课程建设的思考》，《广西社会科学》2022 年第 8 期。

⑥ 参见王华平：《新文科的理论内涵与实践路径》，《新文科教育研究》2022 年第 3 期。

2. 教育数字化与文科转型发展

数字技术正在深刻改变全球教育的结构与布局。党的二十大报告首次对教育、科技、人才进行了“三位一体”统筹部署，明确提出“推进教育数字化”的战略要求，深入推进教育数字化成为摆在中国高等教育面前的关键课题，也为新文科发展带来了新的历史机遇。相较于其他教育阶段，高等教育与科技关联更为紧密，从学科建设到课程设置，从人才培养到教学实践，高等教育与科技的“互构”是一种从“外嵌”逐渐走向“内生”的过程，并在这一过程中酝酿生发出高等教育创新发展的新材料、新方法与新理论，新文科的发展恰与这一过程合流。分析发现研究观点集中在以下三个方面。

（1）新文科建设之“新”强调新的技术融入、新的学科协同与新的人才培养模式，要构建“以学习者为中心”的教育生态，培养学生终身学习能力。① 在大数据与人工智能时代，以及现代工业、农业和医科创新发展态势之下，“数智”科技是耦合新文科与其他学科以及推动新文科创新的驱动要素，“数智”赋能新文科建设是一项系统工程。②

（2）不同于学科间简单叠加式培养，在传统学科交叉融合的二维平面上，教育数字化转型成为构筑新文科课程的“第三种维度”，新文科知识体系与培养模式应是在数字技术支撑下构建的立体结构。③ 有学者提出数字人文专业是新文科探索跨学科交叉融合与人才培养改革的重要尝试，需要奠定学科地位，基于交叉融合的思路打造学术团体、树立人才培养目标、建设平台基地等。④

（3）关注数字化转型背景下新文科教育实践。数字人文被看作方法、领域、活动与实践，其本质是知识创新，其范围跨越了学科边界，涵盖了学科体系、研究范式与平台、基础设施、理论体系等多层次。⑤ 也有学者关注文科

---

① 参见黄铭、韩志强：《教育数字化赋能新文科建设创新发展》，《中国高等教育》2023 年第 6 期。

② 参见胡志华、黄有方：《新文科建设融合“数智”科技创新发展的系统思维与物流专业实践》，《新文科理论与实践》2022 年第 1 期。

③ 参见韩德仁、赵丽君、刘超：《强化数学基础的新文科人才培养与北航实践》，《北京航空航天大学学报》（社会科学版）2023 年第 1 期。

④ 参见周毅、李卓卓：《新文科建设的理路与设计》，《中国大学教学》2019 年第 6 期。

⑤ 参见王丽华、刘炜：《助力与借力：数字人文与新文科建设》，《南京社会科学》2021 年第 7 期。

实验室建设可能面临的困境及其应对[①]，文科实验室是高等教育创新发展的探索成果，由于人文社会科学与自然科学在研究对象和研究方法上存在显著差异，处理好这种差异是实验室能否成功运转的关键；另外，文科实验室学科交叉的运行模式及其研究产物难以被纳入强调学科自主性与独立性的学术话语体系中，不利于文科实验室的学术话语生成[②]。

3. 学科交叉与自主知识体系建构

“创新”是新文科建设的生命线，其知识生产必然指向知识及其实践的新样态，而且这种创新遵循着一条价值主线，即“加快构建中国特色哲学社会科学，归根结底是建构中国自主的知识体系”[③]。自主知识体系命题的提出，意味着从“中国特色哲学社会科学”到“哲学社会科学的中国范式”的转移[④]，一方面新文科秉持传统文科的基本结构，又在不断调适和革新中建构新的知识体系，另一方面这也是顺应外部世界变化和国家重大战略需求变化的必然结果，强调面向中国经验，解读中国道路，形成基于本土经验的自主知识体系，建成多学科融合、产学研一体化的共享知识丛[⑤]。相关研究主要集中在以下四个方面。

（1）回溯高等教育发展历程，探索文科发展新路径。新文科的建设方向日益明晰，立足中国语境，以学科融合与知识交叉推进知识创新、理论创新、方法创新、实践创新，不断推动中华优秀传统文化创造性转化与创新性发展，努力建构中国特色哲学社会科学自主知识体系，构建高质量人才自主培养体系。[⑥]

---

① 参见黄凯南、苗滋坤：《2022年新文科研究进展的文献计量学分析》，《新文科理论与实践》2023年第1期。

② 参见解志韬：《后科学知识社会学视角下的文科实验室：转向、定位与进路》，《探索与争鸣》2022年第6期。

③ 《习近平在中国人民大学考察时强调　坚持党的领导传承红色基因扎根中国大地　走出一条建设中国特色世界一流大学新路》，《人民日报》2022年4月26日。

④ 参见王学典：《中国知识体系建构：从“特色”到“自主”》，《新文科理论与实践》2022年第2期。

⑤ 参见韩喜平、王思然：《在推进新文科建设中构建自主知识体系》，《内蒙古社会科学》2023年第5期。

⑥ 参见樊丽明：《中国新文科建设的使命、成就及前瞻》，《中国高等教育》2022年第12期。

（2）在尊重学科差异性与独特性基础上贡献不同学科智慧，凝聚新文科学科建设共识。强调创新是新文科的精髓与灵魂，文科需要以中国话语体系为主导，向文理交叉学科转型，从探讨人文社会科学所涉对象的规律到为国家和社会提供指导思想与价值选择，对法学领域而言，应对国家需求对文科的挑战、再造法学是建设新法学的根本出发点。① 在美育倡导背景下，新文科的美术教育应该传承、彰显中国艺术的观物之道、体物之法、语言系统、意境情致以及其中所蕴含的世界观，并在当代感知经验和精神土壤中重新生发，重建中国艺术的伟大传承，面向未来构建“人文与科技双向互通”的新文科建设范式。② 分类推进外语学科知识体系的交叉融合，建构与高校实际相符的外语学科交叉融合知识体系，根据实践需求和人才培养规律对学科交叉的方式、类型、程度等进行合理规划。③ 信息技术革命重塑了经济系统，变革了生产关系，传统财经人才培养无法满足“教育链、产业链、创新链”有效对接的要求，应探索文理兼修学科互补的培养模式，实现厚基础（深度、厚度为本）、强通识（高度、广度为先）、重素质（纯度、亮度为要），回归本真育人价值理念的人才培养新模式。④

（3）机构组织层面参与新文科建设的各方主体及其应对问题。新文科建设应从三方面做好机制保障工作，分别是健全资源配置机制、协同共建机制与能力提升机制。⑤ 从“人”的层面看，学校领导者的组织与顶层设计能够盘活人员流动和创新发展，也有利于学校在有限的资源之中产生更为广阔的影响力；教师作为中坚力量的枢纽作用目前尚未得到重视，应从需求层面充分激发其主动性；学生是新文科建设的直接受益者，若能形成主动学习意愿，

---

① 参见徐显明：《新文科与新法学》，《新文科理论与实践》2022 年第 1 期。

② 参见高世名：《人文与科技的双向会通——作为新文科的美术教育》，《美术》2022 年第 4 期。

③ 参见邓世平：《新文科视域下外语学科知识体系的交叉融合建构：一项跨案例研究》，《外语界》2023 年第 4 期。

④ 参见邓辉、万建香：《数字经济背景下新财经人才培养模式改革探索——以江西财经大学为案例》，《新文科理论与实践》2023 年第 1 期。

⑤ 参见樊丽明：《论新文科建设的机制保障》，《中国高教研究》2023 年第 5 期。

将成为推动教师与学校变革实践的动力。[①]

（4）新文科的国际化路径。建构中国自主知识体系，需要实现中国高等教育的创新发展，而创新是高等教育未来发展的国际共识。[②] 面对百年未有之大变局，建构中国自主知识体系需要构建一种人类文明共同体的学科范式、一种新的替代现代性话语的学术范式、一种超越二元对立思维和西方中心主义的话语范式，使中国自主知识体系与中国地位相称，建成以“中国性”为西方现代性替代范式的“大国学术”。[③]

4. 人才培养与课程改革

高等教育既是孕育生发学科、知识与思想的策源地，也是联结教育与社会、坚持立德树人根本任务的关键环节。习近平总书记在中央人才工作会议上提出要加快建设世界重要人才中心和创新高地，打好关键人才基础。全面提高人才自主培养质量，加快“四新”建设，成为高等教育发展的主线。中国高等教育毛入学率于 2019 年达到 51.6%，正式进入普及化阶段，时至今日已建成世界最大规模的高等教育体系[④]，也面临着由大到强的新发展命题。人才培养是教育的根本目标，课程则是联通教育与人才的基础，相关观点如下。

（1）基础学科拔尖人才培养。基础学科拔尖人才培养是基础研究发展的基础性、先导性工程，具有重大战略意义，需以价值塑造为动力、以知识体系建构为载体，以组织管理体系建设为保障，打造师生共同体激活学生内生动力、营造自主探究环境、建设多元支持平台的人才培养长效机制，以及跨区域联动实现人才培养一体化发展。[⑤]

（2）文科复合型人才培养。新文科围绕培养“具有创新创业能力、跨界整合能力的高素质人才”这一目标需在理念、使命定位、专业结构、教学模

---

① 参见周星、任晟姝：《新文科拓展观念的重要认知——“道”“术”之辨与“事”“人”关系》，《新文科理论与实践》2022 年第 1 期。

② 参见吴岩：《国际共识　中国创新——准确把握新时代高等教育发展的着力点》，《中国高教研究》2022 年第 8 期。

③ 参见陈先红：《返回中国性：提升中国学术国际话语权的新文科建设路径》，《人民论坛·学术前沿》2022 年第 2 期。

④ 参见吴岩：《中国式现代化与高等教育改革创新发展》，《中国高教研究》2022 年第 11 期。

⑤ 参见曾长淦、刘婷：《基础学科拔尖人才培养的实践及思考——以中国科学技术大学为例》，《新文科理论与实践》2023 年第 3 期。

式等方面深化改革。[①] 人才培养要打破与消除专业壁垒和学科障碍，以广博的学术视角、开阔的问题意识和深厚的学术积累为基础，提供学生更契合时代需要的素养训练。考虑到新文科的跨学科、综合性、融通性，高校教师要更加关注学科知识的交叉与深度融合，开展跨学科交叉融合的课程设置，进行多学科融合培养。[②] 基于分类的传统学科、专业化人才培养模式、单一学科中心的院系结构难以供给复合型文科人才，需完善跨学科、复合型文科人才培养的招生制度、学分制度和学位制度。[③] 相较于基础学科人才，新文科人才在培养路径上存在差异，需要制定差异化拔尖人才培养方案。[④]

（3）课程改革。文科专业课程设置、课程内容的改革，是新文科建设的重要环节。[⑤] 在课程设置层面，以“厚基础、突通识、强交叉”为导向开展课程改革，夯实基础知识、强化专业技能、加强教学团队建设、积累教学改革成果，以达成提升课程“创新性、高阶性和挑战度”目标[⑥]；新文科强调价值引领性与实践导向性，在实践课程建设上需要强调实践思政的价值引领性，以资源融合构建立体化实践教育体系，秉持多元化模态与规范化管理路径，落实产出导向，创新实践教学模式[⑦]。在教学实践层面，以促进学生可持续发展为导向，推进跨学科课程与教学创新，探索开发以培养综合素质为核心的跨学科与主题学习课程、创建多学科相互联合的教学共同体，灵活转换教学形态与教学逻辑，形成情意结合、学做贯通的教学生态。[⑧] 为适应人工智

---

① 参见周毅、李卓卓：《新文科建设的理路与设计》，《中国大学教学》2019 年第 6 期。

② 参见鲁小艳、王东兰：《构建新文科高质量发展体系探究》，《中国高等教育》2023 年第 9 期。

③ 参见朱贺玲、郝晓晶：《新文科建设背景下的复合型人才培养：新变局、新挑战与新思路》，《高教探索》2023 年第 4 期。

④ 参见张天舒：《“新文科”拔尖人才培养质量的实证研究》，《中国大学教学》2020 年第 7 期。

⑤ 参见王续琨、冯茹、苏永建：《学术新景观：交叉学科研究与新文科建设的汇流》，《新文科理论与实践》2023 年第 3 期。

⑥ 参见何瑛、张子怡、王砚羽：《跨学科交叉融合与工商管理专业转型升级路径探析》，《新文科理论与实践》2023 年第 3 期。

⑦ 参见贺小飞、王晓红、孟宁：《新文科视域下实践教育的内涵发展及实施路径》，《中国大学教学》2022 年第 8 期。

⑧ 参见荀鸣瀚、刘宝存：《知识生产模式转型视角下跨学科人才的培养——以杜克大学为个案》，《新文科理论与实践》2023 年第 2 期。

能时代的要求，教师应守正创新，持续探索新技术与教学的有机融合途径，最大限度地使用各类新技术为教学赋能，使自己和学生都能跟上时代发展的脚步，更好地服务国家战略。① 也有学者提出过去往往更关注文科学生的知识学习与专业能力培养，对学生自我认知与自我激励、情绪调控等能力培养重视程度不足，需要加强文科学生的情感教育，改进课程供给结构，融合不同学科的思维优势与情感特征。②

5. 课程思政与协同育人

文科发展关乎高等教育的道德价值实现，是人才高质量培养的价值引领。③ 课程思政是中国高等教育落实立德树人根本任务的关键环节，是文科教育培根铸魂的基础。对正在调整与重构课程体系的新文科而言，课程思政如基因根植于其价值内核之中，投射在新文科人才培养目标的壁画之上，体现了马克思主义的领航作用。要达致课程思政的价值要求，离不开教育主体间的协同行动，离不开跨学科、超学科的开放交流。过往研究主要观点包括以下三个方面。

（1）思想政治学科应立足新时代要求，积极求变，精准引导。思想政治教育学科应精准研判时代发展赋予思想政治教育学科的新使命，以增强融合性、时代性、实践性、国际性为指向。④ 思政课程需顺应数字经济社会发展做出适应性改变，准确精细地落实价值引领责任，特别需要关注数字技术对大学生价值观塑造带来的新问题，并在深化国际合作中厚植社会主义核心价值观。⑤

（2）新文科背景下各学科建设的课程思政实施方略。新文科建设需以马

---

① 参见王清然、徐珺：《新时代翻译教学与翻译人才培养跨学科研究——以商务翻译教学为例》，《中国外语》2023 年第 4 期。

② 参见李宝斌、许晓东、陈慧：《基于情商差异分析的新文科情感教育研究》，《中国人民大学教育学刊》2022 年第 5 期。

③ 参见别敦荣：《人文教育、文科教育、“新文科”建设概念辨析与价值透视》，《高等教育研究》2022 年第 8 期。

④ 参见郑敬斌、王懿凡：《新文科视域下思想政治教育学科建设的路径指向》，《思想教育研究》2023 年第 6 期。

⑤ 参见许露元、陆维研：《面向东盟的数字经济人才培养体系构建探索》，《广西社会科学》2023 年第 3 期。

克思主义为价值引领，发挥马克思主义的领航和指导作用，落实立德树人根本任务，培养新型领导人才、传播人才与治理人才。① 新文科建设根植于中华优秀传统文化，新文科的创新属性使其能够在理论与实践探索中助力推动中华优秀传统文化的创造性转化与创新性发展，如何将“两创”有效融入新文科之中是当前亟待解决的问题。②

（3）时代呼唤价值教育。新文科以建构中国自主知识体系为使命，承担着培养新时代哲学社会科学研究者的时代重任，价值教育的意义不言而喻。需要强调发扬求真务实精神，要坚持培育哲学社会科学工作者的家国情怀和“板凳要坐十年冷，文章不写一句空”的严谨治学精神，倡导在为祖国、为人民立德立言中成就自我、实现价值。③ 新文科建设的价值教育不仅包括价值塑造，也内蕴于对学科与知识的传承与发展之中，需要将原有学科之内在价值挖掘出来，立足现实问题，以通达之心研究之，这就要求塑造开放的学科体系④，寻求跨学科的有效对接、组构乃至耦合等，以拓展全新的场域与视野，培养更多国际化一流人才⑤。另外，颠覆性技术引发的伦理问题产生过程复杂、影响巨大，应对这一复杂问题需要突出人文精神，使人类做到自我关怀，有效抵制技术的异化，其培养训练方式可以借鉴传统文科教育中的讨论式教学与情感教育。⑥

四、文科创新发展海外研究动态（1980—2023）

建设文科“中国学派”，不仅要使文科理论在社会发展中贡献扎根，强化文科作为社会和民族精神堡垒的价值，而且要融入世界，使新文科成为人类

---

① 参见黄铭、何宛怿：《在新文科建设中强化价值引领》，《中国高等教育》2021 年第 7 期。

② 参见李尧、张宏锋：《“两创”融入“新文科”的内生逻辑与创生路径》，《西南民族大学学报》（人文社会科学版）2022 年第 10 期。

③ 参见崔延强、段禹：《以回答中国之问、世界之问为己任，加速构建中国特色哲学社会科学》，《新文科理论与实践》2022 年第 1 期。

④ 参见张宝明：《理解“新文科”：一项关乎官方与民间的知识工程》，《新文科理论与实践》2022 年第 3 期。

⑤ 参见丁宁：《无问西东：作为新文科的美术教育刍议》，《美术》2022 年第 4 期。

⑥ 参见王华平：《新文科的理论内涵与实践路径》，《新文科教育研究》2022 年第 3 期。

知识宝库的重要组成[①]，要“深化国际学术交流合作，搭建国际化创新平台，聚天下英才而用之，努力使更多全球智慧资源、创新要素为我所用”[②]。新文科建设需要在中外比较的理论视野中察观新文科建设的机制、经验与启示，在与国际学界的对话中共建新时代全球文科创新发展生态系统，在建设教育强国的进程中锚定中国高等教育的引领性历史方位，走出新文科的特色国际化发展之路。

（一）研究概况

如前所述，团队在广泛调研国内外文献基础上确立“New liberal arts”作为在相对程度上与“新文科”相对应的术语，将其译为“文科创新发展”。根据已有检索数据，结合四十余年发展过程中的发文量变化（见图7），报告将文科创新发展海外研究划分为两个阶段。第一阶段是1980年至2000年。1982年发表在《自然》杂志上的《文科的新出路》是1980年后于Web of Science Core Collection数据库中所获取的发表时间最早的一篇文献。此后研究成果逐步增加，主要探讨社会需求对高等教育的影响，学生发展与学习成效，

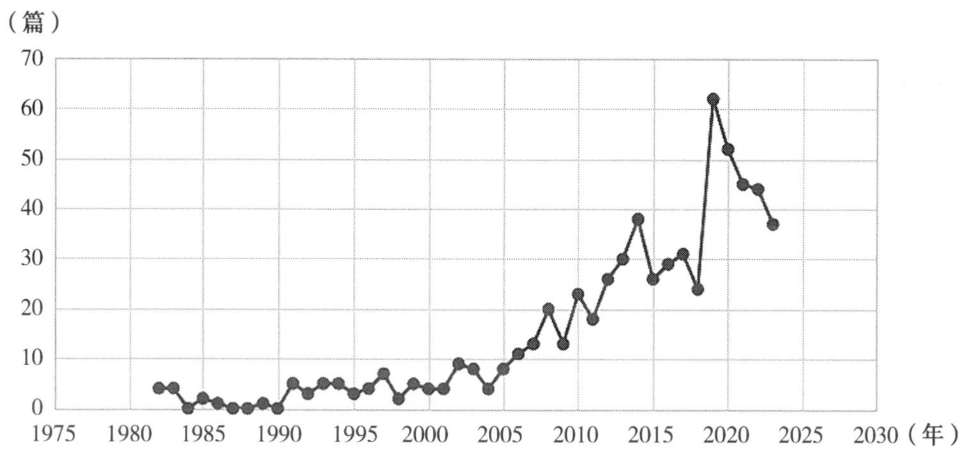

图7 1980—2023年文科创新发展海外研究年度发文量[③]

---

① 参见别敦荣：《人文教育、文科教育、“新文科”建设概念辨析与价值透视》，《高等教育研究》2022年第8期。

② 怀进鹏：《为加快建设世界重要人才中心和创新高地贡献力量》，《人民日报》2022年1月26日。

③ 检索日期：2024年1月31日。

文科教育的人文精神及其价值立场，学科交叉、计算机科学对文科的影响等议题。第二阶段是2000年至今，文科创新发展研究成果发表数量增速加快，2019年相关发文量达到62篇。这一时期相关研究议题日益丰富、多元，文科创新发展研究持续向下探、向外看，探讨范围不仅包括文科创新发展的属性特征、制度机制、模式结构等，也包括具体的教育要素与教育实践，数字技术在文科中的互动应用仍是研究重点，非文科专业学生的人文素养也被纳入文科交叉融合发展的讨论范畴中。此外，非西方国家或地区的文科创新发展经验也逐渐走进研究者的视野。

根据检索结果，目前研究“文科创新发展”的文献来自56个国家（地区），从表7可以看出，发文数量排在前12位的国家（地区），发文总量为500篇，占所分析文献总量的79.37%。美国在文科创新发展研究领域最为活跃，其文献产出数量居于优势地位。排第二位的中国，相关学者在2008年后开始进行相关主题的研究，产出成果较丰富。文献数量排序3—7位的国家（地区）分别为英国、加拿大、俄罗斯、澳大利亚和日本。

表7 文科创新发展研究排在前列的国家（地区）发文数量

序号	数量	中心度	国家	开始产出时间
1	313	0.26	USA	1982
2	48	0.08	China	2008
3	28	0.02	England	1999
4	22	0.03	Canada	1997
5	17	0.1	Russia	2006
6	15	0	Australia	2002
7	12	0	Japan	2002
8	11	0	Germany	2008
9	10	0	South Korea	2013
10	9	0	Spain	2005
11	8	0.03	France	2002
12	7	0	Netherlands	2009

通过对文献作者所处国家（地区）进行分析发现（见图 8），美国自 20 世纪 80 年代初开始关注文科创新发展相关问题，较其他国家（地区）而言，美国相关研究成果数量最多、研究合作网络分布最广泛，与多国存在学术联系与合作。此外，中国、英国、加拿大、俄罗斯、法国等在这一领域的研究成果也较丰富，且已开展跨国学术合作，其中中国对这一领域研究起步虽然稍晚，但研究成果增长迅速，已成为除美国之外发文数量最多的国家。日本、德国、韩国、荷兰、西班牙等国也开展了相关研究，但其学术合作的国际化特征不明显。

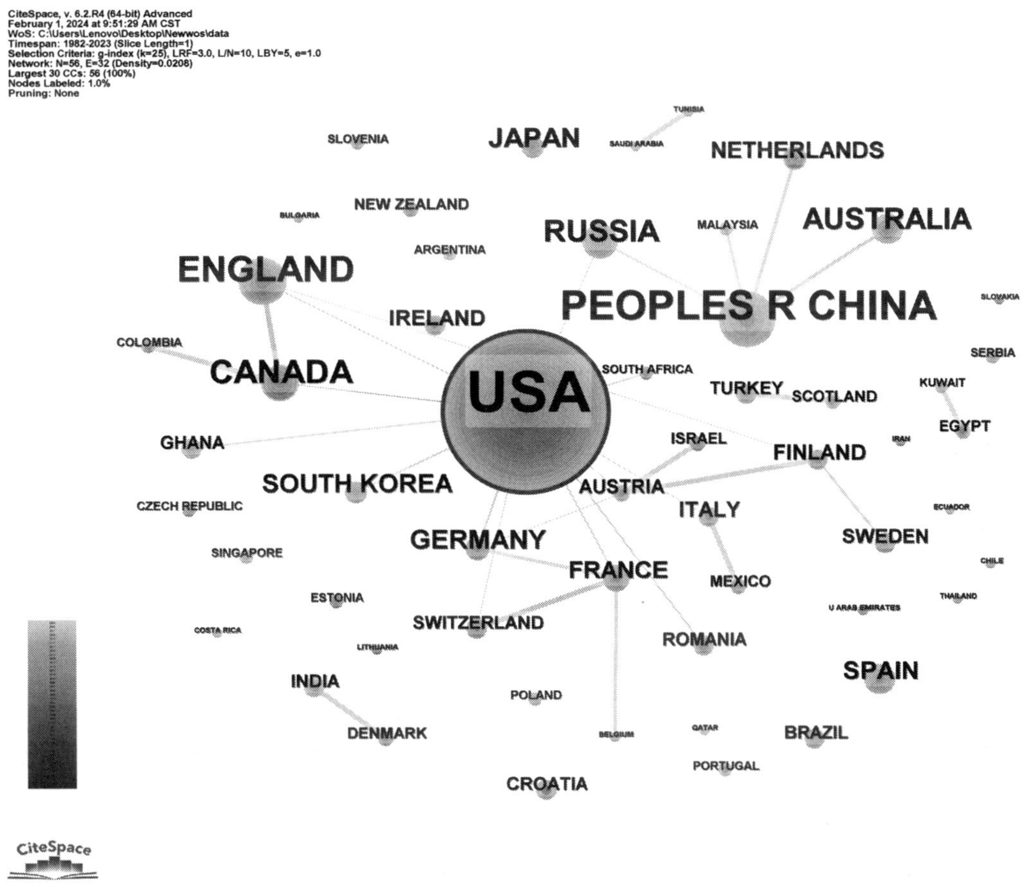

图 8　文科创新发展海外研究发文国家共现图谱

由文科创新发展海外研究作者共现图谱（见图 9）可知，海外研究多以团队合作方式进行，作者之间联系较为紧密，以交流合作促学术产出的特征较明显。该图谱共有节点573个，连线371条，发文量突出的作者较少，尚未形成显著、稳定的作者中心网络，在某种程度上表明文科创新发展海外研究目前尚欠缺系统性与连续性。

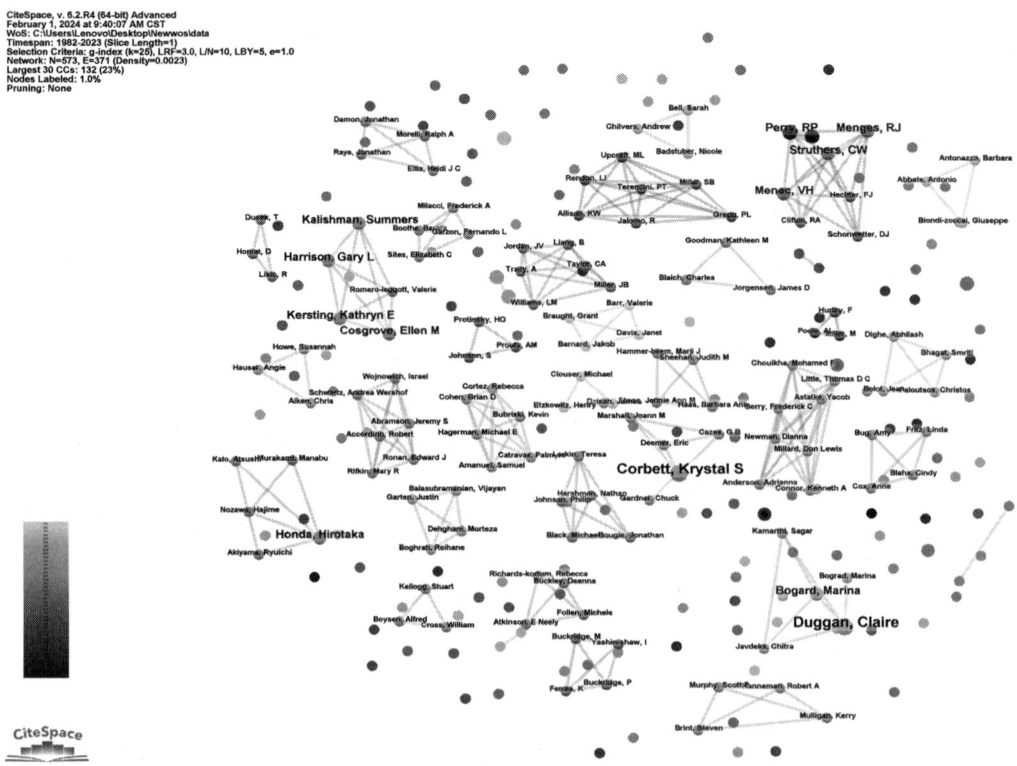

图9　文科创新发展海外研究作者合作共现图谱

使用CiteSpace软件对获得的关键词共现关系进行可视化呈现，绘制出文科创新发展海外研究关键词共现图谱（见图10）。根据关键词共现图谱可得到关键词词频和中心度，报告列举了频次在4以上的19个关键词（见表8），分别是liberal arts，higher education，education，students，diversity，arts，case study，care，liberal arts education，liberal education，science，blended learning，critical thinking，new liberal arts，art，curriculum development，achievement，self efficacy，active learning。

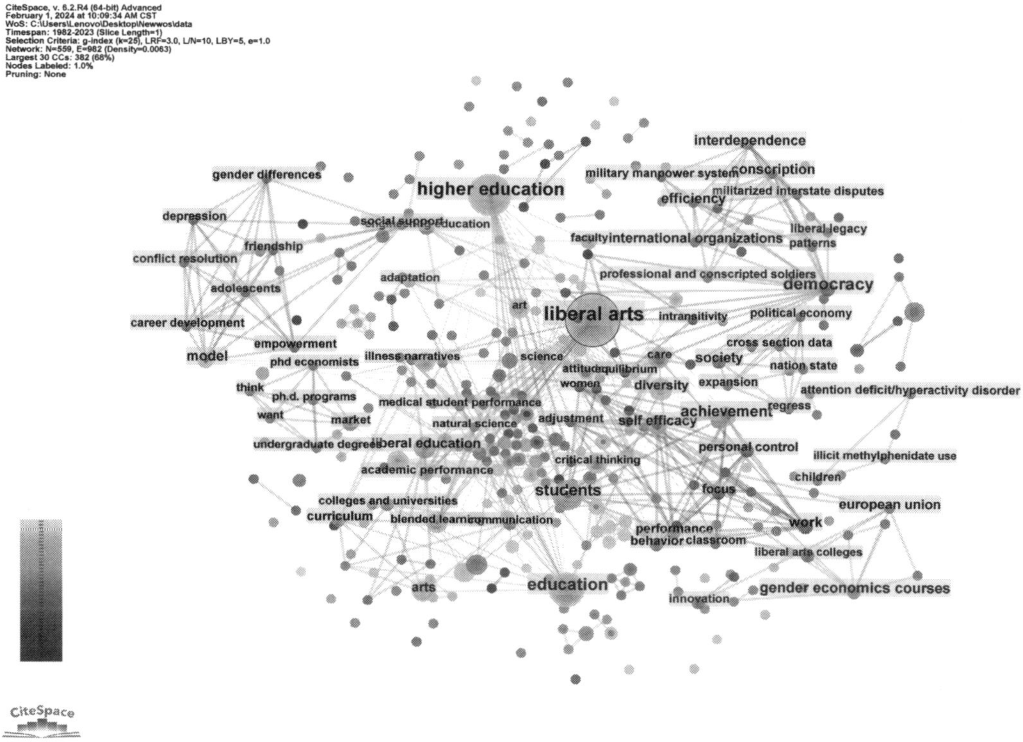

图 10 文科创新发展海外研究关键词共现图谱

表 8 文科创新发展海外研究关键词频次与中心度情况

序号	关键词	频次	中心度	首次出现时间
1	liberal arts	39	0. 12	2003
2	higher education	21	0. 08	1996
3	education	14	0. 08	2011
4	students	11	0. 08	1997
5	diversity	6	0. 02	2011
6	arts	6	0. 04	2011
7	case study	6	0. 02	2013
8	care	5	0	1996
9	liberal arts education	5	0. 01	2008
10	liberal education	5	0. 03	2007
11	science	5	0. 04	2018

续表

序号	关键词	频次	中心度	首次出现时间
12	blended learning	5	0.01	2007
13	critical thinking	5	0.03	2003
14	new liberal arts	4	0	2021
15	art	4	0.01	2010
16	curriculum development	4	0	2007
17	achievement	4	0.04	1997
18	self efficacy	4	0.03	1997
19	active learning	4	0.01	2015

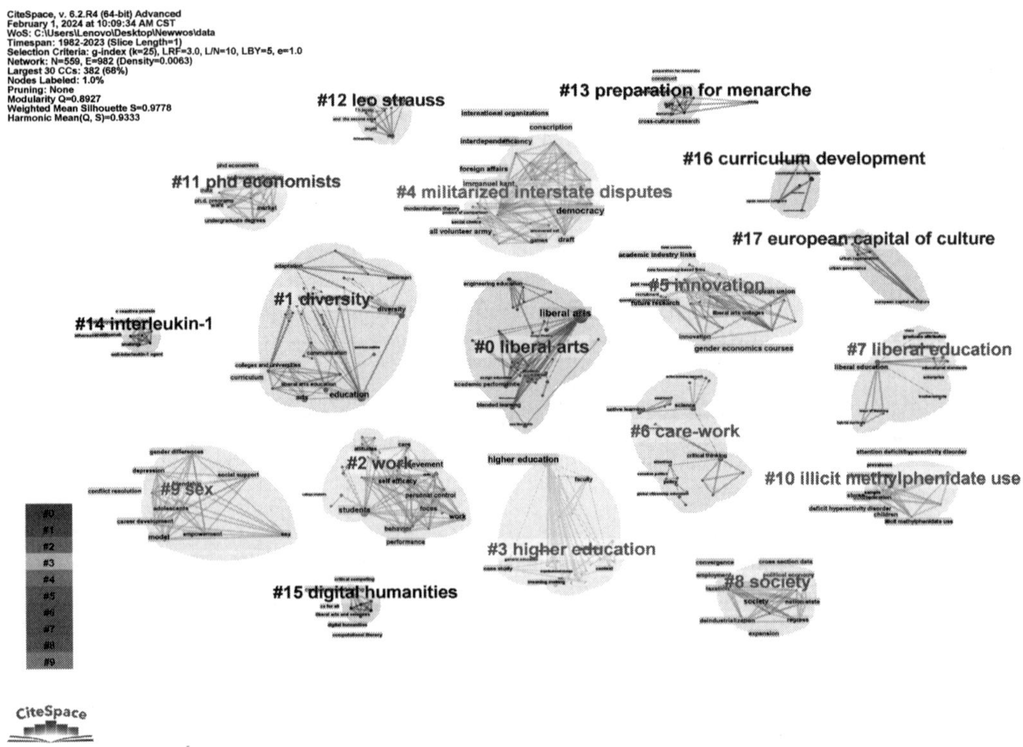

图 11　文科创新发展海外研究关键词聚类图谱

在中心度呈现基础上对关键词进行聚类分析，共得出 18 个聚类图谱（见图 11）。关键词出现频次与共现关系分析结果显示，文科创新发展海外研究的关键议题聚类包括文科、多样性、国际化人才、高等教育、国际军事争端、创新、学术系部、欧洲文化资本、通识教育、社会、数字人文、课程开发、文科毕业生等。结合上述分析，报告将文科创新发展海外研究分为四类主题，分别是时代需求与高等教育变革、社会发展与文科教育、数字人文、人才培养实践，并运用质性解读方法进一步分析相关文献。

（二）主题分析

如前所述，在文科创新发展海外研究的兴起过程中，美国斯隆基金会扮演着重要角色。在斯隆基金会董事会 1982 年批准文科创新发展项目之前，基金会与教职员工及管理人员就该计划的需求、可行性与策略问题进行过多次研讨。该项目提出要提升文科学生的定量推理能力，并选择美国顶尖的 30 所独立文理学院作为项目资助对象，计划在 6—7 年的时间内每年提供约 250 万美元以支持该项目。[①] 因文科创新发展本身的跨学科合作属性，项目资金也借此流入斯隆基金会的诸多其他活动领域。[②] 该基金会的其他资助项目及奖项也在不同程度上推动了文科创新发展，如 1977—1987 年，基金会启动“认知科学特别项目”（Particular Program in Cognitive Science），其核心目标是促进深入理解智能行为基础的多学科发展及整合。[③] 1984—1992 年，斯隆基金会与美国拉塞尔·萨奇基金会（Russell Sage Foundation）联合推出“斯隆—萨奇”计划，为经济学家和心理学家的合作研究提供资金支持。这一计划也促成了现代行为经济学的形成。[④] 1992 年，斯隆基金会推出“随时随地学习项目”（Anytime, Anyplace Learning Program），大力推动在线学习的发展，在美国的基础教育与高等教育领域产生了深远影响。[⑤] 该基金会于 1955 年开始颁发斯隆研究奖，奖励在物理学、经济学、数学、神经科学等多领域表现杰出的研

---

① Alfred P. Sloan Foundation, Annual Report for 1982, 1982, pp. 8-14.

② Alfred P. Sloan Foundation, Annual Report for 1982, 1982, p. 23.

③ Alfred P. Sloan Foundation, Annual Report for 1979, 1979, p. 43. Alfred P. Sloan Foundation, Annual Report for 1987, 1987, p. 6.

④ Heukelom, F., “A Sense of Mission: The Alfred P. Sloan and Russell Sage Foundations' Behavioral Economics Program, 1984-1992”, *Science in Context*, 2012, 25 (2), pp. 263-286.

⑤ Picciano, A. G., Seaman, J., Shea, P., et al., “Examining the Extent and Nature of Online Learning in American K-12 Education: The Research Initiatives of the Alfred P. Sloan Foundation”, *The Internet and Higher Education*, 2012, 15 (2), pp. 127-135.

究者，迄今已有5000多位学者获此荣誉，其中多位后来获得了诺贝尔奖、菲尔兹奖等重要奖项。[①]

根据现有资料，报告以1980年为起点，对1980—2023年文科创新发展海外研究动态进行系统性回顾，着重梳理两个问题：一是海外学界对文科创新发展的研究经历了怎样的发展过程，重点关注哪些问题？二是海外研究成果与新文科建设研究成果有哪些共同关注点，又有何不同？以此叩问新文科建设如何在主动融入世界、影响世界、贡献世界的过程中，推动实现中国文科教育现代化这一命题。

1. 时代需求与高等教育变革

海外学界对文科教育及其研究的审思同样缘起于时代变化对教育发出的叩问。长久以来，主流高等教育实践及其学术生产均在以欧美为代表的西方高等教育话语体系规制下运行。在这一过程中，有两种传统始终处于博弈当中，一种强调教育应专注教授一般性知识，一种强调教育要服务于职业准备。19世纪之前，文科教育始终被视为精英教育的一部分，有学者对比早期文科教育，发现中世纪欧洲教育的“七艺”与中国古代教育的“六艺”在教育内容上存在相似性，即都强调对品格与社会责任意识的培养。[②] 随着人类工业生产的精细化程度不断加深，肩负人才培养任务的高等教育及其课程日趋专业化与职业化。[③] 20世纪70年代后，文科毕业生在欧美就业市场的收入情况出现持续性下降趋势，就业市场竞争更加激烈，经济与财务压力使得包括文科在内的高等教育愈发强调学科分类与就业能力培养，高等教育越来越被视为一种个体获取经济性成功与社会性成功的关键因素。在这种背景下，强调开放与自由的传统文科教育因在教育理念与具体行动上与就业市场保持着相当距离而遭受了对其招生、课程、评价标准、机构设置乃至学科自身的各方面质疑。也有学者尝试讨论文科教育实现跨学科学习以帮助学生获得探索、发

---

① The Alfred P. Sloan Foundation, https://sloan.org/fellows-database, 2024-1-15.

② Lewis P., “Globalizing the Liberal Arts: Twenty-First-Century Education”, in Nancy W. Gleason, ed., *Higher Education in the Era of the Fourth Industrial Revolution*, London: Palgrave Macmillan, 2018, pp. 15-38.

③ Godwin, K. A., Altbach, P. G., “A Historical and Global Perspective on Liberal Arts Education: What Was, What Is, and What Will Be”, *International Journal of Chinese Education*, 2016, 5 (1), pp. 5-22.

现和展示人类美好价值的能力，从而摆脱当前文科教育所面对的窘境。[①] 二战结束后，欧洲和美国大学招生人数大幅增加，提供高等教育的机构种类和数量持续扩张，高校毕业生之间竞争加剧，高校管理者、学者教师、政府人员不得不重新思考如何使人才更好地适应就业市场需求，并据此为高等教育改革提供方案。[②] 进入后工业社会，自动化与人工智能等科技发展使得大量重复性、机械性工作面临被取代的可能性，个体要适应这种新变化，就需要具备更高水平的认知与思维能力及终身学习能力；与此同时，数智教育的快速发展极大提升了教育资源的可用性，使人文与社会科学知识获取更加便捷，教育者需要为“坐在教室里”学习的必要性提供新的说服力。[③] 在这一复杂背景下，通识教育与文科教育的重要性再次引发关注与讨论[④]，由于传统文科追求一种不将智力发展与道德和政治发展分开的全人教学方法，体现了一种非职业属性与培养“不常见的美德”的特点，这与更趋专业化、职业化与普及化的现代高等教育看似存在张力，但实际上当这种非职业属性与创新能力结合时可以使人在劳动力市场中发挥更大作用[⑤]。随着大学职能发展的细分，老牌名校承担起保证高等教育的卓越品质、培养面向未来的领导者与创新者、推动科学技术与人文社会科学领域前沿发展的重任，而战后新兴高校则发挥了为高等教育现代化与普及化保驾护航的作用。[⑥]

2. 社会发展与文科教育

在传统的西方高等教育语境中，相较于其他学科，文科教育与就业市场始终保持着一种若即若离的复杂关系，来自传统教育价值与资本主义所看重

---

① Kaplan, A., “The New Disciplines of Liberal Education”, *Curriculum Inquiry*, 1992, 22 (1), pp. 47-65.

② van der Wende, Marijk, “The Emergence of Liberal Arts and Sciences Education in Europe: A Comparative Perspective”, *Higher Education Policy*, 2011, 24 (2), pp. 233-253.

③ Jennings, W. B., “Liberal Arts in a New Era”, *On the Horizon*, 2014, 22 (1), pp. 19-22.

④ Lewis P., “Globalizing the Liberal Arts: Twenty-First-Century Education”, in Nancy W. Gleason, ed., *Higher Education in the Era of the Fourth Industrial Revolution*, London: Palgrave Macmillan, 2018, pp. 15-38.

⑤ Telling, K., “Selling the Liberal Arts Degree in England: Unique Students, Generic Skills and Mass Higher Education”, *Sociology*, 2018, 52 (6), pp. 1290-1306.

⑥ van der Wende, Marijk, “The Emergence of Liberal Arts and Sciences Education in Europe: A Comparative Perspective”, *Higher Education Policy*, 2011, 24 (2), pp. 233-253.

的市场实用价值之间的张力不断塑造着文科教育生态。资本主义强调效率至上与功利主义，其表现形式经历了从早期小家族企业向中期大型跨国公司转变的发展阶段，进入20世纪后期，互联网、生物技术与全球化发展迅速，以创新性与项目为驱动的网络性组织成为资本主义的新发展形式，催生了就业市场对人才的新要求，也影响了文科教育的演进方向。① 有学者分析了欧洲文科教育的发展历程，指出文科教育由于反映并构成了社会变化的一部分，也不可避免地受到资本主义发展的影响，文科教育的运行机制在过去主要由机构来控制，如今则转向强调关注学生的自我管理与自我发展，培养其创新能力、批判性思维与跨学科学习能力以使学生能够在就业市场中寻得一席之地，但同时也揭示出学生在现代资本主义框架下所面临的挑战和压力。② 由于人类面对的问题日趋复杂，对教育而言，学科交叉融合成为人类借助知识解决各类复杂问题的关键路径，也成为当前探讨文科创新发展的一个重要视角。国外学者对文理医工学科交叉融合的探讨侧重于经验描述与分析之后的规律探寻，以文科与其他学科存在的共性为基础，强调培养学生的创造力、实践能力、审美能力、推理能力与信息素养等，在这种育人目标的统摄下，各学科知识具有了实现有机融合的可能性。③ 在学科视角之外，也有学者提出文科教育体验的整体性获得将显著提升文科教学效果，实现这种体验的整体性需要塑造一种珍视文科知识价值的倾向性，将课程与学习环境有机整合，鼓励生生与师生在课堂内外的互动等。④ 此外，来自亚洲地区特别是中国、韩国、日本等国家的学者围绕文科教育创新频繁发声，使国际学界开始关注亚洲地区文科教育在新时代的勃兴。

3. 数字人文

自20世纪后期始，数字技术在各领域崭露头脚，不断迭代更新。在高等

---

① Boltanski, L., Chiapello, E., "The New Spirit of Capitalism", *International Journal of Politics, Culture, and Society*, 2005 (18), pp. 161-188.

② Claus, J., Meckel, T., Pätz, F., "The New Spirit of Capitalism in European Liberal Arts Programs", *Educational Philosophy and Theory*, 2018, 50 (11), pp. 1011-1019.

③ Albertine, S., "Undergraduate Public Health: Preparing Engaged Citizens as Future Health Professionals", *American Journal of Preventive Medicine*, 2008, 35 (3), pp. 253-257.

④ Seifert, T. A., Goodman, K. M., Lindsay, N., et al., "The Effects of Liberal Arts Experiences on Liberal Arts Outcomes", *Research in Higher Education*, 2008 (49), pp. 107-125.

教育领域，从升级教学媒介到更新教学模式，从成为新教学内容到生成新研究范式，数字技术为文科教育带来了从理论到实践的全方位深刻变革。数字技术融入文科教育是一个复杂且不断发展的过程，在这一过程中产生的理论与实践话语逐渐汇聚形成了数字人文范式。这一新范式的形成，在相当程度上受到文本与数据大规模数字化的驱动，研究者运用计算方法从海量数字文本中提取信息来描述文科研究对象的特征与规律，赋予文科以数字化与计算性的跨学科属性，使研究者能够凭借某一领域或者分支的大量数据获得一种宽阔的研究视角，去考察研究对象、形成研究结论、予以可视化呈现。[①] 数字人文已经逐渐发展为一种涵盖广泛实践的统称，涉及各类人文社会科学学科，并改变了人文知识传播方式及高校对外互动的方式，其本质是一种协作实践，通过联合人文学者、技术专家、图书馆员、社会科学家、艺术家、信息科学家和计算机科学家等多领域主体跨界协作，致力于解决具有高影响力、广泛社会参与度、耗费时间长的复杂问题。[②] 数字人文已具备成为新知识体系的条件，其主题涉猎广泛，跨学科、超学科属性突出是其显著特点。[③] 在教学方面，数字化教学资源作为课程材料的重要类型，为多维呈现课堂教学内容提供了丰富选择，数字化平台提供了更便捷的师生反馈路径，从底层重构传统文科课堂。[④] 此外，数字技术与文科教育的融合为师生提供了提升效率、素养以及批判性思维能力的机遇，依托数字技术开展的课程丰富了传统的文科教育内容，并帮助教师将项目与活动更加灵活地整合到课堂教学中，而且数字技术为师生、生生互动提供了平台与资源，学生的学习方式方法更为多元，教学过程在完全实现数字化的同时，助力涵育学生的信息素养。[⑤] 随着数字人

---

① Wilkens, M.,"Digital Humanities and Its Application in the Study of Literature and Culture", *Comparative Literature*, 2015, 67 (1), pp. 11-20.

② Presner, T.,"Digital Humanities 2.0: A Report on Knowledge", in Melissa Bailar, ed., *Emerging Disciplines*, Huston: Rice Unversity Press, 2010, pp. 63-86.

③ Keralis, S. D. C.,"Disrupting Labor in Digital Humanities; Or, The Classroom Is Not Your Crowd", in Dorothy Kim et al., ed., *Disrupting the Digital Humanities*, *Goleta*, CA: Punctum Books, 2018, pp. 273-294.

④ Choi, H., Piro, J. M.,"Expanding Arts Education in a Digital Age", *Arts Education Policy Review*, 2009, 110 (3), p. 27.

⑤ Locke, B. T.,"Digital Humanities Pedagogy as Essential Liberal Education: A Framework for Curriculum Development", *DHQ: Digital Humanities Quarterly*, 2017, 11 (3).

文发展的日益深入，也有学者建议应将数字人文所依托的计算机代码本身作为一种研究对象，从人文社会科学视角出发，以一种整体观的视角考察其对我们所生活的世界的影响。①

4. 人才培养实践

无论从时代背景、社会环境还是高等教育自身的发展规律看，快速变动中的外部环境使就业市场具有了明显的不确定性，个人需要具备自行承担风险、独立应对挑战的能力。文科教育不仅要帮助学生实现对知识与学术的探求，更需要帮助学生适应未来的就业市场需求与职业发展需要。② 如何将这一人才培养目标落地为有效实践？海外学界在社会、高校、课程、人才等多层次多维度框架下展开探讨，提出文科创新发展的基本路径是实现交叉式、融合式学习，这种学习方式不仅指学科交叉所带来的学习内容的融合，还可能指学习主体、学习环境的融合，基于社区的学习方式可以使学生通过参与社区实习学到课堂上学不到的知识与技能并增强自我认同，促进学生的适应性、韧性和创造性发展。③ 为发掘高校在推动经济发展与创新实践方面的作用，提出将工业生产与学校课程相结合，邀请来自行业的企业家作为高校兼职教师，以项目为纽带在跨国跨地区高校间建立合作关系，通过融合学术知识、实践应用与创业精神，联结高校、企业、技术与师生形成联动系统，推动高校创新能力转化。④ 具体到教学实践，基于问题的学习方式被广泛关注。传统教学模式虽然能有效传递大量信息，但在促进批判性能力和解决复杂问题能力提升方面作用有限，结合案例分析与实践，可以帮助学生科学评估复杂问题，进而发掘切实可行的解决策略。⑤ 这种教学方式通过使用真实世界的案例来提

---

① Berry, D. M., "Introduction: Understanding the Digital Humanities", in David M. Berry, ed., *Understanding Digital Humanities*, London: Palgrave Macmillan, 2012, pp. 1-20.

② Telling, K., "Selling the Liberal Arts Degree in England: Unique Students, Generic Skills and Mass Higher Education", *Sociology*, 2018, 52 (6), pp. 1290-1306.

③ Jakubowski, L. M., Burman, P., "Teaching Community Development: A Case Study in Community-based Learning", *Teaching Sociology*, 2004, 32 (2), pp. 160-176.

④ Etzkowitz, H., Dzisah J., Clouser M., "Shaping the Entrepreneurial University: Two Experiments and a Proposal for Innovation in Higher Education", *Industry and Higher Education*, 2022, 36 (1), pp. 3-12.

⑤ Moore, E. B., "Utilization of a Novel Pedagogical Framework to Create and Implement an Environmental Justice Strategies Undergraduate Course: A Case Study", *Journal of Environmental Studies and Sciences*, 2023, pp. 1-6.

出问题，并引导学生解决问题，促进学生对概念的深入理解[①]；案例一般是具有挑战性的任务，能够整合多学科知识，并关联学生的课堂外生活经验，创造了与学习内容相关的众多参与点，能够激励学生参与，甚至影响到学生未来职业选择的动机[②]。讲解实际问题或案例时需要结合对文科基本规律的讲授，教师在提出有关规律的基本问题时，需要提供给学生可解决问题的方法，以培养学生好奇、探索和自我批评的精神品格。[③] 也有学者探讨了整合式学习对学生能力培养的重要意义，认为整合式学习可以帮助学生在不同概念之间建立联系，使概念能够在不同情境中迁移和应用，并最终形成理解，教师也应努力促进学生进行整合式学习。[④] 由于文科学生数量的缩减会在一定程度上影响文科教育的可持续发展，也有不少学者提出扩大文科招生范围、提升文科招生总量的问题，分析认为当前西方高校的文科招生政策制度正在走向精准化、细节化，各类教育机构试图将文科教育的传统与创新相结合，以吸引多元化的学生群体。[⑤]

五、回顾与展望：新时代新文科新使命

（一）融入时代，发出新文科建设的中国之声

新文科建设恰逢中国全面推进中国式现代化的新征程，肩负着建构中国自主知识体系与人才自主培养体系的重大使命。《新文科建设宣言》指出，文科教育必须加快创新发展，坚持走中国特色的文科教育发展之路，构建世界

---

① Goudsouzian, L. K., Lo, S. M., "A Case Study on Genomic Imprinting Facilitates Student Learning", *Advances in Physiology Education*, 2023, 47 (1), pp. 139-143.

② Fateye, B., Rossman, N., King, A., et al., "Are Preprofessional Undergraduate Students Ready for Authentic Clinical Case Studies? An Empirical Study of Students' Perceived Relevance and Motivation", *Advances in Physiology Education*, 2023, 47 (1), pp. 43-51.

③ Pangle, L. S., "Reclaiming the Core: Liberal Education in the Twenty-first Century", *Perspectives on Political Science*, 2013, 42 (4), pp. 207-211.

④ Barber, J. P., "Integration of Learning: A Grounded Theory Analysis of College Students' Learning", *American Educational Research Journal*, 2012, 49 (3), pp. 590-617.

⑤ Telling, K., "Selling the Liberal Arts Degree in England: Unique Students, Generic Skills and Mass Higher Education", *Sociology*, 2018, 52 (6), pp. 1290-1306.

水平、中国特色的文科人才培养体系。[①] 立足新时代与新使命，回应新需求与新机遇，促进文科融合化、时代性、中国化、国际化，引领人文社科新发展，服务人的现代化新目标[②]，已成为新文科学术话语生成的内在逻辑，成为新文科学科建设的内促机制。以“新文科”为中心点，汇聚学者、学派、学科之力，高等文科教育创新的理念与理论、经验与案例的综合体与集成束正在形成。

五年来，学界围绕新文科建设的时代性与历史性、民族性与继承性、系统性与融合性、特殊性与普遍性、数字化与融合化等核心议题进行了充分考察与多维探讨，聚焦不同学科专业、各类问题导向的相关研究数量持续增加，具有典型性与示范性的新文科建设案例不断涌现，有关新文科的标识性概念与原创性理论被持续酝酿、生发与论证，研究视角更加系统化和精准化，并与文科创新发展海外研究形成呼应。

新文科建设恰逢百年未有之大变局加速演进的历史进程，“在中国、为中国”是新文科建设不断追求理论创新、力图达至理论自觉的基本立场，也激励着新文科建设者融学科交叉之智、集文明科技之力、布返本开新之局，以开放和融通的理论视野观照中国传统、中国实践与中国问题。将中华优秀传统文化创造性转化与创新性发展作为激励文科实现理论创新与实践应用的“方法论”与“工具箱”，将研究视角扎根于中国大地，并聚力探索如何借助国际化的话语体系与联通时空的数字媒介将由此生发的实践经验与学术思考表征出来、记录下来、传播出去，在实践中思考、在实践中建构、在实践中检验，为建构中国学科体系、学术体系与话语体系蓄材、蓄力、蓄能。

新文科建设是人类命运共同体框架下的文科中国化过程，新文科建设者致力于总结中国发展经验及其规律、凝练本土案例、建设中国特色社会主义学科理论体系，并在这一过程中强化价值引领，充分发挥马克思主义与习近平新时代中国特色社会主义思想的领航作用。新文科研究所产生的新理论、新方法、新机制与新学科，不仅观照传统，而且辐射全球，并为新时代全球

---

① 参见全国新文科教育研究中心编：《新文科建设年度发展报告（2020）》，山东大学出版社2021年版。

② 参见樊丽明：《“新文科”：时代需求与建设重点》，《中国大学教学》2022年第5期。

南方国家的文科教育发展提供了现实参考。传统文科是人类文明发展与社会文化演进的产物，是一座丰富而复杂的知识宝库，新文科应致力于使新发展起来的文科与传统文科相融并存；新文科建设也应关注风云变幻的国际或全球局势，让文科及其教育教学真正实现中外兼收并蓄，更具全球包容性和辐射力，为建设人类命运共同体做出文科和文科教育应有的贡献。①

中国的新文科建设研究直面中国高等教育转型升级的发展需求，围绕人才培养、课程设置、数字化转型、学科建设等方面持续追问、探索、裂变，凝练文科建设的中国经验，制度化、系统化研究视阈日益宽阔。“新文科”概念不单纯指涉某种流派或者某一时期，其内涵丰富，关乎时代、国家与全人类，相关理论探讨边界宽泛、思想涌动，在人类命运共同体框架下建构中国自主知识体系与人才自主培养体系已成为新文科建设研究的价值内核。2019年，中国高等教育进入普及化新阶段，如何实现兼顾“内涵式发展”与“外延式发展”的国内国外双循环系统建设，统筹国家与社会、人才与市场、现在与未来等多层次多维度发展需求，如何解决高等教育服务国家创新发展战略能力不足、服务经济社会发展战略能力不足以及服务学生个体发展能力不足等问题②，成为包括新文科在内的中国高等教育要直面、界定、追问与解决的重大问题。

（二）以世界为参照，建构文科教育现代化的中国学派

从全球文科教育理论与实践发展趋向看，学科交叉融合、协同合作与创新发展已成为具有普遍意义的重要战略问题，对这一问题的探讨不仅涉及教育体系内部的结构与功能，而且观照更广泛的社会经济与文化变迁，更是关乎国家与民族未来发展的重大基础性问题。整体上看，海外学界有关文科创新发展的研究秉承着一种西方主体视角，学者们从通识教育与专业教育的视角对传统文科教育的理论建构与实践进行了反思与再诠释，并就如何破解文科困局这一关键问题围绕高等教育变革、学科交叉融合、数字人文、人才培

① 参见别敦荣：《人文教育、文科教育、“新文科”建设概念辨析与价值透视》，《高等教育研究》2022 年第 8 期。

② 参见邬大光：《成就与预警：我国高等教育普及化进程的思考》，《中国高教研究》2023 年第 4 期。

养实践等角度展开研讨。通识教育与专业教育之间由来已久的互构张力，以及现代资本主义发展所带来的市场需求变化及其对教育的影响是学者们在理论建构过程中绕不过去的现实问题，也传达出某种焦虑，如在当前市场导向与实用主义倾向影响下，传统文科所关注的培养独立思考能力、批判性分析能力和人文关怀能力等核心问题面临被边缘化的风险，如何在保持文科传统优势的同时适应社会经济和技术发展的新要求这一问题亟待解决。在过去数十年里，西方就业市场对高等教育的依附程度下降，进一步增加了文科毕业生就业的不确定性，这激励了发达国家的文科教育从强调教育主体的发展向强调学生的自我发展转变，在教育实践中更紧密地对接市场需求，将社会渠道与实践经验引入课堂，以提升学生的就业竞争力。精英大学在承担探索理论深度和追求学术创新的同时，也在直面文科教育实用化、职业化趋向与维护文科教育传统核心价值之间寻求一种动态平衡。

在概念与理念研讨之外，学科交叉融合发展与数字人文是中外学界探讨文科创新发展的聚焦点。对学科交叉融合的探讨既源自专业实践中发现问题与解决问题的现实需要，也受到当前人才培养目标的超学科属性驱动，即在专业能力之外，人才的创新能力、批判性分析能力、跨学科学习能力等是最为紧缺和亟待提升的方面，这些能力的培养需要教育者们打破学科界限，实现跨学科、跨领域教育联合。高质量人才培养是文科教育发展的重大目标，这已成为国际共识。人才培养普遍被视为推动社会、经济、文化发展，促进社会公平与流动、提升国家学术声誉、吸引海外人才的重要因素。较多研究强调要联通社会、高校、课程与人才等主体与渠道，协同探索教育实践范畴中的文科人才培养问题。20世纪初，数字技术开始应用于人文社会科学领域，在计算机辅助文本分析、多媒体资源获取、空间与视觉数据分析、社交媒体研究等方面发挥着重要作用。中外学界均十分关注如何将数字技术与科学研究方法应用于文科教育之中，使数字技术在赋能人文社会科学研究的同时也为文科教育实践与文科人才培养带来革新，以促成“数字人文”新范式的建构，这种趋势日益显著地影响和改变着教育与学术知识生产的惯习，也进一步激发了学科交叉融合的活力。

习近平总书记在哲学社会科学工作座谈会上指出：“观察当代中国哲学社

会科学，需要有一个宽广的视角，需要放到世界和我国发展大历史中去看。人类社会每一次重大跃进，人类文明每一次重大发展，都离不开哲学社会科学的知识变革和思想先导。”① 按照马克思、恩格斯“世界历史的形成”理论，纵向发展和横向发展相互交织、同时并举，由此展现出复杂多样的世界历史。人类命运共同体的思想高度体现了马克思关于世界历史发展的论述，深刻体会世界历史纵向发展和横向发展的规律，对于认识当今世界发展的趋势具有特殊重要性。② “看一个国家是不是高等教育强国，除了要有国际可比的硬指标，还要看它有没有构建起一套自主、成熟的发展范式。”③ 换言之，推进新文科建设，需要以世界为参照，同时从纵向发展和横向发展两个维度把握文科发展与人才培养的基本规律，从中国实践与现实问题出发，建构中国自主知识体系与人才自主培养体系，打造文科教育现代化的中国学派。

（三）以强国建设为目标，加快文科理论创新与实践应用

习近平总书记在《扎实推动教育强国建设》一文中讲道：“建设教育强国，龙头是高等教育。放眼全球，任何一个教育强国都是高等教育强国。要把加快建设中国特色、世界一流的大学和优势学科作为重中之重，大力加强基础学科、新兴学科、交叉学科建设，瞄准世界科技前沿和国家重大战略需求推进科研创新，不断提升原始创新能力和人才培养质量。”④ 建设高等教育强国，建构中国自主知识体系，是中国实现科技创新突破、回应国家重大战略需求的关键基础。

文科教育是建构中国自主知识体系基础中的基础，既有专业性更具普遍性。五年来，新文科建设心怀“国之大者”，立足中国、放眼世界，其理论研究正在经历从概念理念的厘清建构到实践落地、经验凝练、模式形成的发展过程，指向加快构建具有继承性、民族性、原创性、时代性、系统性、专业性特点的中国特色哲学社会科学体系⑤，为强化教育、人才、科技的基础性与

---

① 习近平：《在哲学社会科学工作座谈会上的讲话》，人民出版社 2016 年版，第 3 页。

② 参见钱乘旦：《新世界史纲要》，北京大学出版社 2023 年版。

③ 吴岩：《中国式现代化与高等教育改革创新发展》，《中国高教研究》2022 年第 11 期。

④ 习近平：《扎实推动教育强国建设》，《求是》2023 年第 18 期。

⑤ 参见樊丽明：《新时代新文科新使命》，《中国社会科学报》2023 年 11 月 24 日。

战略性支撑作用聚共识、集众智、合众力，在行进中发展中国理论、解读中国实践，为建设人类命运共同体贡献中国智慧与中国方案，是一项目标明确、路线清晰、体系完整的系统化工程。

面对新时代与新要求，实现全面提高人才自主培养质量目标，要立足国内国际两个大局，科学把握新时代新形势对基础学科拔尖创新人才、国家急需高素质文科人才，以及服务区域经济社会发展复合型文科人才的新需求、新定位、新要求，“培养具有自信心、自豪感、自主性的新时代哲学社会科学人才”①。文科教育工作者需要深入思考如何引导学生关注中国重大问题、丰富多元文化体认，培养独立思考能力、创新思维能力、不畏艰险品质，引领新价值，创造新思想，创新中国方案，贡献人类进步②，要以文科教育课程改革为抓手，回应文科教育的实用化与职业化需求，坚守文科教育的传统核心价值。建构文科教育现代化的中国学派，要立足中华文化立场、厚植中国本土实践，关注人类共同面对的重大问题，为参与全球治理、提升国际话语权提供理论支撑，在实践中不断检视、更新和完善新文科建设理论体系。

进入数智时代，全球经济、政治、社会、文化各领域正在经历深刻转型，以人工智能技术与通信技术为代表的科技创新，带来了知识生产与传播的加速变革。近十年，人工智能技术在知识工程、数据挖掘、模式识别、自然语言处理、智能机器、专家系统、自动程序设计、艺术创作等方面取得了突破性进展，为教育带来了机遇，也带来了极大挑战。③ 2022 年底生成式人工智能 ChatGPT 推出，教育应该如何应对人工智能所引发的教育模式与学习方式变化，如何应对劳动力市场变化对人才培养提出的新要求，如何最大化人工智能对教育的正向影响等问题引发了更热烈的讨论和全方位的关注。教育数字化不仅意味着数字人文所指涉的技术应用、文科边界、研究范式与研究视野等内容与主体维度，更是一场涉及教育系统所有层面，旨在实现教育过程的全面信息化，提升教育整体效能和质量的系统行动。正因如此，教育数字

---

① 吴岩：《深化“四新”建设走好人才自主培养之路》，《重庆高教研究》2022 年第 3 期。

② 参见张天舒：《“新文科”拔尖人才培养质量的实证研究》，《中国大学教学》2020 年第 7 期。

③ 参见贾积有、张誉月：《人工智能与教育：机遇、挑战与对策》，《北京大学教育评论》2023 年第 1 期。

化转型要思考和面对的问题更加复杂。如果说海外学界对教育数字化的认知正在经历从技术化路径向系统化路径转变的过程，那么中国的新文科建设则在起始阶段便将数字化转型要求根植于其建构逻辑与学科系统之中。中国的数字教育应坚持公平包容、更有质量、适合人人、绿色发展、开放合作的价值导向①，在数智时代建构新文科的理论与实践生态系统是中国文科创新发展的本色。

习近平总书记指出："我们对高等教育的需要比以往任何时候都更加迫切，对科学知识和卓越人才的渴求比以往任何时候都更加强烈。"新文科是中国的，也是世界的。新文科建设不是自说自话，而是一场与时代、与国家、与世界保持充分对话的系统性教育实践。于新文科建设而言，价值引领要首先扎根中国语境与现实问题，在推动中华优秀传统文化"两创"与中国自主知识体系建构过程中为国家为人民立德、立言、立行，坚持课程思政与文科教育深度融合，关注对学生的价值观塑造与素养提升，强化面对复杂与冲突问题时的科学决策能力与精准行动能力，涵育开放包容的人文精神，与世界、与时代同频共振。理论创新与实践应用之间存在着紧密而复杂的关系，它们相互依存、相互促进、相互制约、相互转化，共同推动科技和社会的发展。面对新时代新使命，应进一步发挥新文科理论成果的辐射效应，将实践性、学科性与地方性的新文科经验向全国、向世界推广与扩散，将自主知识体系融入在教材中、反映在课程里、体现在人才培养机制、培养模式和评价体系中。

在过去的五年里，新文科建设理论研究成果卓著，然团队因能力、时间所限，虽数易其稿，仍不免疏漏，敬请读者有以校正。《礼记·大学》有言："致知在格物。"中华优秀传统文化与中国实践为新文科建设提供了源源不绝的思想支撑与厚重坚实的自信根基，全面推进中国式现代化为文科教育现代化进程指明了方向和道路，确立了基本遵循和逻辑框架。新的五年征程已然开启，"士不可以不弘毅，任重而道远"，我们有理由相信，新文科建设必将在理论上不断突破，在实践中自我革新。

---

① 参见怀进鹏：《数字变革与教育未来》，《中国教育网络》2023 年第 Z1 期。

文科基础学科拔尖人才培养专题报告

王新凤　于喜娜　张潇月*

一、引言

基础学科是国家创新发展的源泉、先导和后盾。培养基础学科拔尖人才是高等教育强国建设的重大战略任务。党的二十大报告指出，“教育、科技、人才是全面建设社会主义现代化国家的基础性、战略性支撑”，“要坚持教育优先发展、科技自立自强、人才引领驱动，加快建设教育强国、科技强国、人才强国，坚持为党育人、为国育才，全面提高人才自主培养质量，着力造就拔尖创新人才，聚天下英才而用之”。这一战略部署充分彰显了培养拔尖创新人才对强国建设的重要性。贯彻落实党的二十大精神，把做好基础学科人才培养工作上升到落实中央要求、助力社会主义现代化建设的战略高度上来，是实现中国式现代化建设目标、全面建成社会主义现代化强国的战略举措。

2023 年 5 月 29 日，中共中央政治局就建设教育强国进行第五次集体学习，习近平总书记在讲话中提出建设教育强国要培养担当民族复兴大任的时代新人，加快建设高质量教育体系，全面提升教育服务高质量发展的能力，在深化改革创新中激发教育发展活力，增强我国教育的国际影响力和培养高素质教师队伍等六项重要任务。建设教育强国，龙头是高等教育，关键是拔尖创新人才的培养。对标教育强国建设目标和任务，明确新时代基础学科拔尖人才培养特别是文科基础学科拔尖人才的新定位、新要求，回答好“强国建设，高教何为；高教强国，文科何为”这一命题成为高等教育战线的时代使命。

近年来，各级教育主管部门、高校深入学习贯彻以习近平同志为核心的

* 王新凤，北京师范大学中国教育政策研究院副教授；于喜娜，山东大学全国新文科教育研究中心办公室科员；张潇月，山东大学全国新文科教育研究中心办公室副主任科员。

党中央关于基础学科拔尖人才培养的重要指示批示精神，贯彻落实教育部等六部门《关于实施基础学科拔尖学生培养计划2.0的意见》，建设一批基础学科拔尖学生培养计划2.0基地，加快推动基础学科拔尖学生培养，着力提升国家“元实力”“硬实力”“锐实力”。特别是“新文科”提出以来，全国各高校积极回应国家文科基础学科领域战略急需，依托全国29所高校的70个文科基础学科拔尖学生培养计划2.0基地，大力培养能够解读中国实践、发展中国理论、传播中国思想的文科基础学科拔尖人才，致力于培养造就一批未来杰出的哲学家、社会科学家、文学艺术家，使中国特色社会科学屹立于世界学术之林。本报告对全国70个文科基础学科拔尖学生培养计划2.0基地工作总结进行了全面的梳理与分析①，呈现文科基础学科拔尖学生培养计划2.0基地建设的现状、经验，衔接文科基础学科拔尖学生培养计划2.0基地的特色发展目标和方向。

二、文科基础学科拔尖学生培养基地现状

（一）基础学科拔尖学生培养基地建设的沿革

基础学科拔尖学生培养计划最早是在2009年由教育部联合中组部、财政部启动的基础学科拔尖学生培养试验计划（简称“珠峰计划”），该计划是国家为回应“钱学森之问”推出的一项人才培养计划。“珠峰计划”首先从数学、物理学、化学、生物科学、计算机科学开始，在清华大学、北京大学、浙江大学、复旦大学、南京大学等19所大学率先进行试点，力求在创新人才培养方面有所突破。自拔尖计划实施以来，累计培养学生1万余名，已毕业的6647名学生中98%继续攻读研究生，32%进入世界排名前五十的学科深造，逐步呈现出成为未来科学领军人才的潜质。② 可以说，拔尖计划已经成为创新“试验田”，探索了拔尖人才培养的有效路径；成为后备人才库，促进了青年英才脱颖而出；成为改革“领跑者”，带动了本科教育教学质量的整体提升。

---

① 报告采用的数据来自70个文科基础学科拔尖学生培养计划2.0基地工作总结。数据统计的截止时间为2023年9月。

② 参见《新版拔尖计划实现了哪些“升级”》，2021-02-07，http://www.moe.gov.cn/jyb_xwfb/s5147/202102/t20210207_512837.html。

2018 年 1 月，为加强基础科学研究，大幅提升原始创新能力，夯实建设创新型国家和世界科技强国的基础，国务院印发《关于全面加强基础科学研究的若干意见》；7 月，为推动高等学校加强基础研究，实现创新引领，教育部印发《高等学校基础研究珠峰计划》；9 月，教育部、科技部、财政部、中国科学院、中国社会科学院、中国科学技术协会联合发布《教育部等六部门关于实施基础学科拔尖学生培养计划 2.0 的意见》，中国高等教育开启基础学科拔尖学生培养计划 2.0 阶段。2019 年 4 月，教育部联合多部委召开“六卓越一拔尖”计划 2.0 启动大会，提出要全面实施“六卓越一拔尖”计划 2.0，发展新工科、新医科、新农科、新文科，打赢全面振兴本科教育攻坚战；8 月，教育部印发《教育部关于 2019—2021 年基础学科拔尖学生培养基地建设工作的通知》，明确制定了 2019—2021 年基础学科拔尖学生培养基地建设规划，提出要分年度在不同领域建设一批基础学科拔尖学生培养基地，以基地建设为载体全面推动拔尖计划 2.0 的全面实施。2022 年 2 月，中央全面深化改革委员会第二十四次会议审议通过《关于加强基础学科人才培养的意见》，这是首次以中央文件的形式对基础学科人才培养提出要求；10 月，习近平总书记在党的二十大报告中提出要“全面提高人才自主培养质量，着力造就拔尖创新人才”，从国家战略全局的高度对培养拔尖创新人才提出了更高要求和殷切期待。为深入贯彻落实党的二十大精神，2023 年教育部联合多部委出台《国家基础学科拔尖人才培养战略行动总体方案》（简称“419 计划”），召开基础学科系列“101 计划”工作启动会，全面部署基础学科拔尖人才培养工作，加快构建高质量基础学科人才培养体系。

（二）文科基础学科拔尖学生培养基地分布与建设目标

1. 文科基础学科拔尖学生培养基地分布情况

按照“拓围、增量、提质、创新”的总体思路，基础学科拔尖学生培养计划 2.0 将实施范围从之前的数学、物理学、化学、生物科学、计算机科学拓展到天文学、地理科学、大气科学、海洋科学、地球物理学、地质学、心理学、基础医学、哲学、经济学、中国语言文学、历史学等 20 个学科类别。其中，中国语言文学、历史学、哲学、经济学的增补使文科基础学科的地位得到前所未有的重视与关注。

根据《教育部关于2019—2021年基础学科拔尖学生培养基地建设工作的通知》，教育部已组织开展三批基础学科拔尖学生培养基地的申报和建设工作，在全国77所高校布局建设288个拔尖学生培养基地，2019—2021年拔尖学生培养基地建设数量分别为104个、95个、89个，各基础学科拔尖学生基地建设情况如图1所示。其中，在全国29所高校布局建设70个文科基础学科拔尖学生培养基地（见文末附表），占总数的24.31%。其中，中国语言文学、历史学、哲学、经济学拔尖学生基地建设数量分别为19个、17个、14个、20个，分别占文科基础学科拔尖学生培养基地总数的27.14%、24.29%、20.00%、28.57%（见图2）。据统计，70个文科基础学科拔尖学生培养基地自获批建设以来培养学生5200余人。

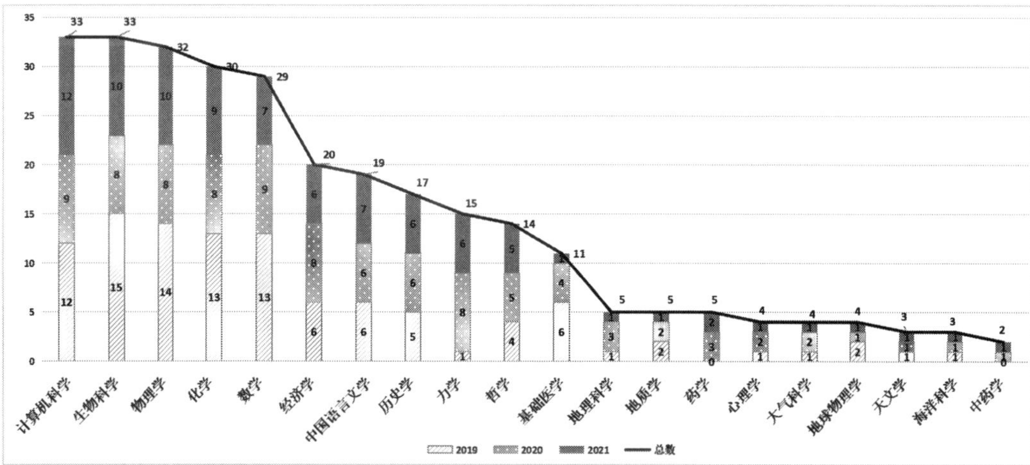

图1 2019—2021年全国基础学科拔尖学生培养基地建设情况

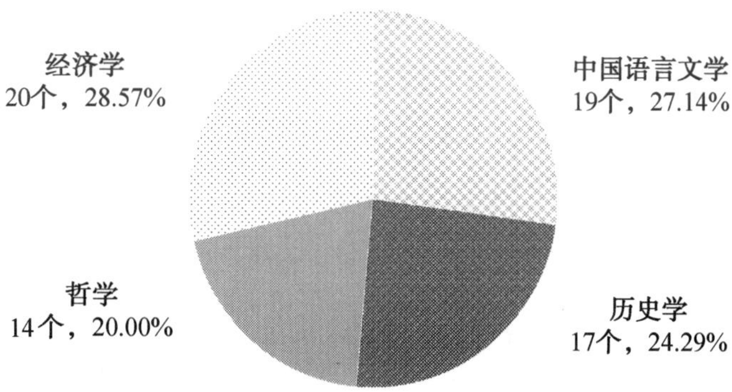

图2 全国文科基础学科拔尖学生培养基地建设情况

2. 文科基础学科拔尖学生培养基地建设目标

基础学科拔尖学生培养基地建设目标是通过在不同领域建设一批基础学科拔尖学生培养基地，建立健全符合不同领域基础学科拔尖学生重点培养的体制机制，引导优秀学生投身基础科学研究，形成有利于基础学科拔尖人才成长的良好氛围，实现教育理念与模式、教学内容与方法的改革创新，不断探索积累可推广的先进经验与优秀案例，初步形成中国特色、世界水平的基础学科拔尖人才培养体系，促使一批勇攀科学高峰、推动科学文化发展的优秀拔尖人才崭露头角。

与理科、医科、农科等基础学科更加强调知识创新、技术创新的核心潜质不同，文科基础学科则更加强调思想和理论的创新，承载着传承人类社会和文化的发展历程以及帮助人类认识自我、认识世界的重要功能，是推动历史发展、社会文明进步的原动力，是一个国家综合国力和文化软实力的重要体现。立足中华民族伟大复兴的战略全局和世界百年未有之大变局，文科基础学科拔尖学生培养基地作为培养文科基础学科拔尖人才的重要载体，以传承人类文明、厚德博学、构建哲学社会科学的中国学派等为主要方向，致力于培养一批哲学社会科学的“领跑者”，培养一批文学、历史学、哲学、经济学等领域的未来领军人才，为提升国家文化软实力、促进文化大繁荣，推动人类文明发展、构建人类命运共同体做出贡献。如山东大学中国语言文学基地着重培养一批学科基础宽厚，能够潜心于中国古典学术研究，继承、研究、创新中国古典学术和传统文化的国学人才；中山大学历史学基地致力于培养具有高尚品德修养和时代使命感、扎实史学专业基础、系统人文社会科学知识和优秀研究潜质的卓越历史学人才；中国人民大学哲学基地强调建设中国的哲学、伦理学和宗教学教学科研重镇，培养具备坚实宽广的理论基础、厚重扎实的专业素质，能够独立从事创新性学术研究和跨文化学术交流的拔尖人才；北京大学经济学基地致力于培养引领中国经济学理论自主创新、引领世界经济学理论新思潮的有理想、有本领、有担当的拔尖型创新人才。

三、文科基础学科拔尖学生培养过程分析

2022 年，习近平总书记在主持召开中央全面深化改革委员会第二十四次

会议时强调："要全方位谋划基础学科人才培养，科学确定人才培养规模，优化结构布局，在选拔、培养、评价、使用、保障等方面进行体系化、链条式设计，大力培养造就一大批国家创新发展急需的基础研究人才。"本报告聚焦基础学科拔尖学生培养的全过程，围绕选拔、培养、评价、使用、保障等人才培养的关键环节，梳理总结全国70个文科基础学科拔尖学生培养基地的建设经验和具体举措，以期对高校文科基础学科拔尖学生培养提供有价值的借鉴和参考。需要说明的是，70个文科基础学科拔尖学生培养计划2.0基地自2019年8月开始分批申报和建设，截至本报告形成时间还未有学生毕业，因此关于拔尖基地学生"使用"环节的相关情况有待日后进一步研究。

（一）探索多元化拔尖学生选拔机制

各高校或拔尖基地通过制定拔尖学生招生工作方案、学生分流工作方案等制度性文件，明确拔尖学生选拔程序、方法、标准和原则等，推动拔尖学生选拔工作更加制度化、规范化。如《浙江大学历史学院历史学（拔尖班）招生及选拔实施方案》《浙江大学历史学院历史学（拔尖班）学生分流及增补工作实施细则》等，有力保障了拔尖学生的培养质量。

明确拔尖学生选拔的程序、标准、方法和原则是培养基础学科拔尖人才的基本前提。从对70个基地选拔方式的统计结果来看，目前各基地主要是通过校内二次选拔或者校内二次选拔与高考选拔相结合的方式确定拔尖学生人选。其中，38个基地通过校内二次选拔确定人选，占比为54.29%；29个基地以校内二次选拔与高考选拔相结合的方式确定人选，占比为41.43%（见图3）。除此之外，中国人民大学哲学基地、西北大学经济学基地根据高考成绩选拔学生；浙江大学哲学基地则采取出口评审制，即对哲学专业全体学生实施拔尖学生培养方式，毕业时进行"拔尖计划"评选，最终确定10名学生进入教育部"拔尖计划"名单。

从选拔时间来看，各基地选拔时间有所差异。部分基地在高考之后、分流之前进行选拔，部分基地在大一下学期大类分流期间进行选拔，还有一部分基地在大二或者大三阶段进行选拔。从选拔标准来看，各基地将高考成绩、竞赛成绩、科研成果、创作成果等作为选拔学生的标准，同时注重考查学生的研究能力、学术热情、学术发展潜力等素质。此外，部分基地通过超常规

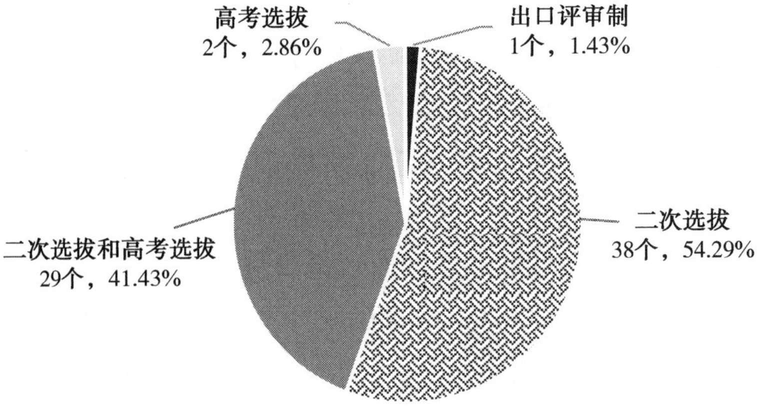

图3 全国文科基础学科拔尖学生培养基地选拔方式

选拔将具有“偏才”“怪才”的学生选拔进入拔尖基地。如福建师范大学中国语言文学基地注重选拔具有特殊学术专长、突出科研创新潜质的学生，并为“偏才”“怪才”降低高考语文成绩要求，可低于拔尖基地常规选拔标准10分。

为保证拔尖基地的生源质量，各基地通过实施中学生英才计划、导师计划，举办夏令营、冬令营，开设大学先修课程等，推动大学与中学深度衔接，吸引优秀生源，增加优质生源储备。如华中师范大学中国语言文学、历史学基地实施“优秀中学生英才选拔计划”，组织暑期夏令营、“基地教授进高中课堂”等活动，吸引了一批志向远大、学术潜能大、综合素质强、心理素质过硬的优秀学生进入拔尖基地；复旦大学经济学基地开展“周末学堂——复旦大学拔尖学科高中先修计划”、“复旦大学优秀高中导师计划”、拔尖创新人才早期培养项目等系列活动，开设“像经济学家那样思考”等先修课程，推动优质教育资源前置，从而吸引优秀生源。

（二）构建高质量拔尖学生培养体系

各基地深入实施国家基础学科拔尖人才培养战略行动，将理想信念教育贯穿人才培养全过程，围绕高水平教师队伍建设、关键要素建设和创新能力培养、科教产教融合协同育人、人才培养数字化建设、体制机制创新等重点工作深化改革、持续探索，构建高质量拔尖学生培养体系。

1. 构建拔尖学生思政育人模式

加强基础学科拔尖学生思政教育，结合基础学科教育教学特点与学生成长成才规律，通过课程思政建设、社会实践、导师引领等方式，引导学生厚植爱国情怀，服务国家重大战略需求。如厦门大学中国语言文学基地将文学教育与思政教育相结合，以思政课程为抓手，开展以思政教育为导向的文学阅读模式，实现知识传授、能力培养、价值引领、思想教育的有机统一；中国人民大学哲学基地以马克思主义哲学教育引领哲学课程思政建设，深耕哲学教育与课程思政的同向性，统筹推进课程思政“三覆盖”，即覆盖本硕博三个培养层次、覆盖哲学各二级学科、覆盖所有哲学课程类别，使哲学课程思政“必修课所在必有”“选修课应有尽有”。

2. 建设高水平师资队伍

各基地注重大师引领，集聚一批德才兼备、造诣深厚的大先生打造高水平教师队伍，加强高水平师资引进，聘请国内外文科资深教授、顶尖专家领衔拔尖学生培养，推动高水平大师为学生授课、指导学业等。据统计，各基地邀请大师做学生导师、上课、指导论文等已达到2400余人次。其中，吉林大学中国语言文学基地秉持“顶尖配备”原则，实行“首席专家督导制→执行主任管理制→导师带教负责制”逐层递进的教学管理制度，聘任首席专家督导拔尖学生培养的站位与高度，执行主任整体规划设计拔尖基地的教学安排，导师带教“一对一”培养拔尖学生；华中师范大学历史学基地实施“学者名师支持计划”，探索设立学者名师关键岗位，汇聚热爱教育、造诣深厚、德才兼备的学术大师及专家学者参与拔尖基地治学执教，加强对拔尖学生的精神感召、学术引领和人生指导；南京大学哲学基地聚焦培养“道术、学术、技术、艺术、仁术”兼具的“金师”团队，以高端师资建设为引领培养卓越教师队伍“领头羊”，以优秀教学团队培育为牵引打造卓越教师队伍“集团军”，以教师教学能力发展为抓手建设优秀师资“蓄水池”；南开大学经济学基地强调“师生同学”“师生同研”“师生同行”“师生同讲”，致力于营造师生共同成长的良好氛围。

3. 深化关键要素改革创新

各基地根据拔尖学生培养目标不断优化培养方案，重构核心课程体系，建设一批核心课程、核心教材、核心实践项目，实行导师制，实施小班化、个性化教学，强化学术训练与科研实践，深化国际交流和合作，全面提升拔尖学生培养质量。

第一，各拔尖基地不断优化拔尖学生培养方案，重构核心课程体系，以建构中国自主知识体系的理念加强核心课程、核心教材建设，深入探索文科与其他学科专业的交叉融合，建设跨学科课程体系和本硕博深度衔接的课程体系。2022 年底，教育部启动基础学科“101 计划”，其中文科领域在哲学、经济学率先开展，重点打造一批核心课程、核心教材、核心实践项目、核心师资队伍，以课程建设“小切口”带动解决人才培养“大问题”，着力实现高等教育改革“强突破”。其中，中国人民大学联合浙江大学、武汉大学、南京大学等 14 所高校的哲学拔尖学生培养基地共同推动哲学“101 计划”，以课程建设为中心，确定 13 门核心课程，针对每门课程研制教学大纲和 50 个左右思想原理点。北京大学联合中央财经大学、西南财经大学、厦门大学等 20 个高校的经济学拔尖学生培养基地，同时还邀请了 27 家新结构经济学研究联盟理事单位，共同推动经济学“101 计划”，以“道正、术高、业精、实求、事达”的课程设计理念，牵头建设“经济科学导论”“新结构经济学”等 10 门核心课程；山东大学历史学基地充分发挥学科科研优势，突出学科交叉融合特色，开设一批学科交叉、融合创新类课程，编写一套成体系、有中国特色的“中国考古学通论系列教材”，包括断代考古与专题考古两大模块，其中断代考古包括《旧石器时代考古》《夏商周考古》《秦汉考古》等 8 册，专题考古包括《田野考古》《美术考古》《植物考古》《环境考古》等 14 册；中山大学经济学基地打通本硕博课程体系，避免课程重复设置，提前将研究生课程开放给本科生选修，让学生根据自己的需要有的放矢地深化专业知识，提升专业素质。

第二，实行导师制和实施小班化、个性化教学。各基地大力实行导师制，建设全方位、全过程、多元化的导师团队，为学生提供生活、学术、科研全方位、全过程的指导与帮助；实施小班化、个性化教学，推动拔尖学生特色化、个性化培养。如北京师范大学中国语言文学基地建设“首席导师、新生导师、学业导师、人文导师”四位一体的导师团队，聘请学术大师担任首席导师，引领拔尖学生培养方向；选派高水平教师担任新生导师，指导课程学习、学术启蒙、职业规划等；院内遴选学术水平高、指导能力强的专任教师，聘请国内外学者为特聘教授，共同组建学业导师团队，一对一指导学生读书、思考和课题研究；校内选聘多位人文导师，定期进行读书指导与座谈交流，厚植学生人文情怀，提高学生艺术修养。武汉大学历史学基地推行“学长制”，对入选拔尖计划的学生采用“1+1+10”模式，即1名教授导师+1名班主任+10名拔尖学生，单独编班，采取小班化教学，注重因材施教，培养具有探索创新精神的历史学拔尖人才。南京大学哲学基地严格控制学生规模和班级规模，所有专业课程均采取小班授课模式，以真正的思想交流促进学生成长。

第三，强化学术训练与科研实践。各基地依托国家重点实验室、教育部人文社科重点基地、重大项目等，以科研立项的方式，强化拔尖学生的学术训练，培养学生提出问题、分析问题和解决问题的能力，提升学生的科研创新能力。据统计，各基地为学生设立1200余个科研项目，鼓励和引导学生积极参与科研训练。如北京语言大学中国语言文学基地实施“英才科研支持计划”，每年设立不少于5个竞争性科研项目，以科研项目为载体，培养学生独立思考、研究和创新的能力。复旦大学历史学基地主办上海市四校本科生“史学论坛”，搭建拔尖学生学术交流平台，组织拔尖学生申报“曦源”“望道”“箬政”等本科生学术实践项目，每年立项达二三十项。南京大学哲学基地率先在学生培养方案中设立“以项目为载体的课程”，实现科研项目的学分化转化，该课程主要面向低年级学生设立必修性质的科研项目，面向高年级学生设立一批竞争性的科研项目。北京师范大学经济学基地设置本科生科研基金，每年举行本科生学术论坛，激发拔尖学生钻研学术的热情，拓宽学术视野。

第四，深化国际交流与合作。各基地积极探索拔尖学生国际化培养路径，汇聚全球优质资源，开设国际化课程，引进国际化导师，建立国际化联合培养项目、寒暑假学术训练营、短期学习考察和访学交流项目等，开展国际化合作研究，不断拓宽拔尖学生的国际视野。据统计，各基地输送学生到国外交流访学、参加国际夏令营等活动已超1500余人次，极大地拓宽了学生的国际视野。如北京师范大学中国语言文学基地与美国威廉玛丽学院等境外多所知名大学建立协同培养机制，学生在国际知名大学游学、听课、见习实习、交换学习，并通过学分互认制度获得学分或获得合作大学的硕士学位。厦门大学历史学基地与哈佛大学、新加坡国立大学、澳门大学等合作共建本研一体化的研习营和田野工作坊，引导学生大胆追踪、学习与研究国际前沿历史学问题。清华大学哲学学堂班与牛津大学联合举办古希腊哲学暑期营，邀请26位境外授课教师开设6门高水平课程、举办20场学术报告、开展8场学生学术交流研讨活动。上海财经大学经济学基地实施“经济学全球英才伙伴计划”和“经济学基础学科拔尖学生海外交流计划”，建立联合培养、交换学习、访问学习、海外实习、短期互访等多元海外交流模式。

4. 加强科教产教协同育人

各基地充分整合科教产教优势资源，联合行业产业、科研院所培养拔尖学生。依托科研大平台、大项目、大团队，鼓励和引导拔尖学生“早进实验室、早进课题、早进团队”；不断优化完善实践教学体系，创建产教融合协同育人基地和平台，鼓励学生深入社会、深入基层开展社会实践活动。如山东大学中国语言文学基地依托国家重点文化工程项目，吸纳学生参与全球汉籍合璧工程、《永乐大典》综合整理重大研究项目，参与中华书局审校书稿、校勘传世孤本等工作，推动学生早进课题、早进项目。南京大学经济学基地要求承担重大课题的教师将科研与育人目标紧密结合，吸收本科生参与课题研究，并依托重大课题开展研讨式教学，培养学生解决重大问题的意识和能力。吉林大学考古学基地为解决教学需求与高校田野考古实践教学条件不符的问题，建立吉大考古山西夏县基地，构建田野考古实践教学体系，搭建综合教学平台，引领了田野考古的发展。北京师范大学哲学基地大力实施“京师哲学实践育人工程”，致力于培养学生立足中国实际、解决中国问题的实践能力。

5. 深化人才培养数字化建设

在教育数字化转型背景下，各基地深化文科教学与现代信息技术的有机融合，以现代信息技术为支撑，不断推动课程教材数字化建设，建设数字实验室、虚拟仿真实验平台等，营造线上线下、课内课外、虚拟与现实相结合的教学环境。如南开大学中国语言文学基地建设古代文字涌现虚拟仿真实验平台和中华诗教诗词吟诵虚拟仿真实验平台，四川大学中国语言文学基地建设中华文化传承与全球传播数字融合实验室。华东师范大学历史学基地建设江南市镇历史调查虚拟仿真实验室、江南科举虚拟仿真实验项目，中国人民大学历史学基地建设数字清史实验室、清史数据共享平台、"历史时期川陕交通地理虚拟仿真与中华文化传播"虚拟仿真项目等。复旦大学哲学基地建设国内首个数字伦理实验室，构建虚拟道德困境，开展概念设计、视域扫描、预见分析、跨国伦理、治理与政策模拟等沉浸式教学活动；东南大学哲学基地建设伦理虚拟教研室、外国哲学虚拟教研室。对外经济贸易大学经济学基地建设云计算仿真实验室、全球治理人才实习就业推送平台、"大数据与宏观金融"虚拟教研室、期权虚拟交易平台等；中央财经大学经济学基地将数字素养融入课程体系，面向拔尖学生开设"大数据在经济问题中的应用""区块链与数字货币""多元统计与数据挖掘"等数字化相关课程。

6. 创新拔尖学生培养体制机制

各基地积极探索书院制改革，建立本硕博贯通培养、跨学科培养、跨学校联合培养的体制机制，不断创新拔尖学生培养模式，提高拔尖人才培养质量。一是探索书院制建设。书院制是遵循拔尖学生培养规律的一种教育教学体制创新，能够有效融通专业教育与通识教育，促进多学科交叉融合，形成师生共研共学的良好学术生态和学术氛围。据统计，全国 70 个文科基地中至少有 32 个基地实行书院制（见表 1）。二是建立本硕博贯通培养机制，在课程设置、科研实践、国际交流、学生管理等方面进行一体化设计。如南京大学哲学基地通过学分制改革打通本研培养体制，将硕博阶段重要核心课程向本科生开放，要求拔尖计划学生按照培养方案规定修读一定学分的本研贯通课程，这部分学分既可用于本科阶段，也可用于研究生阶段。西北大学经济学基地实施"3+1+X"本硕博一体化贯通培养，包括 3 年本科阶段、1 年硕士阶段、2—4 年博士阶段，学生"一生一策"，可选择在本校继续攻读硕博学位，也可申请推免到国内其他高水平大学学习。三是建立跨学科培养机制，发挥好学科交叉"融合剂"作用。如吉林大学历史学基地全面强化"考古+"理念，联合地质学、地理学、机械学、人工智能、车辆工程、仪器工程、物理学等学科，建立跨学科联合培养机制，开展多学科交叉融合创新研究，形成“考古+”人才培养新模式。四是建立跨校联合培养机制，由不同高校的拔尖基地共同搭建拔尖学生培养交流平台。如山东大学经济学基地联合上海财经大学共建“经济学拔尖人才联合培养基地”，在共建经济学前沿课程、举办夏令营、开展学生交流、组建学生学术联盟等方面开展深度合作，实现资源共享、优势互补。

表 1　我国高校文科基地部分书院

学校	基地名称	书院名称
中国人民大学	文学基地	明德书院
清华大学	哲学基地	日新书院
北京师范大学	文学基地	励耘学院
北京师范大学	历史学基地	励耘学院
北京师范大学	哲学基地	励耘学院
北京师范大学	经济学基地	励耘学院
首都师范大学	历史学基地	紫竹书院
中央财经大学	经济学基地	启润书院
对外经济贸易大学	经济学基地	求索书院
南开大学	文学基地	妙悟书院
南开大学	历史学基地	毅生书院
南开大学	经济学基地	伯苓书院
吉林大学	哲学基地	求真书院
吉林大学	经济学基地	经学青椒社
华东师范大学	文学基地	元化学舍
华东师范大学	哲学基地	冯契学堂
上海财经大学	经济学基地	匡时书院
南京大学	文学基地	梅庵书院
南京大学	哲学基地	伯明书院
浙江大学	文学基地	惟学书院

续表

学校	基地名称	书院名称
浙江大学	哲学基地	竺可桢学院
福建师范大学	文学基地	宝琛书院
山东大学	文学基地	尼山学堂
山东大学	经济学基地	经世学堂
武汉大学	文学基地	弘毅学堂
武汉大学	哲学基地	弘毅学堂
华中师范大学	历史学基地	开沅书院
四川大学	文学基地	锦江书院
四川大学	历史学基地	玉章书院
西南财经大学	经济学基地	刘诗白书院
西北大学	经济学基地	炼成书院
陕西师范大学	文学基地	立诚书院

（三）建立科学有效的教育评价体系

建立科学有效的教育评价体系，开展动态多元的评价是对拔尖学生培养质量的重要保障。基地注重评价标准的综合性、全面性、过程性、动态性，对学生开展多元评价、综合评价、过程评价，推动形成有进有出的拔尖学生动态调整机制。一是在评价标准方面重视对学生兴趣志向、科研潜质、创新能力、人文素养与科学精神的考查，也重视对学生综合素质和家国情怀的考查，避免以单一认知能力、智力水平考查学生。如中国人民大学哲学基地从思想品德、学业水平、学术能力、学术导师意见、学生学习规划和学习意愿等方面实施综合考核，重点考查学生的综合素质、兴趣志向、创新能力、科研潜质、人文素养与科学精神等。二是在评价方式方面构建多主体、多维度、多视角、长周期的拔尖人才评价体系，并根据学生选拔和培养的实际情况不断调整优化。如吉林大学哲学基地实施多元评价政策，改变以往过分看重结果的单一评价模式，实行自我评价与导师评价、学校评价与社会评价、结果评价与过程评价相结合的多元评价体系。三是在拔尖学生培养过程中建立科学的动态调整机制，这是保证学生选拔质量和培养质量的重要经验。动态调整机制兼顾学生自愿调整和强制调整的原则。如厦门大学经济学基地建立符合拔尖学生成长规律的动态调整机制，通过对学生多阶段的考查与分流，实施不同的动态调整策略，对不符合阶段考核要求的学生采取强制退出；对兴趣发生改变的拔尖学生，在班主任、学业成长导师、论文导师“三师”的评估与引导后，实行由学生自主申请的适度分流；建立动态微调的补录机制，择优选拔部分学生补充到拔尖基地。

（四）健全拔尖学生培养的保障机制

各基地全面加强组织领导，建立健全拔尖学生培养体制机制，完善教学质量保障体系，加强人财物等资源保障，确保拔尖学生培养质量。一是加强组织领导。各高校成立拔尖学生培养工作领导小组、专家指导组等，统筹推进基础学科拔尖学生培养工作。据统计，90%以上的文科拔尖基地所在学校成立了基础学科拔尖学生培养工作领导小组。领导小组一般是由校领导和相关部门负责人组成，统一协调和推进学校拔尖学生选拔、培养、评价、保障等工作。基地建立由相关院系牵头或者由书院、学院协同管理的工作机制，成立专门的书院、基地管理委员会、专家指导组等，协同推进基础学科拔尖学生培养工作。如中国人民大学历史学基地实行书院—学院协同育人机制，由明德书院负责第一学年学生培养管理工作，历史学院负责专业教学、培养及本科二年级后各阶段的教育教学管理工作。此外，各拔尖基地强化制度保障，制定出台一系列拔尖学生培养有关的政策文件，保证拔尖人才培养工作的顺利开展。二是加强质量监控。各拔尖基地构建以学生为中心、以结果为导向、持续改进的拔尖学生培养质量保障体系，充分发挥学院、教师、学生、校外专家等多主体作用，利用人工智能、大数据等现代信息技术，建立质量保障长效机制。如北京师范大学中国语言文学基地将人工智能、大数据等先进技术应用于拔尖学生培养和卓越教师成长的长效跟踪过程，形成了技术赋能的多元、动态、立体化的质量监控机制。华中师范大学历史学基地利用学校自主研发的“小雅”平台监测拔尖学生学习过程，建立拔尖学生培养质量跟踪、调查机制。三是加强资源保障。各高校集中学校优质师资、经费、空间、平台等教育教学资源，全面保障拔尖学生培养。据统计，95%以上的文科拔尖基地都获得了学校的专项经费支持。如武汉大学拨付专项经费用于支持拔尖学生培养工作，设立拔尖人才试验班专项奖励用于奖励优秀拔尖学生及科研成果，对承担拔尖学生教学任务的主讲教师和指导学生取得创新性成果的学业导师予以额外奖励。此外，武汉大学每年从学科建设经费中单独拨出一部分作为学生科研启动基金，鼓励学生开展创新性研究。

四、新时期文科基础学科拔尖学生培养基地建设方向

基础学科拔尖学生培养计划 2.0 基地是国家层面培养拔尖创新人才的一项长期计划。各高校各基地多措并举，大力推进基地建设，培养文史哲经基础学科拔尖人才，建设了一批文科基础学科拔尖人才“孵化器”和国家一流人才培养高地，为服务国家重大战略急需、把我国建设成世界重要的人才中心和创新高地奠定基础。同时，我们也可以看到，在加快建设文科基础学科拔尖学生培养计划 2.0 基地、培养文科基础学科拔尖人才的过程中还存在一些重点难点问题亟待突破，主要表现在：当前文科面临发展困境，文科在高校的地位呈弱化的趋势，特别是文史哲经基础学科拔尖人才的成长周期较长，培养成效具有延时性与隐含性；同时，在拔尖学生选拔方面，对文科“偏才”“怪才”早发现、早识别的选才鉴才机制还不够精准、不够灵活，难以打破常规的选拔机制；在拔尖学生培养方面，注重知识传授而非塑造能力的导向依旧存在，存在教学科研“象牙塔化”现象，与国家战略需求、经济社会发展、行业产业变革脱节，联系不够紧密，导致学生对国际国内发展大势和经济社会发展形势关注不够、研究不够，深入社会、深入基层不够，学生自主研究能力、实践创新能力不强等。

2023 年 2 月 21 日，习近平总书记在二十届中央政治局第三次集体学习时强调，“要发挥高校特别是‘双一流’高校基础研究人才培养主力军作用，加强国家急需高层次人才培养，源源不断地造就规模宏大的基础研究后备力量”。培养文科基础学科拔尖人才是建设教育强国的重大战略任务，要以文科基础学科拔尖学生培养计划 2.0 基地建设为契机，大力推进文科基础学科拔尖人才培养。一要坚持目标导向，明确人才培养“主攻点”。要对标国家关键领域急需，结合高校人才培养优势和特色，在构建中国特色理论体系、传承

中华优秀传统文化、提升中国国际话语权等方面，明确各拔尖基地人才培养“主攻点”，加快实现文科基础学科拔尖人才储备“点”上突破。二要坚持问题导向，谋划重点建设举措。各拔尖基地要聚焦人才培养“主攻点”，围绕拔尖学生培养过程中的重点难点问题，实施具有针对性的改革举措，不断优化选拔机制，进一步扩大拔尖基地学生选拔范围，积极探索在高中阶段开展前置选拔的有效方式，加大拔尖学生培养“蓄水池”；创新拔尖学生培养模式，遵循教育教学规律和学生成长成才规律，有效衔接高等教育和基础教育，重点推进本硕博贯通培养、科教融汇产教融合协同培养，深化国内国际跨校交流合作和联合培养，强化核心课程、核心教材、核心师资队伍、核心实践项目建设，建立可量化、可衡量的基地建设质量评价体系和拔尖学生培养评价体系，切实推动文科基础学科拔尖学生培养计划 2.0 基地特色发展取得实效。三要坚持效果导向，完善基地工作机制。各高校各基地要以实现拔尖人才培养重大突破为导向，建立健全推进基地高质量建设的工作机制，加强组织领导、政策支持和条件保障，明确对拔尖基地建设和拔尖学生培养的长期规划和支持，保障拔尖基地建设的可持续性。

文科基础学科拔尖学生培养计划 2.0 基地是当前培养文科拔尖人才的主阵地、主战场。我们要进一步贯彻落实党的二十大精神，深刻认识文科基础学科拔尖人才培养的新形势新要求，准确把握文科基础学科拔尖人才培养的新使命新任务，加快推动文科基础学科拔尖人才培养，构建中国特色世界一流的文科拔尖人才自主培养体系，为建设社会主义现代化强国和实现中华民族伟大复兴的中国梦提供人才支撑。

附表　文科基础学科拔尖学生培养基地建设名单

序号	类别	所属学校	基地名称	年度
1	中国语言文学	北京大学	未名学者中国语言文学拔尖学生培养基地	2019
2	中国语言文学	北京师范大学	“励耘计划”中国语言文学拔尖学生培养基地	2019
3	中国语言文学	华东师范大学	“元化班”中国语言文学拔尖学生培养基地	2019
4	中国语言文学	浙江大学	汉语言文学拔尖学生培养基地	2019

续表

序号	类别	所属学校	基地名称	年度
5	中国语言文学	山东大学	中国语言文学拔尖学生培养基地	2019
6	中国语言文学	四川大学	明远学园——中国语言文学拔尖学生培养基地（锦江书院）	2019
7	中国语言文学	中国人民大学	中国语言文学拔尖学生培养基地	2020
8	中国语言文学	南开大学	中国语言文学拔尖学生培养基地	2020
9	中国语言文学	复旦大学	中国语言文学拔尖学生培养基地	2020
10	中国语言文学	南京大学	中国语言文学拔尖学生培养基地	2020
11	中国语言文学	武汉大学	中国语言文学拔尖学生培养基地	2020
12	中国语言文学	中山大学	中国语言文学拔尖学生培养基地	2020
13	中国语言文学	首都师范大学	中国语言文学拔尖学生培养基地	2021
14	中国语言文学	北京语言大学	“中文国际传播”中国语言文学拔尖学生培养基地	2021
15	中国语言文学	吉林大学	中国语言文学学生培养基地	2021
16	中国语言文学	厦门大学	“鼓浪文兴”中国语言文学拔尖学生培养基地	2021
17	中国语言文学	福建师范大学	孙绍振中国语言文学拔尖学生培养基地	2021
18	中国语言文学	华中师范大学	中国语言文学拔尖学生培养基地	2021
19	中国语言文学	陕西师范大学	中国语言文学拔尖学生培养基地	2021
20	历史学	中国人民大学	历史学拔尖学生培养基地	2019
21	历史学	北京师范大学	“励耘计划”历史学拔尖学生培养基地	2019
22	历史学	南开大学	历史学拔尖学生培养基地	2019
23	历史学	华东师范大学	“历史+”拔尖学生培养基地	2019
24	历史学	中山大学	历史学拔尖学生培养基地	2019
25	历史学	北京大学	未名学者历史学拔尖学生培养基地	2020
26	历史学	首都师范大学	历史学拔尖学生培养基地	2020
27	历史学	吉林大学	考古学拔尖学生培养基地	2020
28	历史学	东北师范大学	历史学拔尖学生培养基地	2020
29	历史学	复旦大学	历史学拔尖学生培养基地	2020

续表

序号	类别	所属学校	基地名称	年度
30	历史学	华中师范大学	“开沅”历史学拔尖学生培养基地	2020
31	历史学	南京大学	历史学拔尖学生培养基地	2021
32	历史学	浙江大学	历史学拔尖学生培养基地	2021
33	历史学	厦门大学	历史学拔尖学生培养基地（傅衣凌班）	2021
34	历史学	山东大学	“考古+”拔尖学生培养基地	2021
35	历史学	武汉大学	历史学拔尖学生培养基地	2021
36	历史学	四川大学	明远学园——历史学拔尖学生培养基地	2021
37	哲学	中国人民大学	哲学拔尖学生培养基地	2019
38	哲学	复旦大学	哲学拔尖学生培养基地	2019
39	哲学	南京大学	哲学拔尖学生培养基地	2019
40	哲学	武汉大学	哲学拔尖学生培养基地	2019
41	哲学	北京大学	未名学者哲学拔尖学生培养基地	2020
42	哲学	清华大学	哲学拔尖学生培养基地	2020
43	哲学	北京师范大学	“励耘计划”哲学拔尖学生培养基地	2020
44	哲学	南开大学	哲学拔尖学生培养基地	2020
45	哲学	吉林大学	哲学拔尖学生培养基地（求真书院）	2020
46	哲学	华东师范大学	哲学拔尖学生培养基地	2021
47	哲学	东南大学	哲学拔尖学生培养基地	2021
48	哲学	浙江大学	哲学拔尖学生培养基地	2021
49	哲学	山东大学	哲学拔尖学生培养基地	2021
50	哲学	中山大学	哲学拔尖学生培养基地	2021
51	经济学	中国人民大学	经济学拔尖学生培养基地	2019
52	经济学	中央财经大学	数字经济时代经济学拔尖学生培养基地	2019
53	经济学	南开大学	经济学拔尖学生培养基地	2019
54	经济学	上海财经大学	经济学拔尖学生培养基地	2019
55	经济学	厦门大学	王亚南经济学拔尖学生培养基地	2019
56	经济学	西南财经大学	经济学拔尖学生培养基地	2019

续表

序号	类别	所属学校	基地名称	年度
57	经济学	北京师范大学	“励耘计划”经济学拔尖学生培养基地	2020
58	经济学	对外经济贸易大学	经济学拔尖学生培养基地	2020
59	经济学	东北财经大学	经济学拔尖学生培养基地	2020
60	经济学	复旦大学	经济学拔尖学生培养基地	2020
61	经济学	南京大学	经济学拔尖学生培养基地	2020
62	经济学	浙江大学	经济学拔尖学生培养基地	2020
63	经济学	山东大学	经济学拔尖学生培养基地	2020
64	经济学	武汉大学	经济学拔尖学生培养基地	2020
65	经济学	北京大学	未名学者经济学拔尖学生培养基地	2021
66	经济学	清华大学	经济学拔尖学生培养基地	2021
67	经济学	辽宁大学	经济学拔尖学生培养基地	2021
68	经济学	吉林大学	理论经济学拔尖学生培养基地	2021
69	经济学	中山大学	经济学拔尖学生培养基地	2021
70	经济学	西北大学	经济学拔尖学生培养基地	2021

专家观点

关于深入推进新文科建设的几点思考

高文轩

自“新文科建设”提出以来，各项工作有力推进，建设成效日益显现，有力推动了高等文科教育的创新发展。立足近年来新文科建设取得的成效，要继续思考未来如何进一步推进新文科建设，如何推进新文科建设与新工科、新农科、新医科，与创新创业教育、数字化建设等交织融合和相互支撑发展，在思想认识、工作落实等方面持续深化，把新文科建设向纵深推进。

一、新文科建设要主动适应新时代的新要求

（一）对标贯彻落实中央有关要求

贯彻落实好中央要求，是推进新文科建设工作的方向。习近平总书记指出：“古今中外，每个国家都是按照自己的政治要求来培养人的，世界一流大学都是在服务自己国家发展中成长起来的。我国社会主义教育就是要培养社会主义建设者和接班人。”① 高校要增强办学自信，围绕“培养什么人、怎样培养人、为谁培养人”这一教育的根本问题，科学把握新时代新形势对人才的新要求，加快培养国家急需的紧缺人才，走好人才自主培养之路。

党的二十大报告指出，到2035年要基本实现社会主义现代化，要建成教育强国。从2023年到2035年只有12年的时间，任重道远，时不我待。怀进鹏部长提出，我们要回答好“强国建设、教育何为”这一时代课题。那对文科教育来说，高教强国建设，文科何为？高等文科教育如何支撑起强国建设？这需要进行深入思考。到2035年我国要建成教育强国，这就要求我国的文科教育在与国际对标对话中进入前列，成为世界文科教育的重要中心。这应该

---

① 《习近平在北京大学师生座谈会上的讲话》，《人民日报》2018年5月3日。

是新文科建设工作的目标。

对标中央要求，新文科建设要有紧迫感。文科教育要培养能够在国际上“亮剑”的人才，能够有力服务文化自信自强、提升国家文化软实力和中华文化影响力的人才。对文科教育来说，这不能只是“虚”的、理论上的要求，而应该是实实在在落到实处的、短时间内能够实现的目标。如果按部就班地培养，则难以适应社会发展对人才的需求。如何能够突破常规培养出这样的人才，要求我们认真仔细地思考和谋划。怀进鹏部长指出，要更好推动教育成为经济社会发展中的快变量、强变量。怎么实现快变量、强变量？一个重要的路径是根据人才培养的需求倒推人才培养机制的改革。

（二）凸显新时代对文科教育的要求

我国高等教育毛入学率在 2019 年达到 51.6%，进入世界公认的普及化阶段，2022 年达到 59.6%，普及化程度不断提高。在学总规模达到 4655 万人，位居世界第一。普及化具有以下四方面特征：一是多样化，质量标准、发展类型从高度同质化同构化转向多样化，不能用一把尺子、一个标准衡量所有学校，不能一个维度办大学，必须把“金字塔”变成“五指山”；二是个性化，现在的学生是平视世界的新时代中国青年，要尊重学生个体的独特性，帮助每一个学生成长成人成才，真正做到因材施教；三是学习化，在大学里所获取的知识不再是一辈子的事，而仅仅是终身教育的一部分，培养学生的终身学习能力，是需要思考并加以解决的重要问题；四是现代化，现在的大学动辄几万人，规模相当于一个小城市，这必然要求推进大学治理能力和治理体系的现代化。

从世界高等教育看，重塑世界高等教育发展新路径成为国际共识。2022 年 5 月，联合国教科文组织在西班牙巴塞罗那举办了第三届世界高等教育大会。大会的主题是“重塑高等教育，实现可持续未来”。大会聚焦三个关键词：超越极限（Beyond limits）、新路径（New ways）、重塑（Reinvent）。“超越极限”就是要跳出教育看教育，要超越高等教育的“围墙”，打破区域间的、学校间的、学科专业间的、教育形态间的壁垒。就我国高等教育来说，至少要包括五个方面：一是学科之间的极限，不同学科之间要交叉融合；二是学院之间的极限，各学院要突破院系壁垒，加强资源共享，共同培养人才；

三是学校之间的极限，学校与学校之间需要优势互补、交叉融合；四是产教之间的极限，产教融合就是要打破高校与社会、企业之间的界限；五是虚拟与真实空间的极限，即数字化怎么更好地与教育融合起来。这都要求进行理论和实践的创新，把理念变成实际行动，在新文科建设中落到实处。

（三）新文科建设要坚持问题导向

新文科建设要增强问题意识，要真找问题、找真问题。要发现真正制约中国文科教育发展的问题是什么，深入分析问题产生的原因是什么，然后对症下药，提出真正能够解决问题的新思路新办法。例如，在推进文科人才培养机制创新、新文科建设目标路径选择、建构自主知识体系等方面，还存在哪些突出问题、该如何改进。改革要在人才培养各要素上体现出来，只有这样，才能够真正地推进改革，真正地提高学生能力，真正地提升老师的积极性，真正实现新文科建设的纵深发展。

二、重新思考新文科建设的工作思路

（一）跳出教育认识文科教育

普及化阶段的高等教育是需求导向的，这就要求高等文科教育自身发展的“小逻辑”要主动服务服从于国家经济社会发展的“大逻辑”。这不仅包括一些综合性大学要服务国家战略需求，也包括地方高校和行业特色高校要服务行业和地方区域经济社会发展。例如，在推进产教融合中，要更多地思考教育能为产业做什么？特别是要把科研和教学统一起来，学校用科研成果支持产业发展，产业反过来支持学校的人才培养，并形成良性循环，这才是产教融合的应有之义。

（二）按照规律办好文科教育

我国著名教育家、高等教育学学科创始人潘懋元先生提出了教育的“内外部关系规律说”。外部关系基本规律，即“教育必须受一定社会的政治、经济、文化科学所制约，并为一定社会的政治、经济、文化科学服务”；内部关系基本规律，即“教育作为一个系统，它内部各个因素或子系统之间的相互关系的规律，简称教育内部基本规律”。教育内外部关系规律说的提出，对我们认识理解教育规律具有重要的意义和作用。

目前最紧迫的问题，是明确高等教育普及化阶段的教育规律，我们不能拿着精英化、大众化阶段的思想来推进目前普及化阶段的教育教学改革。高等教育进入普及化阶段，要找到自己的教育规律，并按照规律来做好文科人才培养、推进新文科建设。

（三）立足创新办好文科教育

通过对前期新文科、新工科、新医科、新农科建设的举措和成效进行梳理，可以总结“四个创新”：一是人才培养组织模式的创新，即主要表现为打破壁垒，包括学院壁垒、学校壁垒、产业壁垒；二是内容体系和知识体系的创新，即在新的条件下对原有的知识体系进行新的更新；三是实践方式的创新，包括数字化手段、产教融合等；四是理论创新，包括高等教育普及化带来的理论创新，以及“四新”的理论研究等。新文科建设的理论研究要认真梳理其中的共性特征，形成新的人才培养理论，反过来指导实践，建好建强我国的文科教育。

三、下一步新文科建设的发展方向

新文科建设要进一步发展，需要上下一起努力，每个层面做好各自的工作。在国家层面，主要是做好顶层设计，提供政策支持；对学校而言，要主动作为，打通使用学校内外部资源；对教师而言，要增强责任感，积极落实各领域的改革。

具体来说，要在以下三个方面加大工作力度，力求尽快取得成效。

（一）加快构建面向新时代的中国自主知识体系

2022 年 4 月，习近平总书记在中国人民大学考察时强调，加快构建中国特色哲学社会科学，归根结底是建构中国自主的知识体系。要以中国为观照、以时代为观照，立足中国实际，解决中国问题，不断推动中华优秀传统文化创造性转化、创新性发展，不断推进知识创新、理论创新、方法创新，使中国特色哲学社会科学真正屹立于世界学术之林。

落实习近平总书记重要讲话精神，高校文科教育要加快构建面向新时代的中国自主知识体系。目前主要开展了两方面工作。一方面是研制文科专业（类）教学要点。从 2022 年 6 月起，教育部高教司启动了有关文科专业（类）

教学要点研制工作，在法学、新闻传播学、经济学等 10 个专业（类）率先实施。这项工作的初衷，就是根据新时代对法学、新闻传播学、经济学等领域人才的知识能力素质要求，倒推应该由哪些核心课程、培养环节来达成这些要求，课程中需要具备哪些基本的知识点，进而构建一套科学、完整、系统、规范的专业教学要点。

另一方面，通过核心课程建设推动自主知识体系的构建。核心课程建设首先始于基础学科，2023 年 4 月 19 日，教育部在北京大学召开了基础学科系列“101 计划”工作启动会，其中就包括经济学、哲学两个文科领域。“101 计划”的重点是以课程改革小切口带动解决人才培养模式大问题，以核心课程建设带动核心师资团队、核心教材、核心实践项目建设。下一步还要逐步推进文科重点领域和地方高校的“101 计划”。

（二）加快培养有标志性的文科领域拔尖创新人才

党中央高度重视哲学社会科学，在考古、历史、关键语言、国际传播、涉外法治、非物质文化遗产等方面都明确要求要加强人才培养。新文科建设要想国家之所想、急国家之所急、应国家之所需，率先在这些领域取得标志性的成果。通过目标导向，深化改革，快出人才、出好人才。这不仅能够提升新文科建设的影响力，还能打造形成文科人才培养的样板，对其他领域发挥示范引领作用。针对当前涉外法治人才培养能力不强、创新不够、特色不鲜明等问题，2023 年教育部启动了涉外法治人才协同培养创新基地建设工作。重点是突出问题导向、目标导向，深化协同育人，全面强化实务部门参与，明确高校要与实务部门签订人才合作培养协议，推进实务部门深度参与课程设计、教材编制、师资队伍、学生实习实训和就业指导等人才培养具体环节，在较短时间内培养具备“即战力”的人才。

（三）加快建设文科教育科教融汇、产教融合育人新机制

大力推进职普融通、产教融合、科教融汇，是文科教育改革的重要方向。如何把学生的职业生涯规划、学校教育和行业产业发展更好地融合起来，需要认真研究。文科教育要更加贴近国家和区域经济社会发展的实际，通过解决实际问题倒逼人才培养模式改革。在改革过程中，需要大胆突破，通过新型的课程组合培养高素质专业人才。例如，我国旅游、物流等很多领域发展

很快，但人才培养与产业结合不紧密，如何与区域共同打造高质量旅游休闲产业、如何服务供应链建设，都需要高校与地方、行业产业深度融合，真正实现教育、科技、人才一体化推进。

推进文科教育的改革创新，要在机制上把产教融合、科教融汇、教育的内外部以及数字化等各方面有机融合起来。例如在基础学科拔尖人才培养方面，教育部正在推动构建“一部六院”协同育人机制，通过资源的共建共享和人才的共同使用推进科教融合、协同育人。再比如外语人才培养，要通过与涉外部门协作，构建产教融合的育人新机制，培养能够在国际上发声、维护国家利益的人才，培养企业在“走出去”过程中最需要的人才，实现文科人才培养与产业发展的同频共振。

（原载于《新文科理论与实践》2023 年第 2 期）

论新文科建设的机制保障

樊丽明*

“新文科”在我国正式提出仅4年多时间，但已经历了从理念到行动、从星星之火到燎原成势的发展过程。2018年8月，党中央首次提出要推动高等教育“高质量发展，进一步提升教育服务能力和贡献水平，发展新工科、新医科、新农科、新文科”。2019年4月在天津大学召开的“六卓越一拔尖”计划2.0启动大会强调，全面贯彻落实全国教育大会精神，按照《加快推进教育现代化实施方案（2018—2022年）》要求，全面实施“六卓越一拔尖”计划2.0，发展新工科、新医科、新农科、新文科，打赢全面振兴本科教育攻坚战①，首次发出“新文科”建设动员令。2020年11月3日全国新文科建设工作会议召开，时任教育部高教司司长吴岩作了题为《积势蓄势谋势　识变应变求变　全面推进新文科建设》的主题报告，会议发布了《新文科建设宣言》，对新文科建设做出了全面部署，描绘了新文科建设的“施工图”，标志着新文科建设进入全面启动的新阶段。② 2021年4月19日，习近平总书记在清华大学考察时特别强调，“建设一流大学，关键是要不断提高人才培养质量”，“要用好学科交叉融合的‘催化剂’，加强基础学科培养能力，打破学科专业壁垒，对现有学科专业体系进行调整升级，瞄准科技前沿和关键领域，推进新工科、新医科、新农科、新文科建设，加快培养紧缺人才”。③ 这一重

---

* 樊丽明，教育部新文科建设工作组组长，山东大学原校长，全国新文科教育研究中心主任。

① 参见《“六卓越一拔尖”计划2.0启动大会召开掀起高教质量革命助力打造质量中国》，2019-04-29，http：//www.moe.gov.cn/jyb_xwfb/gzdt_gzdt/moe_1485/201904/t20190429_380009.html。

② 参见《新文科建设工作会在山东大学召开》，2020-11-03，http：//www.moe.gov.cn/jyb_xwfb/gzdt_gzdt/ s5987/202011/t20201103._498067html。

③ 《习近平在清华大学考察：坚持中国特色世界一流大学建设目标方向　为服务国家富强民族复兴人民幸福贡献力量》，2021-04-19，http：//www.gov.cn/weixin/2021-04/19/content_5600661.htm?Gov。

要讲话为新文科建设指明了前进方向，注入了强劲动力。从教育部推动的政法实务大讲堂、中国经济大讲堂、中国新闻传播大讲堂、中国艺术大讲堂，组织设立千余项教改项目，到各省市加强顶层设计、推出新文科建设行动方案及建立高校联盟，从各教指委的组织研讨推动实践，到各高校付诸行动，专业更新改造、创新培养模式、加强课程建设的广度力度空前。从专业期刊开设专栏，到新文科主题期刊陆续创刊，方方面面形成合力，发挥了凝聚共识、促进改革的作用。新文科建设的发展由星星之火已成燎原之势，整体走向聚焦文科自主知识体系构建和文科人才培养创新发展，进一步走深走实，行稳致远。

新文科建设是文科的创新发展，其核心要义是立足新时代，回应新需求，实现文科发展的融合化、时代化、中国化、国际化，服务于建设社会主义现代化强国目标，建设的重点任务是新理论、新专业、新课程（教材）、新模式、新实践①，最终实现中华优秀传统文化创造性转化、创新性发展，构建中国文科自主知识体系以及推动文科人才自主培养体系创新。这对学校一系列现行管理体制机制必然产生新的挑战。而后者的核心是对教学科研单位和师生实施激励引导，激发改革动力活力，使其真正动起来建起来，改到实处，收到实效。因此，新文科建设需要进行一系列管理制度创新。基于笔者近年来新文科建设的一线实践、专题调研和综合思考，本研究从高校管理视角探讨新文科建设的机制保障问题。

一、健全资源配置机制

高等教育体制改革以人才培养体系改革为核心，而人才培养体系的改革依赖于教育教学资源的优化配置。教育教学资源是一个具有特定内涵的范畴，即包含学校所获取的国家分配、社会筹措、产学研服务收入以及学校现有的教育教学资源，主要用于学校教育教学、科学研究和建设发展。教育教学资源既包括人力、物力、财力等有形资源，也包括学科专业资源、信息资源、政策资源、市场资源、社会影响等无形资源。教育教学资源的配置直接影响

① 参见樊丽明:《“新文科”：时代需求与建设重点》,《中国大学教学》2020 年第 5 期。

人才培养的质量，有效的资源配置重点看能否最大限度地满足教学和人才培养需要。所以说，推动新文科建设要在优化资源配置上下功夫，通过制度安排解决资源配置不平衡、分散、低效、重复等问题，要提高资源配置的前瞻性，合理布局资源，盘活现有资源，把优质的资源用于新文科建设重点领域，支撑新文科教育关键改革，不断提高资源利用效率，做到人尽其才、物尽其用，推动新文科建设走深走实。

要强化推动学科交叉融合的资源配置导向。新办专业的申报获批或备案仅仅是新文科建设中具有平台意义的环节，真正走深走实必须落到课程、教材、实践、教师、教法上。为确保新文科建设改革规划更快更好落地落实，建立健全新办专业专项支持制度是必不可缺的。新文科建设中更为关键的是，要坚持学科交叉融合导向，建立鼓励学科交叉融合的资源配置机制，对现有资源进行优化配置，增强资源投放的针对性、精准性，不断创新资源分配与使用管理办法，探索构建以任务为中心、贯穿人才培养与科学研究全过程的资源配置方式，引导一线教学科研人员和研究团队投入重点建设的学科交叉领域，鼓励一线教师加强新兴交叉专业建设，开设新课程，创新培养模式，改革新实践，利用新技术，探索学生交叉培养新路径。整合优质资源建设学科交叉研究平台，通过大平台大项目引育高层次学科交叉型人才，推动前沿交叉学科研究转化为优质的育人资源，不断推动文科教育创新发展。

要特别关注健全公共服务机构专项支持制度。现阶段新文科建设的重点方面是学科融合化，如“+数据”，像计算社会科学、计算法学、医疗健康数据学等；“+信息”，像数字人文、金融科技、数字媒体艺术、网络与新媒体等；“外语+”，像国际组织与全球治理、国际新闻传播、国际经济发展合作等。这些新专业、新方向蓬勃发展，课程供给任务繁重，使得高校中的数学（大数据）、统计学、计算机（软件）科学、人工智能、外语、管理等相关学院提供公共服务的功能凸显。在“双一流”建设的大背景下，如果将这类学科学院完全视同其他专业学科学院，而忽视其公共属性和外溢效应，在人财物要素配置上缺少专项政策支持，则会形成重学科建设轻公共服务的局面，不利于学科融合创新发展，尤其不利于复合型创新性人才培养。因此，应当正视并厘清这类学科学院的专业属性和服务属性、主体学科建设和学科专业交叉融合任务，强力支持相关学院精心提供优质公共服务。

二、健全协同共建机制

协同共建是指多主体突破边界壁垒，充分发挥各自人才、资本、信息、技术等资源优势，有效汇聚资源，实现共建共享。新文科建设所倡导的融合化、时代化、中国化、国际化，对师资队伍、实践平台、资源环境等方面提出了更加多元、综合、开放的要求。对于多数高校来说，仅仅依靠自身很难满足对各类资源的需求，从而限制了新文科建设的持续深入。建立有效的校区、学院、政产学研协同共建机制，可以最大化利用各建设主体的优质资源，实现资源整合、资源优化、资源共享，这样既可以节约建设成本，又能提高建设质量，加快推进文科教育改革创新发展。同时，政产学研协同共建还能够更好地促进人才培养与社会需求的对接，实现教育链、人才链与产业链、创新链的有机衔接，不断提升人才培养质量，推进人才培养供给侧结构性改革。

强化共享思维，积极探索校内共享、校际共享、校院共享、校企共享及校政共享，是有效缓解新文科建设中要素瓶颈的有效路径。以学科资源、师资资源校际共享为切入点，目前已经涌现出了同城高校协同育人和科研攻关、合作共赢的多个优秀范例，应予示范推广。如在教育部及北京市委指导下，北京外国语大学与中国政法大学两次签约，密切合作，共同为国家培养大批政治立场坚定、专业素质过硬、跨学科跨领域、善于破解实践难题的一流涉外法治人才，为加快涉外法治工作战略布局提供有力人才支撑。西南财经大学与电子科技大学以具有创新引领性的跨学科、跨校“新财经+新工科”深度交叉融合新模式为重点，共同探索人才培养、科学研究、师资交流、学科建设等领域的发展路径，形成特色、创建品牌，服务国家重大战略。

要以融合共享思维创新建设实践平台。一方面，要以创新思维建好高校实验平台。适应新文科建设时代要求，以学科融合思路创建文科内部、文理文工文医交叉融合的实验平台，以科教融合思路建设科研教学共用的实验平台，以产教融合的思路共建实验平台，共同开发建设各类实验课程和项目，既利于引入科研前沿和产业一线的理念和手段反哺育人，提高育人质量，又利于统筹资源集约建设实验资源，提高建设利用效益。另一方面，以创新思维拓展社会实践资源。科技革命影响广泛深刻，数智经济发展十分迅猛，社会进步国家治理深刻变革，学校实践教学落后于社会发展的问题变得更加突出。如何以创新思维补好实践教学短板是高校新文科建设面临的难点问题。应以产教融合、政教融合思路打造社会实践基地升级版，融入合作科研要素，聘任业界优秀导师，丰富前沿实践场景，以科研带育人，以实践促育人。

要努力创设新型学习环境及资源。在国家大力推动实施教育数字化战略的背景下，充分利用数字化教育平台，用好线上优质师资资源和课程资源，是冲破学校要素瓶颈、优化学生学习环境的战略选择。国家智慧教育公共服务平台于2022年3月28日正式上线启动，为优质教育资源共享提供了极佳机遇，也为促进不同类型、不同基础的学校实现文科创新发展提供了重要依托。师资力量较薄弱的高校可以探索线上资源+线下辅导方式、共享当地师资+远程资源方式，促成课程开设，让学生尽快受益。

三、健全能力提升机制

教师是立教之本、兴教之源。习近平总书记在清华大学考察时强调："教师是教育工作的中坚力量，没有高水平的师资队伍，就很难培养出高水平的创新人才，也很难产生高水平的创新成果。大学教师对学生承担着传授知识、培养能力、塑造正确人生观的职责。教师要成为大先生，做学生为学、为事、为人的示范，促进学生成长为全面发展的人。要研究真问题，着眼世界学术前沿和国家重大需求，致力于解决实际问题，善于学习新知识、新技术、新理论。要坚定信念，始终同党和人民站在一起，自觉做中国特色社会主义的坚定信仰者和忠实实践者。"① 教师是新文科建设的关键所在，要培养出具有跨学科综合能力、创新能力以及解决实际问题能力的新时代文科人才，推动构建中国特色哲学社会科学体系、建构中国自主的知识体系，迫切需要建立一支既精通专业知识又涵养德行，既具有家国情怀、国际视野又具备丰富的

---

① 《习近平在清华大学考察：坚持中国特色世界一流大学建设目标方向　为服务国家富强民族复兴人民幸福贡献力量》，2021－04－19，http：//www.gov.cn/weixin/2021－04/19/content_5600661.htm?Gov。

多学科知识、信息化教育教学能力和创新能力的高水平教师队伍。要加强师德师风建设，建立教师能力提升机制，通过教师能力提升培训、国内外研修等多元培训形式，不断优化教师知识结构，提升多学科知识素养，拓展教师知识的深度广度，提高跨学科教学能力。要打破固有的学科领域界限，鼓励组建跨学科、跨专业、跨学校的教学团队，建设校内导师和实务界导师“双导师”队伍，提升社会工作的师资力量与多元师资供应，实现理论教学与实践教学的有效衔接。

要建立健全师资能力提高机制，缓解师资数量质量不适应新文科建设的矛盾。可以说，引育和共享均为有效路径。对于大多数普通高校而言，除了紧紧抓住战略机遇期，改革创新延揽人才、用好人才政策，营造尊重人才信任人才氛围，大力引进海内外高层次人才以外，抓紧抓好师资培训无疑是重要的培育之策。一方面，教育行政部门应充分发挥全国和省级专业（类）教指委、教师教学发展中心及示范高校作用，通过申报立项，落实专项经费，积极开展推动新文科发展的师资课程培训和教学方法培训，或以项目委托的形式，选择部分示范高校，组织教师进修（班），在共性紧迫需求方面尽快补短板强弱项；用好用足对口支援高校机制，也是针对性解决师资提升问题的有效路径。在国家大力推进教育数字化战略的新时期，用足用好国家智慧教育公共服务平台资源可以收到事半功倍之效。另一方面，应充分发挥学校的自主性积极性，实施教师培训，建立和制订“教师（人才）发展体系”与“教师能力提升计划”，有计划分类别分步骤地加以实施；调动学院、创新团队的积极性创造性，主动搭建平台，跨界交流合作，也不失为很好的教师能力提升机制。

四、健全考核评价机制

教育评价事关教育发展方向，有什么样的评价指挥棒，就有什么样的办学导向。要想推动新文科建设持续深化，须深入贯彻落实《深化新时代教育评价改革总体方案》要求，坚持立德树人根本任务，树立新文科建设的正确导向，克服唯分数、唯升学、唯文凭、唯论文、唯帽子的顽瘴痼疾，系统推进考核评价改革，打通校内校外评价主体，坚持定量与定性相结合、过程性评价与形成性评价相结合、分类与交叉并行的评价原则，建立交叉评价、代表作评价、团队评价、长周期考核等多元评价体系，改革不科学的考核评价标准。要建立培养成效长期跟踪和评价反馈机制，并将评价结果运用到新文科建设培养目标、方案和实现过程的持续改进中，形成高效的人才培养闭环评价与改进系统。要针对教师、学生和教学科研单位不同主体，分类推进考核评价制度改革与创新。

首先是教师考核激励制度创新。如果说新文科建设初期教育行政部门的大力推动、校院两级顶层设计起着关键作用的话，那么，随着新文科建设向前推进，要走深走实、行稳致远，一线教师便成为至关重要的因素。教师作为新文科建设规划的具体实施者，作为直接面向学生的教育者，其积极性、主动性、创造性直接决定着新文科建设实效。因此，除建立健全引育结合、师资共享机制以外，改革完善教师考核激励机制亦十分必要。要加大对新文科建设业绩突出教师的奖励力度，增强教师开展新文科建设的荣誉感、获得感，奖励在新文科建设领域做出突出贡献的个人和团队，激励教师积极开展新文科理论研究与实践改革，推动系列富有创新性、特色性、引领性和影响力的高水平教育教学成果建设。教师职称岗级评定中的教学权重及质量评估制度、学科交叉型成果认定制度、开发开设新课程激励制度、鼓励创新的教学奖励制度和教学成果奖励制度、以培代奖的海内外名校研修制度等，都是需要与时俱进、持续完善的内容。

其次是学生教育的贯通协同制度创新。高校人才培养是一项系统性工作，各个学段相互衔接，紧密联系。但在实践中本科教育与研究生教育部门分立，管理制度分立，培养方案分设，分别考核，这种以“分”为主的思维模式和管理模式与新文科改革发展往往形成矛盾。新文科建设应遵循不同学科专业学生的培养规律，探索不同的人才培养模式，宜接则接，宜分则分。对于文、史、哲、理论经济学等基础学科人才培养，适宜专门选材，实行宽口径、厚基础、长学制贯通培养，尤其是实行滚动式可淘汰的本硕博贯通培养模式。对于社会急需的应用型交叉学科人才培养，则需要本硕跨类且衔接的制度模式。对于应用性强、学思践悟的学科专业，大部分适宜“学习—实践—再学习—再实践”的发展路径。但无论哪种培养模式，都要求统筹本科教育与研究生教育，在培养模式、课程设置、引导研究、授课方式上进行针对性的系统设计，而不是各学段教育教学彼此割裂、相互分离，造成学生不必要的考试负担。因此，新文科建设一定要统筹本科生和研究生教育，一体谋划，共同参与，协同实践。①

最后是二级教学科研单位考核激励制度。一是要完善覆盖全面的年度业绩考核、评优评先制度。面向全校各二级单位，树立鼓励创新探索的明确导向，加大激励力度，营造利于改革创新的良好氛围。二是增强学院建设动力活力。学院是教学科研基本单位，也是新文科建设的主体，要将人、财、物等资源更多地向学院倾斜，给予学院更大的资源配置权，通过目标管理，激发学院推进新文科建设积极性，引导学院增强成本意识和效益观念，优化资源配置，根据自身特色与优势，集中力量，重点突破，分类推进新文科建设，开辟发展新领域新赛道，不断塑造发展新动能新优势。

五、健全质量保障机制

党的二十大报告指出，要“加快建设教育强国、科技强国、人才强国，坚持为党育人、为国育才，全面提高人才自主培养质量”，“加快建设高质量教育体系”②。面对高层次人才培养的新形势，提高质量是文科教育改革创新发展最核心最紧迫的任务，亟须进一步完善与教育强国建设相适应、符合国情和遵循文科学生培养规律的质量保障机制。要树立正确的质量观，坚持“学生为中心，教师为主导”，明确各质量主体职责，建立专业状态报告、学院质量报告、学校常态数据监测和第三方评价四层次质量保障机制，不断完善质量标准体系，全面加强培养过程质量监控，激发二级教学科研单位及教师追求卓越的积极性和创造性，不断提高文科人才培养质量。

加强质量标准体系建设。坚持学生中心、产出导向、持续改进理念，建立健全以大数据为基础的文科教育质量常态监测体系，充分发挥各级教学指导委员会、学术委员会、学位委员会等学术组织的重要作用，强化文科人

---

① 参见樊丽明：《新文科建设：走深走实行稳致远》，《中国教育报》2021年5月10日。

② 习近平：《高举中国特色社会主义伟大旗帜　为全面建设社会主义现代化国家而团结奋斗——在中国共产党第二十次全国代表大会上的报告》，《人民日报》2022年10月26日。

才培养质量全过程监控。健全完善专业认证办法和程序，构建文科专业三级认证体系。东华大学借鉴国际工程教育专业认证《华盛顿协议》的理念，制定人文社科类专业认证标准，率先在国内高校中自主开展了系统化的人文社科类专业认证工作，牵头成立长三角新文科教育专业认证联盟，推动自主专业认证试点工作，坚持高标准、高要求，构建第三方专业认证和学校自主专业认证相结合的双轮驱动式质量保障体系，推运教学质量内涵式发展。

加强督导机制建设。各省级教育行政部门、各高校要成立由有关领导、相关职能部门、专家组成的督导小组，研究制定新文科建设工作的评价与督导指标体系，统筹协调、分层开展综合督导、专项督导，督导内容包括师资队伍建设、理论研究、专业建设、课程建设、模式创新、要素保障等情况及工作实效等，推进各项建设工作的落实。完善多元评估机制，探索引入第三方评估，吸收师生代表参与评估，提升评估的客观性、独立性和公正性。加强评估结果的运用，完善并落实督导报告、反馈、整改、复查、约谈、通报、问责等相关制度，形成闭合有效的督导管理系统，切实提高评估监测与评价的使用效能。

打造新文科质量文化。要将质量价值观落实到科学研究和人才培养各环节，通过质量制度建设规范新文科建设过程管理，提高学校、二级教学科研单位、教师、学生及管理人员的质量意识，积极构建自觉、自省、自律、自查、自纠的质量文化。在培养单位层面，切实压实学校和二级教学科研单位的主体责任；在教师层面，鼓励教师潜心教书育人，特别是要做学生为学、为事、为人的“大先生”；在学生层面，加强学风教育和学术道德教育，让学生怀敬畏之心、做规矩之事、行报国之志，建立健全中国特色、世界水平的文科教育质量保障体系，推动文科教育内涵发展、特色发展、创新发展，培养德智体美劳全面发展的社会主义建设者和接班人。

在教育部积极引领，省市主管部门顶层设计，各教指委谋划推动，全国高校主动改革探索下，新文科建设初战告捷，取得新突破，创出新亮点。星火燎原，已然成势。迈入新征程，只有不断完善新文科建设的机制保障，健全资源配置机制、协同共建机制、能力提升机制、考核评价机制和质量保障机制，形成学校引领、部门支持、学院协同、教师参与、学生受益的良好育人生态，才能激发新文科建设源源不断的内生动力，保障新文科建设举措全面落实，推动新文科建设走深走实、行稳致远，实现新文科建设的育人和科研目标。

（原载于《中国高教研究》2023 年第 5 期）

如何深入推进新文科建设？（笔谈）

新文科建设的本质理解与价值实现

张福贵*

如果要从近年来中国高等教育改革实践中寻找一个最流行的关键词的话，那可能就非“新文科”莫属了。它与前些年基础教育改革中的“减负”一词一样，成为当下高教领域最引人关注的“热词”。实质上，“新文科”远不止是一个流行的热词，还是中国高等教育改革的理论探讨和方案实践的一系列的完整过程。从顶层设计、理论研讨、项目实施、教学方案到专业设置等各个环节，新文科建设都取得了长足的进展。而围绕新文科的布置、管理、传播等具体问题，以教育部相关部门和山东大学为主体，建立健全了一整套的组织管理和宣传媒介等机制和机构。和“新文科”启动之初相比，其发展之快、实绩之多、影响之大，都颇为出人意料。

与此同时，经过了这几年的发展，也需要对新文科建设的成绩、经验进一步予以总结，对其中可能存在的问题进行分析和反思。

第一，要进一步深入探讨“新文科”理念的内涵和价值，使这一理论的中国特色和世界意义更加具体和完善，最大限度地在理念认知上达成共识。

我们注意到，近年来许多学校和教师在教学改革和实践以及学术研究中，越来越多地与“新文科”关键词相联结，在取得一些创新性成果的同时也普遍存在“搭顺风车”现象，所谓“新文科”是个筐，什么都可以装。常常看到无论是教学成果申报还是科研项目论证，都将“新文科”作为题目的一种前缀，进行生硬的嫁接甚至组合。其中许多项目很早以前即设计完成，为了追赶学术时尚而临时加挂，并没有真正理解和融会新文科的内涵与意义。新

---

* 张福贵，吉林大学哲学社会科学资深教授，教育部新文科建设工作组专家，教育部高等学校中国语言文学类专业教学指导委员会主任委员。

文科建设的关键不是重组而是创造，不仅是产生新的知识和方法，更是要产生新的学科理念与学术思想，培养出具有创新性的人才。

针对这一问题，需要我们对“新文科”的概念、内容和价值、功能等做进一步的深化理解。

这里首先要探讨新文科与“旧文科”的异同，在此基础上对新文科的本质特征进行确认，从而将新文科的特殊价值凸显出来，使人们对新文科的认识从知识背景转向专业内涵，由学术时尚转向学科本体。有些学校传统文科抑或“旧文科”尚未建设好，就迅速将传统文科进行所谓的跨学科改造，以此作为建设新文科的一般途径，进而导致“穿靴戴帽”式的“两层皮”现象。要知道，新旧文科的结合或转换不是“1+1＝2”的模式，而应该是“1+1＝1”的模式。一般传统文科向新文科转换，必须先要把二者的属性和异同加以辨析，才能实现文科创新的效果。学科建设中，不能将局限当特色，将特色当优势。特色应该是一种创新，优势应该是一种先进。学科建设如影相随地追逐社会热点，势必导致专业设置和取消的大起大落。因此，无论是社会需求还是专业建设，都应该具有长线思维、整体思维。

其次，无论新文科还是“旧文科”，其发展的关键是人文精神的融入与弘扬，要科学理解知识创新与思想创新的关系。这不仅是文科专业新文科建设的需要，而且也是其他学科之“新”的需要。缺少这一关键质素，就失去了人文学科和大学教育的本色。学科交叉与融合既是新知识、新思想产生的前提，也是新知识、新思想产生的目的。而相对文科教育而言，新思想创造的重要性优于新知识的获得。知识具有普遍性，思想则是一种独创性。很多学校在对新文科理念的理解和实际操作中专注新知识、新技术、新方法的融入，而在原有学科专业和新专业建设中普遍忽视人文精神的培养。新文科建设的核心理念在于更新学科观念，特别是要培养以“全人类共同价值”理念为引领的世界性人才，国家意识、人文情怀和人类意识一个都不能缺少。跨学科、新学科追求的不只是知识增量，而且是创新学术思想和弘扬人文精神。新文科建设不只是针对文科，而且是针对所有学科专业之新而言。新文科首在思想之新，通过学科融合形成新的思想，通过新的思想培育新的人才。单纯的思想重复是没有太大意义的，关键是思想的创新，没有新的思想，就没有真正的新文科。早在2016年5月17日，习近平总书记在主持哲学社会科学工作座谈会的讲话中就强调："我们的哲学社会科学有没有中国特色，归根到底要看有没有主体性、原创性。""我国是哲学社会科学大国，研究队伍、论文数量、政府投入等在世界上都是排在前面的，但目前在学术命题、学术思想、学术观点、学术标准、学术话语上的能力和水平同我国综合国力和国际地位还不太相称。"① "要加强中国哲学社会科学原创性、主体性、系统性、集成性、专业性、理论性、实践性发展。"② 这为中国哲学社会科学以及文科教育发展提出了新的要求。应该说，这也提醒我们要进一步反思科学主义、社会功利主义的价值与定位，考察其对中国社会和教育、学术发展的复杂影响。要充分认识到新文科建设不是一蹴而就的事情，在人工智能日新月异的时代，新文科建设也不是一时性的技术应对，不能仅仅从知识层面对新文科进行平面化、碎片化的理解，而要强化人文学科固有的批判意识、个性思想和想象力、人情味等基本功能。受学科功利化思潮影响，忽视人文社会科学价值的行为，莫过于2015年6月日本文部省发布的《关于全面重议国立大学法人等的组织及业务（通知）》的主张及其引起的"去文科化"风波。虽说后来证明是虚惊一场，但是所表现出的倾向还是值得人们深思。因此，我们应该把20世纪90年代中国学界关于价值理性与工具理性问题的讨论重新列入议程，因为当下时代更需要理性，也更需要人文精神，需要更广泛的价值传播。

第二，要进一步坚持新文科建设中的差异化发展、多角度创新的基本原则，充分注意普遍性要求与差异性特色之间的关系，注意学科专业的独特性和价值取向的多元化。

笔者曾经说过，不一定只有"新建"或者"跨学科"才是"新"，相对于有些学科特别是传统基础学科来说，回归传统和回归经典也是"新"。有的学科的"跨学科"属性是古已有之，例如文学与史学在国家学科专业

---

① 习近平：《在哲学社会科学工作座谈会上的讲话》，2016-05-19，http：//www.scio.gov.cn/31773/31774/31783/Document/1478145/1478145.htm。

② 王寅：《深化哲学社会科学研究　全面繁荣中华优秀传统文化》，《中国青年报》2022年5月10日。

目录中分属两个学科门类，好像是两个平行的学科领域。但是，从中国传统的“文史不分家”学科观念来看，无论是研究方法还是研究对象，两者都具有相通性和相似性。诸子百家之典籍既可以看作历史典籍，也可以看作文学典籍。因此，中国文学和中国历史的新文科建设也包含回归传统和自身，经典的阅读与训练必不可少。然而，信息化社会特别是人工智能的飞速发展，在使经典阅读变得便捷的同时，也使教师和学生普遍不注重对原典的认真阅读。

在应试教育的机制和融媒体语境下，快餐化、娱乐化、浅表化追求成为一种文化时尚，深深地影响了校园生活，“不读原著”“不读经典”已经成为许多基础文科学生的学习常态，知识接受和知识消费过程表现出一种很强的功利性特征。而学科专业建设和人文教育不能受这种时尚文化风潮的影响，要努力淡化功利主义追求。如何实现跨学科培养与专业化培养、改革规划设计与人才战略设计、课程体系与知识体系、集中学习与自我提高等关系的协调发展，是新文科建设中需要进一步解决的问题和完善的工作。特别是拔尖人才的培养，要彻底改变目前普遍存在的“上课无数，经典不读”的状态。守正才能创新，没有守正就失去了根本，也不会有真正的创新。随着时代变化和社会思想文化状况发展，有时候“守旧”就是“创新”。因此，对于许多学校来说，在急于建设新文科之前，可能需要首先建设好“旧文科”。

第三，通过机制体制的建立，将新文科建设进一步规范化、专业化，使新文科体系的具体专业和方向建设有章可循，循序渐进。

多年来，中国高教改革着眼于政治方向和教育体制机制、学科和学术评审评价等大的方面，且取得了令人瞩目的成就。在此基础上，新文科建设要进一步将专业、学制、学分等外在的改革扩展和深化到教师素养、课程体系与学生培养等内在环节。此前有些学校的改革更多的是从公共层面考量，而相对忽视从个人层面来考量。要坚持“每一位教师都是改革者”的理念，在新文科背景下，加强教师自身内在素养的提高和修炼。与此同时，要建构一整套符合新文科要求的教材体系、课程体系、评价体系。只有与之相适应的教材体系、课程体系和评价体系，才能充分显现新文科建设和新人才培养的实绩。

第四，将新文科建设视为一个多方位、大系统和全过程的建设，将之与其他“新学科”的发展统一起来，进一步发挥其特殊性功能，使学科建设浑然一体。

说到底，无论是“新文科”还是其他“新学科”，都是不同时代人类思想文化和科学技术交流交融的结果。思想文化与科学技术不断发展变化，学科建设和大学教育也就需要不断地由旧变新以至再变新。在这样一种历史逻辑和认知逻辑下，“新文科”的创立并不是文科发展的终点，而是下一个发展阶段的起点。

从这一思路出发，新文科建设启动之初，笔者曾经提出要从更广阔的视野考量各个“新”学科之间的融合创新发展，这是中国高等教育和学科体系、学术体系建构的重要途径。然而到目前为止，我们看到“四新学科”的讨论和实践大多限于自身的考量，较少从“四新学科”之间的融合角度进行整体考量。信息化和模式化可能导致思维方式的僵化和退化，而突破单一学科模式是跨学科的目的。特别需要指出的是，“新理科”“新工科”“新医科”应该利用人文学科的优势增加各自的人文含量，从而形成对物化主义和技术主义的约束，以及对人文精神的弘扬。

教育改革和新文科建设作为精英文化与人才培养的尖端设计，目的在于实现中华民族伟大复兴，为民族提升思想的质量，为人类增加思想的容量。抓住“新文科”这一根本定位不放，方可保障其健康发展。

生长者的根

——谈东方艺学及其内蕴之道

许 江[*]

暮春时节，“浴乎沂，风乎舞雩”，沂水的春风令我们向往。在今日教育背景之下，新文科正在持续发展。新文科的理念已化入大家的建设视野，深植在工作之中。笔者想就艺术教育和新文科建设的人文内涵，谈谈东方艺术学及其内蕴之道。

今天，学科专业的分类中，美术学已经成为许多分立的专业，这些专业往往依其艺术表现的材料语言，构筑起一个自为自洽的系统，也建立起一个个沟壑分明的专业疆域。艺术学就更为庞杂，互相间缺少深度认识，各说各理，各重各枝，老死少有往来，这是应当引为警惕的。

艺术作为一种独特的人的智性之学，它不仅是知识的传授，也不仅是技艺的培养，更是关于人的感性和品性的性灵之学。所谓望秋云神飞扬，临春风思浩荡。艺术寄托着人与自然之间相造相化的关系，跬积而成一条条深邃悠远的文化脉络，熏养和开启着人的自觉自立的文化性灵。这样的艺术教育，是以艺术的经验、审美的经验作为基本方式的文化教育，其核心是文化观，是关于世界的价值观。

上述的这番话，如果今天你去向 ChatGPT 发问，它也能如是回答。很正确，但不是真理。为什么？因为它没有真理生成的感性氤氲的东西。它只是字典检索一类的答案，而没有伴着这答案一路走来的性灵感人的存在，也没有真理开蔽之时感彻人心的天地人神合一的境域。这个性灵感人的绵延存在，就是艺术。ChatGPT 让我们意识到教育的知识传授的问题。到了应该重新重视艺术教育的时候了。

---

* 许江，中国美术学院原院长，教育部新文科建设工作组副组长，教育部高等学校美术学类专业教学指导委员会主任委员。

两年前，笔者在“中国艺术大讲堂”上说“价值观”的“观”字。观的繁体是“觀”，它的偏旁“雚”是“觀”的本字。雚，甲骨文即是一只大鸟。上部是两只大眼，下部是鸟的胸廓，整个字就是一只大眼睛的猛禽。它翔于天，俯察大地，无所不见。这样的“观”字已然形象地表明了某种独特的洞察力。这种洞察力不仅观看世界，而且代表了感知的经验和能力。它是化生在我们肉身之中的感受力和体验；是浸润在以茶米为食、麻丝为衣、竹陶为用、林泉为居的生活方式中的兴意与品味；是看好书画、吟好诗词，在湖畔烟雨中听芦荡笛声，在云山苍苍、绿水泱泱之中追慕人文的山高水长的楸心感受和诗性境界。这正是 ChatGPT 所没有的。它只有答案，却没有这样活生生的生命感受以及由这种感受所织成的悲欣交集、痛快连心的境域。这种自觉自立的、贴心连肉的价值观是一个民族赖以维系的精神纽带，也是我们建设新文科、建构东方艺术学所共享同感的智性基础。

东方艺术学当然不是萨义德所批判的西方知识体系内的“东方主义”，而是东方艺术当代性的自我建构，其基础是以中国文化为核心的东方艺术的创生之学，是中国传统与东方艺术根性在当代人的精神土壤中的重新生发。东方艺术学作为特殊的智性之学，如何超越其丰繁葳蕤的现象，把握其基本的缘构观念是今天中国艺术教育的核心内涵，也是新文科教育的重要的启蒙性思想。借此机会，在此强调东方艺术学三个方面的根源之道。

第一，礼乐之道。孔子在院子里独站着，孔鲤趋而过庭，被问：“学诗了吗?”孔鲤答曰：“未也。”孔子说：“不学诗，无以言。”孔鲤退而学诗。他日，孔子又在院子里独站着，孔鲤又路过，被问：“学礼了吗?”孔鲤答：“未也。”孔子说：“不学礼，无以立。”孔鲤退而学礼。礼不仅是祭祀之中的规范，也不仅是由此生发的社会秩序，同时也是可供日常操习的行为仪轨。将祭祀礼拜中的行为落实于日常举止，使得人获得一种优雅大方的凤仪，正是孔子所言“不学礼无以立”的意思。“礼”贯穿在器物、空间和仪式等艺术现场，维系着上古国人的精神空间与生活世界，是人的价值观和行为举止的规范。如何让这种仪轨活化，活成日常行为？我们的开学和毕业为什么要有仪式，要着专门的服装？我们的校庆和大师纪念日为什么要有庄重的典礼，要立碑纪念？就是要让这种仪典之礼浸润青年的心灵，从切身的在场来熏养和培育举止的品性和力量。“国美”的学生一进校，收到的第一份礼物是几支毛笔、一叠宣纸、一本智永的“真草千字文”。这并不是要把每一个学生都培养成书法家，而是要所有的同学通过摹写，来体察中国文字书写的内涵，进而体验轻重、提按、使转、疏密、急徐、聚散以及心手、技艺之间的诸般关系，以收获最初的礼乐之道的训练。

远在孔子的治学的学苑里，他曾问理想于众弟子，最后问到鼓瑟的曾皙。曾皙果断地停下手上的弹奏，铿止，答曰：“暮春时节，春服既成，吾与冠者五六人，童子六七人，浴乎沂，风乎舞雩，咏而归。”正是我们今天的这个时节，着新成的春服，在沂水中沐浴，迎着风舞蹈，高歌而还。孔子听了后不禁喊道：“吾与点也!”我要和曾皙同往。孔子欣然赞赏的正是曾皙的无名之志。而这种志向正是中国人与自然长相浸润、与时同欢的生命礼乐和生命艺术，也是我们新文科终极性关怀的气度与意境。

第二，山水之道。中国人的心灵始终带着一种根深蒂固的山水依恋。何谓“山”？山者，宣也。宣气散，万物生。中国文化中山代表着大地之气的宣散，代表着宇宙生机的根源，故而山主生，呈现为一种升势。于是，我们在郭熙的《早春图》、范宽的《溪山行旅图》中看到山峦之浩然大者。何谓“水”？水者，准也，所谓“水准”“水平”之意。“盛德在水”，“上善若水，水善利万物而不争”。相对山，水主德，呈现为平势、和势。于是我们在王希孟的《千里江山图》、黄公望的《富春山居图》中看到江水汤汤，千回百转。山水之象，气势相生。所谓山水绘画，正是这种山水之势，在开散与聚合之中，在提按与起落之中，起承转合，趋皆相异，从而演练与展现出万物的不同情态、不同气韵。

山水非一物，山水是万物，它本质上是一个世界观，是一种关于世界的综合性的“谛视”。所谓“谛视”，就是超越一个人的瞬间感受的意志，依照生命经验之总体而构成的完整的世界图景。这种图景即是山水的人文世界，它是山水的“谛视”者将其一生历练与胸怀置入山水云霭的聚散之中，将现实的起落、冷暖、抑扬、阴暗纳入内心的世界观照之中，跬成“心与物游”的整全的存在。德国诗人里尔克有一段话，可以帮我们更好地理解“山水化”对于人的意义——在这“山水艺术”生长为一种缓慢的“世界的山水化”的过程中，有一个辽远的人的发展。这不知不觉从观看与工作中发生的绘画内容告诉我们，在我们时代的中间，一个“未来”已经开始；人不再是在他的同类中保持平衡的伙伴，也不再是那种将晨昏与远近归于己身的人。他有如一个物置身于万物之中，无限孤独，一切物和人的结合都退至共同的深处，那里浸润着一切生长者的根。里尔克说的是绘画，那音乐、戏剧、电影、舞蹈、歌唱，何尝不如此，何尝不是以“世界的山水化”来启迪和熏养人的生长？在那艺学的深处，浸润着一切生长者的根。这个根应当惠及整个新文科。

第三，言意之道。今天，我们常说宋韵。宋韵的特点在哪里？严羽《沧浪诗话》说，如空中之意、相中之色、水中之月、镜中之象，言有尽而意无穷。以有限的言抒发无穷的意，这是诗和画要达到的境界。在中国理学的观念中，真理只能为有悟性的心灵所辨识。当卓越的心灵映印出自然影像、自然音响时，这比未经心灵解释的自然更加真实。

晋代的才子王弼有一句名言：君子应物而无累于物。有为之人要充分地面对万物，应对万物而不受万物的摆布与役制。这位 18 岁以《老子》注《易》的神童的最大历史贡献，就是通过释《易》对“言”“象”“意”三者的关系提出精辟的见解。一方面，他强调通过言理解象，通过象理解意。所谓“尽意莫若象，尽象莫若言”。另一方面，强调“得意忘象”，“得象忘言”。明白了意，就不要执着于象；明白了象，就不要执着于言。这些见解对于绘画，对于知古人、师造化、开心源的所有艺术之学，都很重要，甚至对我们新文科的所有有志于学研者，也很重要。我们的艺术应当充分研究自身的语言，又不可囿于这种语言，应物而无累于物，澄怀味象，神与物游，让自己的心与万物在艺行中相会。以艺术之言，兴发创生之象；以创生之象，蕴积人文之意。如是，提升心灵的自由，生生而不息。

面向言意之道，多年来艺术教育踔厉风发，进行了多年的有为开拓，在各个艺术的门类中进行了“学”的构建，立足艺理兼修的东方艺学传统，从独特的史学、论学、技法学、材料学、比较学、诗文学、教育学、鉴赏学等多个角度，展开艺理融合的深度研究，催生了一批有影响力的艺术创作和艺术成果，培养了一批艺理兼通的创造型人才。在这里边，这种“学”的创生和研究起了重要的导向性的作用，对艺术人才的培养是十分有益的。但此次学科专业的新一轮调整，却把“学”集中起来，囿于理论的一块，所有的艺术自身都只剩下专业。这似乎是对文理兼通、艺学兼通的一贯倡导的一种否定性暗示。专业学位的推出又似乎在专业圈子内部，鼓励重艺疏理、重技疏道的风气。这种调整不能不说是对教育一线实际情况的不了解，与我们一贯提倡的宽口径、大视野的育人思想不相符合。不客气地说，这种调整将多年来艺术教育的学术发展和改革提升打回了原形。的确，许多有为艺者要评职称，要当博导；艺科中许多英才需要高学位；艺科建设也不能因为学位点建设而低人一等。但专业学位绝不能代替学术学位在艺术教育中的作用，塑造艺理兼修的人才才是艺术教育人才培养的主方向。

今天，面对数字技术、人工智能的迅疾发展，艺术教育也催生着众多变革，很多新的研究领域正在跬积而成新的专业群。这些专业群以当代生活大地为根基，着眼于东方艺术的自主构建，以艺术的身心经验的方式，重返民族文化的根源性沃土，探索以艺术为驱动的新的艺术人文体系。笔者所在的中国美院，近来借建院 95 周年之机，提出打造“国学门”。以文字、器物、山水、园林等文化核心点，调动新文科的所有学术力量，向着相关的人文资源、文化高地展开多样性的融合研究。以“文字研究”为例，既有金石学的中国文字考古研究，又有最新网上字体的创造；既有诗书融合的通匠培养，又有以文字为发端的多样性研究。在它的名下，一批新型的研究者组成新的学术之链，面向社会的新发展，重组资源，激活专业，营造新融合、新高度。与此同时，以“乡土为学院”的育人模式也在深化，艺术乡建已不再仅仅是一些乡建的项目，而是面向中国乡土的生活世界、上手技艺的感受力和创造力的培养的一种新模式，是“山水世界观”的观照下身心俱练的育人方式。这种新变化迅疾而又丰沛，值得我们关注和支持。

东方艺术学的建构正处在一个缓慢却又弘阔的过程之中；但它的作用却在坚定文化自信、建构自主体系、构筑当代文化高峰之中日益显明。它对新文科的整体建设的作用，也是日益明晰。这样一种跨域的艺学研究是一种根源性的研究。既要有坚守而丰沛的艺术创造作为基础，又要有集新文科整体之力来打造人文的总体集结；既要有艺学本身的感人建树，又要有赖以维系民族心灵的价值观的塑造。我们当心怀使命，素履以往！

以产教融合推动新文科高质量发展

黄有方　胡坚堃　郭肇明*

一、引言

自2018年8月中央明确提出要发展新工科、新医科、新农科、新文科（简称“四新”），2019年4月教育部、科技部等13个部门联合在天津召开“六卓越一拔尖”计划2.0启动大会，2020年11月教育部新文科建设工作组在山东大学召开新文科建设工作会议，发布《新文科建设宣言》，全面部署新文科建设以来，我国高校新文科建设蓬勃发展，在新文科建设的战略意义、建设原则、建设目标、人才培养模式、实验室建设、课程和教材建设等方面逐步凝聚共识、适应变革，同时在教学、研究、改革等方面积极探索，不断实践，取得了一系列成果。教育部高等教育司依托山东大学成立了全国新文科教育研究中心，该中心形成一刊一报告、一会一论坛、一号一平台等新文科建设系列成果；相关省市做出框架性设计，探索构建跨院校、专业和行业的协同育人机制；各高校、各教学指导委员会、各学科都积极行动，进行了全面探索，取得了显著成果。

笔者关注和研究了全国新文科的发展动态，也注意到目前我国高校的共识、应变和成果主要集中在高校管理体制、专业建设、教学模式、课程体系等方面，关注教学、科研、课程、教材、实验居多，在新文科背景下，以产教融合推动新文科高质量发展的研究和探索相对较少。

新文科建设理论创新与实践探索显示，应该坚持问题导向与目标导向相统一，坚持理论分析与实践探索相结合。社会越发展、越进步，对新文科人才的需求则越多、越高。中国新文科建设必须注重用中国理论阐释中国发展道路，

---

* 黄有方，上海海事大学原校长，教育部新文科建设工作组副组长，教育部高等学校物流管理与工程类专业教学指导委员会主任委员；胡坚堃，上海海事大学物流科学与工程研究院副教授；郭肇明，教育部高等学校物流管理与工程类专业教学指导委员会秘书长，中国物流与采购联合会副秘书长。

总结中国模式和中国经验；同时，吸收世界学术探索的有益成果，思考新科学技术带来的影响和变化，推进新科学技术与传统文科专业、文科与理工农医科专业深度交叉融合。通过问题、方法的创新，构建“理论创新+教学实践+产教融合”的新文科建设模式，促进新文科专业知识体系的创新和教育教学体系的改善，不断优化培养模式、课程体系、实践教学，提升和完善学生的知识结构、创新意识、实践能力和综合素质，推动新文科各专业高质量发展。

二、新文科的主要特征与产教融合

从高校专业建设实践的维度来看，新文科是基于传统文科各专业基础知识体系，结合当代新命题、新需求、新科技、新手段，通过调整与创新，打破原文科专业边界，融入其他专业种类知识而形成的人文科学和社会科学所有专业的总和。

高校新文科建设具有以下基本特征。

（一）内容多元与交叉

目前，我国的学科门类已拓展为 14 个，即文学、历史学、哲学，经济学、管理学、法学，理学、工学、农学、医学，以及教育学、艺术学、军事学和交叉学科。新工科、新医科、新农科分别属于工学、医学、农学中单一的一个学科门类，新文科则不然，它覆盖八大学科门类——文史哲、经管法和教艺，占全部学科门类的三分之二，覆盖所有人文科学和社会科学，具有广度宽、跨度大、类聚度差的特征。

（二）专业与人数庞大

目前，全国 95%的高校有文科专业，文科类本科专业数占本科总专业数半数以上，本科文科类专业在校生占总在校生数的 50%以上，管理学类专业数占新文科专业数的 18%左右，学生人数约 300 万，占新文科所有专业人数的 30%以上。经济学类专业数占新文科专业数的 7%左右，学生人数近 100 万，占新文科所有专业人数的 11%以上。艺术学类专业数占新文科专业数的 15%左右，学生人数约 170 万，占新文科所有专业人数的近 20%。

（三）双重属性与功能

文科具有科学性和价值性的双重属性，既是事实科学又是价值科学，是客观与主观、事实与判觉、物质与精神、生理与心理等相互作用与统一的科学，具有复杂性、非唯一性、非标准化等特征，同时具有科学认识和意识形态双重功能。

（四）数智时代的环境变化

随着新科技发展，文科生存和发展的传统环境发生变化，朝着新的数字化、智能化环境发展。人工智能、基因工程等新技术在改变人类生产生活方式的同时，也给传统的法律、道德、伦理等带来了冲击。

新文科的主要特征是呼唤产教融合，呼唤形成新文科产教融合的生态环境和应用领域，呼唤与社会实践相结合，呼唤与政府治理、经济发展、社会治理、产业进步及相应的规则管控相关联，呼唤正确认识新科技革命对文科专业发展的意义与挑战，呼唤通过产教融合进一步拓展和促进“新文科”建设的途径和发展。

三、产教融合是新文科高质量建设的重要途径和手段

（一）产教融合赋能专业新生态

产教融合推动新文科专业结合社会需求，创新人才的培养方式，加快传统学科或专业的升级改造；产教融合赋能新兴文科专业培育，发挥新文科在多学科协同中的综合和引领作用。目前高校的新兴专业，如社会计算、金融科技、空间计量经济学、技术哲学、计算语言学以及“文+工”“文+文”“文+医”“文+农”双学士学位复合型人才培养项目和丰富的轻量型、创新型微专业群，与新文科在产业和教育复合新生态下的融合发展紧密相关。

（二）产教融合创新教学模式

产教融合推动新文科专业课堂革命，实施项目化、情景式、案例化、实务实操教学等培养模式的综合改革，推动具有产教特色的文科类课程改革。产教融合创新教学模式，将社会发展、企业需求应用到文科教学中，大量利用企业实践驱动文科实验平台，以与传统文科实验课程相辅相成。产教融合助力“新文科实验室”建设，使其成为服务经济社会发展与学生能力培养并重的综合性文科训练中心。

（三）产教融合改革专业课程体系

数智科技正在重塑产业形态，对人才的知识和技能提出新的要求。产教融合有助于重构文科课程体系，改革文科课程组织形式，突出文科人才创新意识和创新能力的培养，面向企业需求，加强课程开发与改造，如编写新教材、补充新内容、建设数字化课程资源。

（四）产教融合促进高校教学体系创新发展

产教融合通过高校与产业的有效对接，整合跨学科、跨学院、跨学校、跨界别、跨地域甚至跨国界资源，优化社会资源配置以实现文科的创新发展。产教融合有助于高校实现组织方式变革，打破高校原有的院系、专业壁垒，改革管理架构，重塑教学系统的机制体制、组织架构、业务流程，调整教学目标、评价指标、培养效果，改革资源配置模式，优化办学经费、招生指标、平台建设、奖项申报等。

四、物流类专业新文科产教融合实践

（一）物流类专业产教融合的产业需求

物流与供应链已经成为全球政治、经济、军事和社会发展中的核心要素，在全球政治经济社会发展中具有重要的战略意义。党的二十大报告再次明确物流业是构建新发展格局、推动高质量发展的基础性、战略性、先导性产业，强调要确保重要产业链、供应链的安全稳定。未来一个时期是我国由“物流大国”迈向“物流强国”的关键时期和战略机遇期，面向产业需求的物流类专业产教融合十分必要而迫切。

（二）物流类专业产教融合的组织保障

物流教指委是教育部所有教指委中唯一将秘书处设在行业组织（中国物流与采购联合会）的教指委。中物联是国务院政府机构改革过程中经国务院批准设立的全国唯一一家涉及物流、采购与供应链领域的综合性社团组织，前身是国家物资部，拥有 3 万多名企业会员，具有大量优质的产教融合实践场景。物流教指委下设物流管理、物流工程、采购管理、供应链管理、冷链物流、青年学者六个工作组。通过物流教指委的这些组织保障，我们以《新文科建设宣言》为指导，探讨新形势、新经济、新业态下物流学科建设的新内涵、新特色与新要求，形成物流新文科建设的共识——《物流管理与工程类专业新文科建设行动纲领》，明确了物流新文科建设的行动目标、行动原则和行动要点，有力地保障了物流类专业产教融合工作的积极推进。

（三）物流类专业产教融合的平台支持

中国物流与采购联合会和中国物流学会是物流类专业产教融合的主要平台，都是全国性最有影响力的物流社团组织，涵盖物流领域政产学研各界。联合会和学会定期出版《中国物流发展报告》《中国物流重点课题报告》，并评选出"中国物流学会产学研基地"230个。

（四）物流类专业产教融合的学术交流

通过"全国高校物流专业教学研讨会"，形成了"高校（教师）+学会（平台）+企业（经验）"的教学合作交流模式。"全国高校物流专业教学研讨会"是面向全国物流类专业教师的学术交流盛会，吸引了数百名物流企业、协会、院校的专家参会，有力地促进了院校之间、校企之间的交流，助益于高校教师和学生了解企业案例、学习企业经验，不断优化教学模式，提升教学质量。

（五）物流类专业产教融合的以赛促学

全国大学生物流设计大赛形成了"高校（学生）+联合会（平台）+企业（案例）"的教学质量提升模式。全国大学生物流设计大赛是物流教指委指导、中国物流与采购联合会举办的面向全国物流类相关专业在校生的大型竞赛活动，是教育部实施"质量工程"中的专业大赛之一，被列入教育部"全国普通高校大学生竞赛榜单"。大赛每两年举办一届，分别与安吉汽车物流、马钢物流、中国外运等行业龙头企业合作，有力地促进了物流类专业产教融合的发展。

（六）物流类专业产教融合的创新创业

日日顺创客训练营是"高校（学生）+学会（平台）+企业（场景）"的创新创业孵化器，是中国物流学会、青岛日日顺物流有限公司共同创办的物流学生创新创业平台。平台以"激发创新思维　激励创业行动　激活创客梦想"为宗旨，吸引众多物流相关专业的在校本科生、研究生参与。累计输出创业课题355项、孵化创业项目135个、申请国家专利几十项、落地应用35个。

以产教融合为突破口，深化应用型高校新文科专业建设

刘军　华迎*

2020年《新文科建设宣言》的发布吹响了全国文科专业优化升级的“冲锋号”，各类高校在新文科建设的道路上都进行了不同的探索，也取得了很多成果。如何总结三年来新文科建设的进展与存在的问题，推动新文科建设进一步走向深入，成为当前值得探讨的重要话题。

一、新文科建设的新形势和新问题

《新文科建设宣言》是新发展阶段文科类专业深化内涵建设的宣言书，为各高校文科类专业高质量发展指明了方向。自《新文科建设宣言》发布以来，在教育部的支持和引导下，各高校坚持守正创新，在优化专业布局、推动学科交叉、强化专业特色和差异化发展等方面取得了大量成果。无论是新文科教育教学改革立项，还是教学成果奖申报，都从不同侧面反映了新文科建设已经成为各高校文科专业建设的“主旋律”。与此同时，也要看到经过三年的探索和实践，新文科专业建设进入一个新的阶段，也呈现出一些新特点和新问题，突出表现在如下方面。

（一）发展不均衡的新特征

从我国高校专业布点总量上看，文科专业占到既有专业点的一半以上，不仅数量多，而且开设专业的高校层次多样。三年来，新文科专业在总体稳步推进的同时，也在结构上表现出发展不均衡的特点。

一是不同层次高校的发展不均衡，相对而言，教育部直属高校较之地方高校推进速度快、示范性强。“双一流”高校较之应用型高校，新文科专业建设深度和产出成果相对更多。二是不同类型专业的发展不均衡。新文科8个

* 刘军，北方工业大学党委书记，教育部新文科建设工作组专家，教育部高等学校电子商务类专业教学指导委员会主任委员；华迎，对外经济贸易大学信息学院教授，教育部高等学校电子商务类专业教学指导委员会副秘书长。

专业门类中，经济学和管理学门类的专业与文史哲门类相比，无论在人才链与产业链的结合深度，还是专业与经济社会的契合度方面，要求更具体，建设进度相对滞后。从全国本科专业调整的情况来看，经济学、管理学门类的专业面对的挑战更严峻，该现象也从一个侧面反映出这种不均衡的情况。

（二）从“齐步走”到“交响乐”的新问题

新文科建设启动后各个高校积极响应，各本科专业教学指导委员会也将推动新文科建设作为工作的着力点，全国呈现出万马奔腾的“齐步走”之势。经过三年发展，学科门类之间遇到的问题逐渐分化，文史哲专业门类的建设任务主要集中在如何构建中国特色研究范式、构造中国学派、形成中国声音，而经济学、管理学门类的任务则更多地集中于优化专业结构，更新知识内容，构建与经济社会高质量发展相适应的产业链、人才链、专业链。如何分类发展、分类建设进而奏响深化新文科建设的“交响乐”，已成为亟待面对的新问题。

（三）从“冲锋号”到“炸碉堡”的新阶段

《新文科建设宣言》发布后的三年来，推进新文科建设虽然已是共识，但由于发展的不均衡，仍然在一定程度上存在着停留于“语境”层面的现象，或者将新文科建设仅仅作为专业建设的“背景”。因此，新文科专业内涵建设还有待深化，专业要素建设的标志性成果还有待提升。与此同时，党的二十大报告明确提出了“加快提升人才自主培养体系”的任务，这就要求新文科建设在未来发展中要从三年前吹响的“冲锋号”，进一步走向深化，攻克专业要素建设道路上的各个“碉堡”，走向以高质量内涵建设为标志的新阶段。

在我国3000余所高校中地方应用型高校占多数，而经济学、管理学门类专业在新文科专业中又占多数。[①] 这两个“占多数”可以表明，应用型高校经济学、管理学门类的深化建设已经成为事关新文科全局的问题，也是事关新文科进一步走向深入的瓶颈问题。

---

① 参见全国新文科教育研究中心编：《新文科建设年度发展报告（2022）》，山东大学出版社2023年版；《新文科建设年度发展报告（2021）》，山东大学出版社2022年版。

二、“产教融合”是深化应用型高校经管类新文科专业建设的关键

应用型高校的办学定位是培养满足经济社会发展需要的应用型（实用型）人才，这就决定了其专业定位是面向经济社会的主战场，人才培养特点是要兼顾专业知识、从业资质、岗位技能三者的平衡。而经济学、管理学门类专业设置的基本逻辑就是面向经济社会发展的主战场，培养满足产业链各个岗位需求的“爱迪生”型而非“爱因斯坦”型人才。产教融合之所以是应用型高校经管类新文科专业深化建设的关键，有其必然的逻辑。

首先，以产教融合深化教育改革、提升教育质量有明确的历史逻辑。自党的十九大以来，产教融合就是国家提升教育质量的明确要求。① 在习近平总书记的亲自推动下，2019 年《国家产教融合建设试点实施方案》② 明确将健全需求导向的人才培养结构动态调整机制，建立紧密对接产业链、服务创新链的学科专业体系。党的二十大进一步明确推进科教融汇、产教融合和职普融通。党的十九大以来，国家先后制定了产教融合总体方案、试点方案，并在党的二十大进一步将产教融合上升为党推动教育高质量发展的主张，在历史维度上表明了产教融合在深化教育改革中的历史作用。

其次，通过产教融合深化新文科经管类专业建设有科学的理论逻辑。经济学、管理学门类学科植根于经济和产业发展的实践，着力探索经济学现象的内在机理、产业资源配置的理论方法。进入经济社会高质量发展新阶段，数字经济催生了一系列新业态、新模式，我国产业的规模和结构也发生了重大变革。经济学、管理学门类的研究对象、研究边界和研究方法也需要随之变革发展，本科专业建设也必须通过产教融合汲取养分，紧密对接产业需求，才能在学理层面和实践层面进一步发展。

最后，以产教融合深化经管类新文科专业建设有坚实的实践逻辑。《新文

---

① 参见《国务院办公厅关于深化产教融合的若干意见》（国办发〔2017〕95 号），2017-12-19，http：//www. gov. cn/ zhengce/content/2017-12/19/content_5248564. htm。

② 参见《国家产教融合建设试点实施方案》，2019-10-11，http：//www. gov. cn/xinwen/2019-10/11/ content_5438226. htm。

科建设宣言》指明了新文科建设的核心任务①，三年来教指委和很多高校通过改革探索表明产教融合在新文科建设中起到了“助推器”和“加速器”的作用。以电子商务本科专业为例，中国电子商务相关产业的奋斗史为“强化价值引领”提供了丰富的素材，“中国方案”的成果形成了良好的塑造力；近三年来，全国开设“跨境电商”专业的高校从9所增加至79所，一方面表明产业升级催生了新的本科专业，另一方面也为产教融合“促进专业优化”提供了翔实的注脚。近年来，新媒体电商、农村电商等专业方向充分体现了文理交叉、管工交叉的成果，与产业界的深度融合也倒逼专业课程内容不断更新，从而助力“夯实课程体系”走深走实。电子商务本科专业是以管理学、经济学和信息科学为基础的专业，应用型高校占布点高校的八成以上，其实践从一个侧面表明产教融合在新文科建设中发挥了重要作用，既是倒逼高校专业优化和差异化发展的外在压力，也是倒逼师资融入产业提升能力的重要途径，更是推动经管类新文科人才培养模式改革的发力点。

三、完善机制和政策，推动新文科专业建设走向深入

产教融合在助推新文科建设走向深入的过程中作用显著，但在实践中也存在一些突出问题：一是如何从制度层面固化和深化产教融合的载体，推动产教双方“从恋爱到结婚”？二是如何在政策层面明确“双师型”队伍的责任和权利，提升师资队伍建设质量？三是如何从评价机制上将产教融合作为推动应用型高校新文科专业建设的导向？面向新文科建设走向深化的新形势，特提出如下建议。

（一）针对文科专业的不同特点，建立新文科专业的分类指导和评价机制

特别是针对经济学、管理学门类专业，明确鼓励应用型高校通过产教融合深化专业建设，加速人才培养和产业深度融合，并在教育主管部门的办学效果评价和绩效拨款中予以体现。

① 参见《〈新文科建设宣言〉正式发布》，2020-11-03，https：//www.eol.cn/news/yaowen/202011/t20201103_2029763.shtml。

（二）鼓励新文科中经济学、管理学门类专业通过建设现代产业学院固化产教融合的载体

实践表明，现代产业学院是促进产教深度融合的有效途径和载体。教育部已明确建设300个现代产业学院，但目前主要集中于制造业等行业；而文科类专业特别是经济学、管理学类专业和现代服务业的结合点更为突出。为此，将现代产业学院所依托的产业从制造业进一步拓展到现代服务业，将为应用型高校新文科专业的产教融合创造更为广阔的空间，也有利于示范性的现代产业学院发挥更大引领作用。

（三）完善制度，为新文科专业的产教融合提供政策保障

产教深度融合本质上是高校与产业界在产权方面相融合的新办学模式。四年前教育部等六部委联合下发的《国家产教融合建设试点实施方案》（2019）中也明确提出要建立高校和产业界合作的新型办学实体，但在组织架构、治理方式、产权构成乃至合作育人中的思政教育等方面还没有明确的操作制度。为此，在试点基础上总结经验形成可操作的制度，无疑将有力地促进应用型高校产教融合和新文科建设的深化。

（四）进一步汇聚国家、企业和高校资源，协同推进新文科建设

新文科建设的一个重要内容，是利用现代信息技术改造传统专业，推进专业的数字化转型。而高校之间文科数字资源的共建共享，尚停留在虚拟教研室层面。目前除国家层面拥有新文科专业相关数字资源外，以京东、阿里巴巴等为代表的头部企业也在建设自己的数字教育资源或者产教合作平台。在此背景之下，如能将企业的数字资源作为国家平台的重要补充，立项鼓励企业、高校以及校际数字平台的协同建设和开放服务，无疑将对新文科专业建设的深化起到巨大的推动作用。

（原载于《新文科理论与实践》2023年第2期）

守住中华民族的“根”与“魂”
建设中华民族现代文明

王学典*

党的十八大以来，以习近平同志为核心的党中央在领导党和人民推进治国理政的实践中始终把文化建设摆在全局工作的重要位置，始终将文化建设作为推进民族复兴伟业的头等大事。不久前，全国宣传思想文化工作会议在北京召开，会议传达了习近平总书记对宣传思想文化工作的重要指示。习近平总书记强调指出，新时代新征程，世界百年未有之大变局加速演进，中华民族伟大复兴进入关键时期，战略机遇和风险挑战并存，宣传思想文化工作面临新形势新任务，必须要有新气象新作为。习近平总书记在新时代文化建设方面的新思想新观点新论断，内涵十分丰富、论述极为深刻，是新时代党领导文化建设实践经验的理论总结，丰富和发展了马克思主义文化理论，构成了习近平新时代中国特色社会主义思想的文化篇，形成了习近平文化思想。这一思想既有文化理论观点上的创新和突破，又有文化工作布局上的部署要求，明体达用、体用贯通，明确了新时代文化建设的路线图和任务书，标志着我们党对中国特色社会主义文化建设规律的认识达到了新高度，并在我国社会主义文化建设中展现出了强大思想伟力和实践动力。

守住中华民族的“根”与“魂”，建设中华民族现代文明，是习近平文化思想的重要内容。2013 年 11 月，习近平总书记在山东曲阜视察时强调：“一个国家、一个民族的强盛，总是以文化兴盛为支撑的，中华民族伟大复兴需要以中华文化发展繁荣为条件。”这次讲话充分肯定了传统文化的价值，发出了弘扬中华优秀传统文化的号召，提出了推动中华优秀传统文化创造性转

---

* 王学典，山东大学儒学高等研究院院长，全国新文科教育研究中心副主任。

化、创新性发展的重大方针，具有重大的时代特征，是具有里程碑意义的宣言，开启了马克思主义同中华优秀传统文化相结合的新进程。

十年之后，这一系列思考，迎来了一个总结性的时刻，那就是提出了建设“中华民族现代文明”的恢宏目标。2023 年 6 月，习近平总书记在文化传承发展座谈会上发出了令人振奋的号召：“对历史最好的继承就是创造新的历史，对人类文明最大的礼敬就是创造人类文明新形态。希望大家担当使命、奋发有为，共同努力创造属于我们这个时代的新文化，建设中华民族现代文明！”

毫无疑问，“建设中华民族现代文明”命题的提出，是揭示中华民族伟大复兴宏伟目标的重要标志。这一伟大号召和习近平总书记的一系列重要论述，已经构成了一个严密的理论体系和哲学体系，开辟了马克思主义中国化时代化的新境界，必将成为全面推进中国式现代化的根本遵循和行动指南。只有从历史和现实、理论和实践相结合的角度，进行全面的学习、深入的理解、系统的阐释，才能让习近平文化思想统一我们的意志和行动，才能让我们在新时代文化建设工作中入心入魂、得心应手。

这同时也是摆在当前思想理论界面前头等重要、无法回避的时代命题。近年来，我也有一些粗浅的学习体会，主要集中在三个方面：一是深刻理解和把握中华优秀传统文化的历史逻辑；二是在马克思主义指导下推动中华优秀传统文化的创造性转化、创新性发展；三是建设中华民族现代文明是一场伟大的“文艺复兴”。

一、深刻理解和把握中华优秀传统文化的历史逻辑

推进新时代中国主流文化建设，是党的十八大以来习近平总书记特别关注、深思熟虑、反复论及的重大命题。正确认识和对待源远流长的中华文化和博大精深的中华文明又是其中尤为核心的问题。习近平总书记一再强调：“文化关乎国本、国运”，“博大精深的中华优秀传统文化是我们在世界文化激荡中站稳脚跟的根基”，“抛弃传统、丢掉根本，就等于割断了自己的精神命脉”，“只有全面深入了解中华文明的历史，才能更有效地推动中华优秀传统文化创造性转化、创新性发展，更有力地推进中国特色社会主义文化建设，

建设中华民族现代文明”。

那么，建设中华民族现代文明，为什么一定要经由中华优秀传统文化的继承和创新？这个问题必须从世界历史发展规律的角度去把握。

我们知道，德国哲学家雅斯贝尔斯将公元前500年前后称为人类文明的“轴心时代”。那一时期通过思想文化上的创造性突破，形成了世界上最早的几个文明核心，奠定了此后两千年人类世界的基本格局。轴心时代的思想家们最早提炼出了一套人类社会赖以运行的基本价值准则，铸就了不同文明的演进道路，也塑造了不同的民族认同。此后，每当一个民族想要获得新的发展，都是从轴心时代的基本理念中再次寻求和确认自身的独特性和方向感。只有维护和发扬自身文化的根基，巩固和确立自身文化的主体性，一个民族、一个文明才能继续前行。否则，文明就会发生断裂，就会被入侵、被覆盖、被替代。如果文化上引狼入室、鸠占鹊巢，文明的复兴从何谈起？因此，雅斯贝尔斯提出文明的飞跃必须经由传统的苏醒。他说：“直至今日，人类一直靠轴心期所产生、思考和创造的一切而生存。每一次新的飞跃都回顾这一时期，并被它重燃火焰。……轴心期潜力的苏醒和对轴心期潜力的回忆，或曰复兴，总是提供了精神动力。对这一开端的复归是中国、印度和西方不断发生的事情。”

雅斯贝尔斯的论断已经为历史所证明：西欧在经过了漫长的中世纪后，通过古希腊文化的回流，诞生了10世纪之后的欧洲新文明。同一时期，阿拉伯世界也通过对古波斯文化的继承，发展出伊斯兰文明。而中国则是在经过了佛教兴盛的中古时代之后，经过对儒家文化的回归，奠定了北宋以降的“儒家文明”。

本来，正如雅斯贝尔斯所言，通过对传统的回顾实现文明的飞跃，是“不断发生的事情”。这样的话，对传统的认识就不应出现太大的分歧，只要沿着自身的轨道运行，就能实现一个文明的延续和更新。然而，问题在于14世纪之后中西方文明的发展轨迹出现了一次“大分流”。按照美国历史学家彭慕兰的看法，西欧世界由于煤矿分布、技术爆炸以及新航路开辟等一系列带有偶发性的因素，实现了文明的“突变”，形成了极具掠夺性和扩张性的资本主义文明。原本多元并存、齐头并进的世界文明格局，开始卷入西方资本主义文明主宰的世界一体化进程。

而当 19 世纪中华文明第一次遭遇“数千年未有之强敌”的冲击时，我们对固有传统文化的认识开始发生变化。东西方文化差异，原本只是“中”“西”之别的空间问题，这时候突然成为“古”“今”之别的时间问题。本土的传统开始和老旧、落伍画上等号，西方开始与进步、现代画上等号。西方化还是中国化，一时间成了选择发展前进还是选择落后挨打的问题。

在这次数千年来意义重大的文明转身中，以儒家文化为代表的传统社会的主流文化、大传统，不再被认为是一种足以自豪的底蕴，而被看作一个亟待甩开的负担，被认为是中国贫穷落后的根源，要为西学东渐以来中国遭遇的危机负责。晚清以来，作为国家治理方式的儒家政体架构、作为国家意识形态的传统政治理念、作为官方教化核心的儒家经学文献，相继被推翻、清算、解构，失去了体制化、官方化的地位，陷入崩盘解体的境地。

然而，时过境迁，当我们今天重新回顾近二百年来的艰难转型时，则会发现中国还是中国，中国没有变成西方。中华文明依然保持着顽强的韧性，保有着独具的特色。尽管在革命性与现代性的双重激荡中，中国的传统文化遭到了前所未有的否定和批判，尽管经济基础、上层建筑和基层社会都发生了翻天覆地的变化，中国传统文化的核心要素、中华民族的核心价值观仍然保持着绵延不绝的生命力，甚至展示出复兴的势头。中国经济的腾飞非但没带来传统的死亡，反而带来了传统文化的大面积复兴。这无疑是对“传统文化阻碍现代化进程”等原有认识的事实性反驳，促使我们重新认识中国传统文化与现代化道路之间的关系。

中华优秀传统文化之所以具有强大的生命力，之所以能够经受近代以来西方文明的冲击和挑战，首先是因为中华文明就像一辆有轨电车，自古以来有自己固定的轨道。中华文明是世界上唯一自古延续至今、从未中断的原生性文明，长期以来高度发达，对周边国家和地区保持着巨大的优势和吸引力。中华文明不仅从未被外来文化覆盖、征服，更发展出强大鲜明的本位意识和开放包容的政治文化，去面对周边族群和外来文明。由此带来的巨大历史惯性和深刻文化基因，从根本上决定了中华民族必然走自己的路。正如习近平总书记所言：“只有立足波澜壮阔的中华五千多年文明史，才能真正理解中国道路的历史必然、文化内涵与独特优势。”中华文明的现代化，必须走在中华文明历史文化传统的延长线上。

其次，历史延续性并不意味着文化的停滞，更不是文化的僵化。习近平总书记指出，中华文明具有突出的创新性，“中华文明是革故鼎新、辉光日新的文明”，“中华民族始终以‘苟日新，日日新，又日新’的精神不断创造自己的物质文明、精神文明和政治文明”。正如郑玄解释《周易》之“易”，一字兼有“不易”和“变易”两种相反相成的意义，中国的传统文化也有一个不断发展变迁的过程，而不是一个不变的固化存在。我们绝不能将“传统”和“现代”割裂开来，忽视或否定传统文化发展创新的可能。

最后，近代以来的中西之争，本质上是文化的竞争，而不仅是国力的竞争；本质上是文明发展道路多元化还是一元化的问题，而不是文明是否应该现代化的问题。习近平总书记指出：“没有多样性，就没有人类文明。多样性是客观现实，将长期存在”，“我们应该尊重各国自主选择社会制度和发展道路的权利”。每个文明毫无疑问都应该完成现代化，但文明现代化的道路绝非西方化一条。无论是古代还是当今，世界文明都是多样的、多元的，每个文明都应该通过对自己传统的回顾找到自己的发展道路。正是在这一意义上，对一个民族和国家而言，传统文化的衰落、消失，绝不是现代化的胜利，而只能是现代化的失败！

习近平总书记在文化传承发展座谈会上着重指出：“中国式现代化赋予中华文明以现代力量，中华文明赋予中国式现代化以深厚底蕴。中国式现代化是赓续古老文明的现代化，而不是消灭古老文明的现代化；是从中华大地长出来的现代化，不是照搬照抄其他国家的现代化；是文明更新的结果，不是文明断裂的产物。中国式现代化是中华民族的旧邦新命，必将推动中华文明重焕荣光。”这一论述彻底理清了传统文化与现代化、本土化与西方化之间的关系，透彻解答了如何评估和对待我们的传统文化的问题，完全破解了百余年来萦绕中华民族心头的“古今中西”之争。作为中华文明精神命脉的中华优秀传统文化，重新走上台前，正式成为中华民族伟大复兴和历史性飞跃的动力源泉。

二、在马克思主义指导下推动中华优秀传统文化的创造性转化、创新性发展

既然中华优秀传统文化在建设中华民族现代文明征程中应有的地位和应起的作用已经得到确认和阐明，那么，随之而来的另一个问题就是：我们应当如何认识和处理马克思主义与中华优秀传统文化之间的关系。

在此之前，我们必须明确中华优秀传统文化的主要内涵。2014 年，习近平总书记在北京大学师生座谈会上指出："中华文明绵延数千年，有其独特的价值体系。中华优秀传统文化已经成为中华民族的基因，植根在中国人内心，潜移默化影响着中国人的思想方式和行为方式。……像这样的思想和理念，不论过去还是现在，都有其鲜明的民族特色，都有其永不褪色的时代价值。"党的二十大报告又提出："中华优秀传统文化源远流长、博大精深，是中华文明的智慧结晶，其中蕴含的天下为公、民为邦本、为政以德、革故鼎新、任人唯贤、天人合一、自强不息、厚德载物、讲信修睦、亲仁善邻等，是中国人民在长期生产生活中积累的宇宙观、天下观、社会观、道德观的重要体现。"由此可见，中华优秀传统文化的核心主要是传统中优秀的价值体系和道德规范。而列举出的十大精神标识，在儒家思想范畴中基本都有所体现。也就是说，以儒家思想为代表的中华优秀传统文化是认识当今中国人精神世界历史由来的重要途径，而以儒家学说为核心的传统价值理念是中华优秀传统文化的重要组成部分。

实际上，如何认识和处理马克思主义与儒家价值观念的关系，长期是一个理论空白。我们党在新民主主义革命、社会主义革命和建设、改革开放和社会主义现代化建设中所得到的基本经验是要始终坚持把马克思主义普遍真理与中国现实实际、历史文化以及时代特征相结合，并未直接系统阐明与传统文化的关系。早在 20 年前，社会学家费孝通先生就提出："我们常常讲有中国特色的社会主义，那是指马克思主义与中国实践相结合的结果，所以在马克思主义进入中国后变成了毛泽东思想，后来又发展成了邓小平理论。这背后一定有中国文化的特点在起作用，可是这些文化的特点是什么，怎么在起作用，我们都说不清楚。"费孝通先生敏锐指出，在马克思主义中国化过程

中，中华优秀传统文化起到了重要作用，但是这背后的运作机制长期以来并没有被阐明。

党的十八大以来，伴随新时代中国特色社会主义的伟大实践，以习近平同志为核心的党中央在大力推进马克思主义中国化的进程中对马克思主义与中华优秀传统文化相结合的认识与实践进入新阶段。习近平总书记以深邃的历史眼光、宏阔的全局视野和非凡的远见卓识，做出了马克思主义和中华优秀传统文化来源不同，但彼此存在高度的契合性这一重大论断，提出了在五千多年中华文明深厚基础上开辟和发展中国特色社会主义这一鲜明主张，指明了把马克思主义基本原理同中国具体实际、同中华优秀传统文化相结合这一必由之路。尤其是对“第二个结合”逻辑关系、历史经验和实践意义的严密论述，堪称马克思主义中国化时代化的标志性理论突破。

习近平总书记同时指出“第二个结合”是创造属于我们这个时代的新文化、建设中华民族现代文明的重要路径。这一结合“不是‘拼盘’，不是简单的‘物理反应’，而是深刻的‘化学反应’，造就了一个有机统一的新的文化生命体”，“‘第二个结合’让马克思主义成为中国的，中华优秀传统文化成为现代的，让经由‘结合’而形成的新文化成为中国式现代化的文化形态”。在这一过程中，必须坚持的是马克思主义的指导地位，要在马克思主义指导下实现传统与现代的有机衔接。

这一点在今年中共中央政治局第六次集体学习的讲话中阐释得更为鲜明。习近平总书记强调“我们决不能抛弃马克思主义这个魂脉，决不能抛弃中华优秀传统文化这个根脉”，要“以马克思主义为指导对中华五千多年文明宝库进行全面挖掘，用马克思主义激活中华优秀传统文化中富有生命力的优秀因子并赋予新的时代内涵，将中华民族的伟大精神和丰富智慧更深层次地注入马克思主义，有效把马克思主义思想精髓同中华优秀传统文化精华贯通起来，聚变为新的理论优势，不断攀登新的思想高峰”。

需要我们高度关注的是，习近平总书记这一系列重要论述的落脚点，是更加强调“现代”，强调创新，强调创造属于我们自己这个时代的新文化，强调赋予中华优秀传统文化以现代属性。我们知道，在文化的发展演化中，有不变的成分，也有变化的成分。不变的是其根本特质、核心价值、精神标识，变化的是这些根本特质、核心价值、精神标识在不同时代条件下的具体内容和表现形式。文化的变与不变，要求我们在文化传承发展中坚持“守正创新”的原则。“守正”就是在马克思主义的指导下，立足文化主体性，坚守住超越时代、永不褪色的中华民族文化精髓。“创新”则包括两方面内容，一方面是结合新的实践和时代要求进行正确取舍，有鉴别的对待、有扬弃的继承，及时剔除陈旧过时或已成为糟粕性的东西；另一方面是要创造新思路、新话语、新机制、新形式，努力推进中华优秀传统文化的创造性转化和创新性发展。

与守正创新、创造属于我们这个时代的新文化密切相关的，是构建中国特色哲学社会科学，建构中国自主的知识体系。知识体系是一种文明的最高表达。当前，中国面临着一种局面：一方面是改革的实践和文明的复兴，另一方面是能够解释改革实践的知识体系的短缺。最根本的症结在于近代以来中国一直没有发展出自己的知识体系，而是在用西方的知识体系来解释中国问题。这一状况从党的十八大以来开始得到很大改观。此前“以西方化为纲”的哲学社会科学正在向“以本土化为纲”的哲学社会科学转变。这一场新的学术大转型的实质就是摆脱对西方化的学科体系和理论体系的亦步亦趋，而要以中国自身为主体、为本位、为中心，着手建构我们自主的知识体系。

习近平总书记指出：“坚定文化自信，就是坚持走自己的路。坚定文化自信的首要任务，就是立足中华民族伟大历史实践和当代实践，用中国道理总结好中国经验，把中国经验提升为中国理论，既不盲从各种教条，也不照搬外国理论，实现精神上的独立自主。”我们必须对中华文明源远流长、博大精深的历史经验和知识结晶进行现代化的处理和冶炼。与此同时，我们也必须对从世界其他文明传播和移植来的思想观念和理论体系进行本土化的融会与贯通。本土传统文化的现代化和外来文化的本土化，将成为在马克思主义指导下再造中华文明进程中的鸟之双翼、车之双轮。

三、建设中华民族现代文明是一场伟大的“文艺复兴”

“周虽旧邦，其命维新。”纵览人类历史，一个文明根本的转型，是文化的转型；一个文明真正的新生，是文化的新生。自晚清西方文明入侵以来，如何让中华文明焕发新的荣光，如何让中华民族屹立于世界民族之林，一直是历代仁人志士舍生忘死、孜孜以求的目标。然而，作为一个超大型、多民族、长历史的“超级文明”，近代中国由于巨大的治理难度和历史惯性，其文明再造之路尤其艰难。西方近代文明的强势冲击，使中华文明的现代文化没有充分时间从自身内部酝酿并产生，而是在西方近代文明冲击下逐渐建构起来的。面对西方近代文明的强力挑战，中国文明面临着严峻而急迫的近代转型历程。

中国人并非一开始就意识到这种再造现代文明的历史使命，而是在经历了较长的痛苦经验后才逐渐认识到的，并经历了逐渐深化的过程：从鸦片战争至甲午战争，是在器物层面“师夷之长技”的时期；从甲午战争至辛亥革命，是在制度层面进行变法维新的时期；从辛亥革命至五四新文化运动，是在文化层面进行反思、批判的时期。

革命的激情和救国的急切，让革命前辈忘记文明的再造是一场找寻自己道路的长跑。正如时人所言：“当‘新青年’负起思想改造运动的任务时，却要把西欧经历以世纪计的工作，于短促期间完成，这是不可能的事……他们把这些历史的任务，于同时又要于极短期内完成，所以他们只收到破坏性的成果，没有建设性的收成。”

民族复兴之路是艰辛的、漫长的，文明的再造是民族复兴的核心环节。经过近二百年的艰辛探索、艰苦奋斗，中华民族的现代化转型终于迎来了历史性的里程碑，这就是习近平总书记在文化传承发展座谈会上提出的“创造属于我们这个时代的新文化，建设中华民族现代文明”伟大号召。“中华民族现代文明”的建成，无疑将成为中华民族伟大复兴的重要标志。而这场徐徐展开的伟大文化变革和文明再造，其意义将不亚于作为西方现代化起点的“文艺复兴”。

东西方文明兴衰的规律表明：文明的再造必须对传统文明优秀成分进行继承和升华，同时摆脱传统文明糟粕的禁锢和束缚，在汲取古今人类文明一切优秀成果的基础上，形成一种崭新的文明。这是一个漫长的脱胎换骨的过程。西欧世界经过了以文艺复兴为起点的数百年的大转型，才再造出西方现代文明。西方的文艺复兴是从古希腊、古罗马时期的思想中汲取灵感和资源，但不是说回到那个时期，而是和古希腊、古罗马的精神传统相联系，把“根”

接上。我们建设中华民族现代文明，同样也应守正不守旧、尊古不复古，熔铸古今、会通中西，充分运用中华优秀传统文化的宝贵资源，积极主动地学习借鉴人类创造的一切优秀文明成果，探索面向未来的理论和制度创新，创造出人类文明的新形态。

习近平总书记曾指出："当代中国正经历着我国历史上最为广泛而深刻的社会变革，也正在进行着人类历史上最为宏大而独特的实践创新。""当代中国的伟大社会变革，不是简单延续我国历史文化的母版，不是简单套用马克思主义经典作家设想的模板，不是其他国家社会主义实践的再版，也不是国外现代化发展的翻版，不可能找到现成的教科书。"经济基础的变化，迟早会导致整个巨大的上层建筑或快或慢的转变。新的时代条件，决定了我们必须创造属于我们这个时代的、与中国式现代化相匹配的、对西方文化有竞争力的新文化，并最终实现建设中华民族现代文明的宏伟目标。

在创造中华民族现代文明的蓝图中，中华优秀传统文化应当发挥的一个重要作用，就是和社会主义核心价值观的建设结合起来，重塑民众的价值观念和生活方式。晚清民国时代革命前辈的思考和探索，已经触及再造中华文明最深层和核心的部分，那就是中华文明的伦理价值。他们认识到，儒家思想之所以能成为中国传统社会主流文化的代表，不是因为其思想的深刻或高妙，而是因为其伦理价值已经内化为民众的生活方式，这就是两千多年来在中国占主流地位的东方伦理型生活方式。儒家伦理价值不仅能抵抗西方文明的入侵，而且作为与西方文明的最大差异，还将成为中华文明复兴的坚硬基底。这一点梁漱溟表达得最为鲜明。他说："文艺复兴的真意义在其人生态度的复兴"，"有人以五四而来的新文化运动为文艺复兴，其实这新运动只是西洋化在中国的兴起，怎能算得中国的文艺复兴？若真中国的文艺复兴，应当是中国自己人生态度的复兴！"

梁漱溟所说的"中国自己的人生态度"，就是中华民族独有的价值理念。习近平总书记深刻指出："对一个民族、一个国家来说，最持久、最深层的力量是全社会共同认可的核心价值观。""我们生而为中国人，最根本的是我们有中国人的独特精神世界，有百姓日用而不觉的价值观。我们提倡的社会主义核心价值观，就充分体现了对中华优秀传统文化的传承和升华。""中华优秀传统文化是中华民族的文化根脉，其蕴含的思想观念、人文精神、道德规范，不仅是我们中国人思想和精神的内核，对解决人类问题也有重要价值。要把优秀传统文化的精神标识提炼出来、展示出来，把优秀传统文化中具有当代价值、世界意义的文化精髓提炼出来、展示出来。”

改革开放以来，我国经济发展的成就有目共睹。与此同时，我国社会也出现了不少问题，其中比较突出的就是一些人价值观的缺失、滑坡、畸变。建设中华民族现代文明，必然要有效解决价值观方面的问题。在我看来，中华民族现代文明的根底也应该是新的伦理价值的确立，并通过将其融入社会生活、内化为生活方式而真正发挥作用。中国的、现代的、文明的生活方式，是社会主义核心价值观的可靠载体。

恩格斯在《自然辩证法》导言中这样评价西欧的文艺复兴：“这是一次人类从未经历过的最伟大的、进步的变革，是一个需要巨人而且产生了巨人的时代。”我们今天也同样处在这样一个意义非凡的历史时刻。在习近平新时代中国特色社会主义思想指引下，建设中华民族现代文明的伟大号召，必将推动中华文明焕发新的荣光，必将铸就中华民族新的辉煌，必将成为激荡五洲四海、铭记千秋万世的时代强音。

（原载于《中国政协》2023 年第 21 期）

技术赋能新文科的内在逻辑、扩散机理与实践理路

蔡劲松　董欣静*

党的二十大报告明确提出："教育、科技、人才是全面建成社会主义现代化强国的基础性、战略性支撑。"① 当前，全球科技和产业变革加速演进，教育内外部发展环境变化深刻，探讨教育、科技及人才领域如何深度互动融合，数智技术何以赋能新学科群建设及其高素质人才培养具有重要意义。对于人文社会科学学科而言，伴随着网络化、数字化、智能化、交互式等数智技术全面渗入其场域对象，数智技术扩散已超越单一技术应用本身，衍生为技术革新赋能支撑下传统文科的结构性创变乃至颠覆性形态重塑。在此背景下，数智技术不仅给文科学科建设带来机遇，而且也对其固有范式及育人模式提出新挑战，传统文科因数智技术的涌现面临"旧"与"新"的路径抉择，传统文科发展及人才培养，尤其需要关注新文科建设范畴的新理念与新场景重构。因而，有必要厘清数智技术和新文科建设之间的耦合关系，尤其应在教育理念和教学模式创新层面，探究技术赋能新文科建设的理念与内涵、逻辑与机理、特征与路径等，在遵循学科发展规律的同时促成文科知识体系的整体性创新，进而促进新文科学科体系、育人体系建设，不断提升高素质文科拔尖人才培养效能。

一、技术赋能新文科的内在逻辑

（一）技术赋能新文科的内涵特征

近年来，教育部持续深化对"新工科、新医科、新农科、新文科"建设

* 蔡劲松，北京航空航天大学人文社会科学学院（公共管理学院）院长、教授；董欣静，北京航空航天大学人文社会科学学院（公共管理学院）博士研究生。

① 习近平：《高举中国特色社会主义伟大旗帜　为全面建设社会主义现代化国家而团结奋斗——在中国共产党第二十次全国代表大会上的报告》，人民出版社 2022 年版，第 35 页。

的战略部署，从理念更新、机制创新、重内涵质量、强方法路径、促人才培养范式转变等维度展开综合改革。包括新文科在内的“四新”建设，在学科专业优化调整、知识创造和关键领域创新、拔尖人才培养能力提升等方面成效卓著，成为推进中国式高等教育高质量发展的标志性举措。

当下，新一轮科技革命和产业变革与全球治理大变局交织叠加，各种错综复杂的综合问题无法由单一学科加以解决，模糊了传统学科的边界，倒逼跨学科的知识体系整合。与此同时，一方面，科技发展伦理挑战及技术创新治理等问题备受学界广泛关注，数智技术为知识生产包括文科建设发展也提供了强有力的新手段、新工具和新可能，技术赋能传统学科日益成为一门“显学”；另一方面，正是由于数智技术的不断涌现、“加持”和赋能，人文社会科学学科边界与内涵拓宽拓深，催生文科从传统之“旧”框架走向面向未来之“新”趋向。因此，新文科作为一种发展方略，技术不仅是文科学科发展范式转变和知识创造的重要意涵，而且也是支撑文科“图变求新”的外部驱动甚至关键变量。

技术赋能新文科的本质，在于技术何以支撑、驱动、牵引文科专业结构调整优化、多学科交叉融合和人才培育力提升。在路径层面，新文科建设是一种反思式的主动建构，既强调文科与理工农医的交叉，又强调数智技术与传统文科的融合，在兼顾价值理性的前提下体现其工具理性。① 在人才培养模式上，新文科建设侧重形成多方协同参与的文科人才培养体系。在学科体系建设维度，新文科建设秉持人文科技融合战略，坚持教育目标、教学方法、专业建设、实验实践四位一体。在学科本土化框架下，新文科建设强调立足中国化，在坚守中华优秀传统文化的基础上实现文化创新，构建兼具创造力和教化力的中国话语体系。② 数智技术赋能新文科建设应从学科特性出发，在遵循文科发展规律的基础上，秉持多类学科和多维技术交叉融合的核心逻辑，塑造具有前瞻性的新文科教育理念，完善系统性教学模式革新和战略性教学

① 参见潘镇、李金生、王丽萍：《新文科理念下文科实践教学的探索与创新》，《中国大学教学》2022 年第 6 期。

② 参见马陆亭：《新工科、新医科、新农科、新文科——从教育理念到范式变革》，《中国高等教育》2022 年第 12 期。

体系创变。

技术赋能新文科的核心要义，在于借助数智技术与文科的耦合互动，实现文科与其他学科的实质性交叉。在技术赋能视域下，新文科所强调的学科交叉和研究融合，可破除学科壁垒、突破文科研究场域局限、改变传统文科分散孤立等问题，进而延展知识生产和再生产边界、链接多元知识生产要素，实现知识创造和教育创新带来新的增长点。此外，学科交叉融合不仅是人文社会科学范畴内部的自我整合，而且也涵盖人文社科与自然科学、工程科技的融会贯通；既包含理论知识领域的交融，也涉及研究方法和技术范式的渗透。而这种知识生产结构的破局并非否定传统文科模态样式，而是在文理交叉、文工交叉、文医交叉的基础上重构传统文科的学科生长逻辑和教育促进机制。

当今世界，正全面迈入“数智文明”时代。在此背景下，数字化、信息化、智能化等数智技术赋能新文科建设的过程，将为实现学科交叉触发新的探索模态，提供新的感知工具，营造新的研究范式，进而重塑新文科教育理念和学科知识体系，构建数智时代适应时代发展要求的文科研究体系。[①] 但数智技术“加持”文科建设亦不可避免存在“技术性”和“工具化”的认知偏颇，缺乏对数智技术赋能新文科建设内在价值意涵的透彻理解。因而，剖析数智技术赋能新文科教育的特征，超越单纯物理层面的技术价值而拓展数智技术应用范畴，对于解读技术赋能新文科的内涵逻辑尤为重要。

整体上看，数智技术赋能新文科建设尤其是新文科教育具有技术互联和虚实结合两大特征。一方面，鉴于构建链接线上空间和线下终端的数字生态系统，涉及对全流程、多样本、复杂场域的感知识别和智能反馈，因此需要多元技术互联与融合应用。目前教育领域的技术赋能已由单一技术赋能转变成多类型先进技术的集成赋能。例如，以 5G 信息技术为根基维系信息传导的可持续性，以大数据和云计算为基础确保智慧运算的精准性，以人工智能、物联网为载体确保感知反馈和虚实孪生的实效性等。另一方面，数智时代的教育学习环境已由单纯的线下教育拓展到线上线下相结合。借助

① 参见田红玉：《5G 信息技术赋能新文科建设》，《宁波大学学报》（教育科学版）2022 年第 2 期。

智能可穿戴设备进行沉浸式互动，可以仿真模拟实际感官体验，构建极具真实感的学习场景，再现全景式的感知体验，实现虚拟网络世界和现实物理世界的按需结合；不仅可以模拟与现实世界相仿的学习体验，还可以超越物理框架，仿真现实社交关系，赋予技术平台的使用者多重社交感知体验。

（二）技术赋能新文科的基本架构与逻辑

考虑学科属性和技术应用范畴偏好，数智时代5G、大数据、云计算、人工智能、物联网、视觉沉浸技术、区块链等七种核心技术，均可在赋能新文科过程中产生关键影响。其中，5G技术起到网络通信基础性作用，大数据技术则是数据运算处理的核心手段，云计算是实现集中存储和深度运算的基本逻辑，人工智能成为智慧式学习的新兴生成方式。此外，还可以物联网技术为载体，借助视觉沉浸技术进行显性化操作，同时利用区块链技术提供安全认证保障。其基本技术架构如下。

1. 网络基础：5G

运转线上虚拟学习场景、实现人机物互联，需要稳定且流畅的网络环境支持。具有高速率、低时延和大连接特点的5G技术，可以为大规模用户参与提供网络基础设施。同时，5G技术较强的连接能力可以打破通信壁垒，拓展用户的学习边界，从而实现新文科建设过程中万物互联的诉求。

2. 数据内核：大数据技术

数智时代的数据挖掘、运转、存储和学习分析、价值预判功能等需依赖大数据技术加以实现。运用大数据技术对海量多元的学习行为数据（学习偏好、学习条件、学习结果、学习资源等）加以量化处理，凭借其数据流转的快速实现对云平台存储数据的实时跟踪和监测分析，并基于数据分析结果提供动态化的路径预测、个性化的学习建议反馈和精细化的教育施策。

3. 运算逻辑：云计算

作为一种方便快捷的资源利用模式，云计算改变了原有以移动终端为载体的存储和计算模式，将信息配置着力点转向了互联网云端的大规模资源池。按需访问特质可以使其利用其存储力和计算力，对海量数据进行集中存储和深度整合处理，既可以满足虚拟文科学习系统智能化建设中的算力需求，也可以为学习者提供按需自助的个性化服务。

4. 生成方式：人工智能

人工智能是借助情感计算、机器学习和智能代理等技术，用计算机模拟人的思维过程，使机器具备环境感知、自主学习、自动决策等高级功能。作为智慧式学习的新兴生成方式，人工智能可以在虚拟学习环境中智能搜索学习数据，感知学习者的学习状态，对学习过程进行自动规划甚至重塑学习路径，协助健全以参与者为中心的智能教育分析网络。

5. 交互载体：物联网技术

新文科建设过程中需要加强人与物之间的联系、物与物之间的信息交换和通信。而物联网技术则可以借助各种物理传感设备嵌入式采集学习者或学习过程的有关信息，借助模拟人类感官的智能感知技术为动态变化的新文科建设过程提供高灵敏度的学习环境信息洞察，再利用基于分类管理原则的数据传输技术提供实时传递功能，进而分析处理所采集的数据信息，完善智能化情境感知。

6. 显化样态：视觉沉浸技术

后疫情时代人们已经开始尝试借助眼镜或头显拓展社交边界，例如 VR 游戏、虚拟会议、云端展览等。以虚拟现实技术（VR）和增强现实技术（AR）以及在此基础上融合发展起来的混合现实技术（MR）和扩展现实技术（XR）为代表的三维化视觉沉浸技术，借助其自然交互的特点实现在现实场景中融入虚拟内容的显性化操作，丰富虚拟数字教育过程的细节，搭建虚实共生的多模态共融学习场景，为参与者带来沉浸式的学习临场感。

7. 认证机制：区块链技术

新文科建设涉及学科广泛、门类繁杂，同时也涵盖教育体系改革的核心环节，因此无论是多流程操作还是利益相关者的博弈，都需要在技术赋能的过程中处理好认证保障问题。区块链所具有的数据难以篡改的特点，可以保证信息流转和数据共享的真实可靠，增强基础数据的可追溯性，保障技术赋能过程中的安全透明；而去中心化特点则可以处理多元利益相关者之间复杂的互动关系，为信息共享和数据管理创设平等公开的交互平台。

客观上，数智技术为重塑文科存在场域和实践模式提供了技术驱动，使得新文科建设的创变实践呈现出可视、弹性、精准样态，创设文科教育治理新机制，进而推进新文科建设目标的达成。基于上述分析，可以从赋能感知可视的场景建设、赋能动态共享的教学设计、赋能精细驱动的方式实施三层逻辑，审视技术赋能新文科建设的逻辑关系（见图1）。

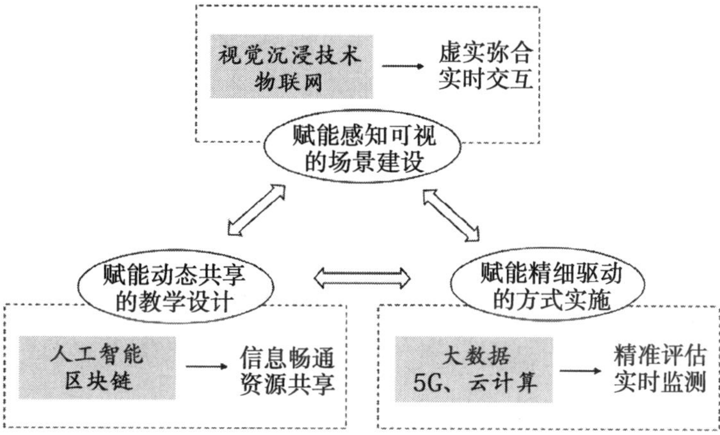

图1　技术赋能新文科建设的逻辑关系

首先，数智技术赋能感知可视的新文科场景建设。充分发挥视觉沉浸技术和人工智能等新技术优势，借助先进的可穿戴设备，实现跨时空的虚实弥合、近乎自然的实时交互和多模态的实时反馈，利用多感官交互拓展具身认知，投射可视化感知情境，增强教育主体的临场体验感，赋能新文科建设情境、研究内容呈现和教学效果评价。

其次，数智技术赋能教育主体之间资源的弹性共享和实时流转。数智技术的介入打破了学科之间的信息资源垄断，使教育资源实现了跨学科流动，有助于实时关注并动态反馈各主体的利益诉求，进而实现多元利益相关者的治理资源再分配，提高信息流转和资源共享效率。

最后，数智技术赋能精细驱动的方式实施。数智技术实现了对教育对象需求的精准研判，借助“大数据+云计算”对教育数据进行深度学习，精准捕捉学习者的偏好和价值诉求，对学科发展前景和教育主体前进路径进行精细化预测，对教育效果的精准评估和实时监测，进而按需分配个性化定制方案，实现学科治理服务的精细化供给，为新文科建设提供精准靶向定位。①

二、技术赋能新文科建设的扩散机理

数智技术赋能新文科建设，重在教育理念与教学模式的嬗变革新。数智技术不仅在教学模式上作为促进新文科治理现代化的技术支撑，更是在教育理念上重塑新文科创新的理念价值，将技术思维和智能理念嵌入新文科建设流程，实现数智技术与新文科的融合共生，回应人文诉求，重塑新文科建设生态。

首先，在教育理念创新层面，技术赋能新文科建设的演化机理主要表现为：秉持以人为本的新文科建设核心观念，突破仅重视技术的“工具本位”思想，兼顾人的独立性和新文科教育的完整性，发扬人文精神，从工具理性到价值理性；由初始化的技术操控、传统的技术霸权转变为内在化的新文科建设主体认知和行为的重塑，从外显性的外部驱动转变为自发性的内生驱动。其次，教学模式创新层面，技术赋能新文科建设的演化机理主要表现为：突破教育空间零散、数据和文献资料时效性难以保证等掣肘，拓展新文科学科边界，为单一环境注入智能化活力元素，为文科教育提供虚实融合的智能化新环境，从线下教学到虚实融生；面对跨学科、跨研究范式的新文科学科属性，创设个性化、精细化、拟真化的新文科发展范式，逐渐由粗放式、单向度的人机分离演变为个性化、融通性的人机协同（见图 2）。

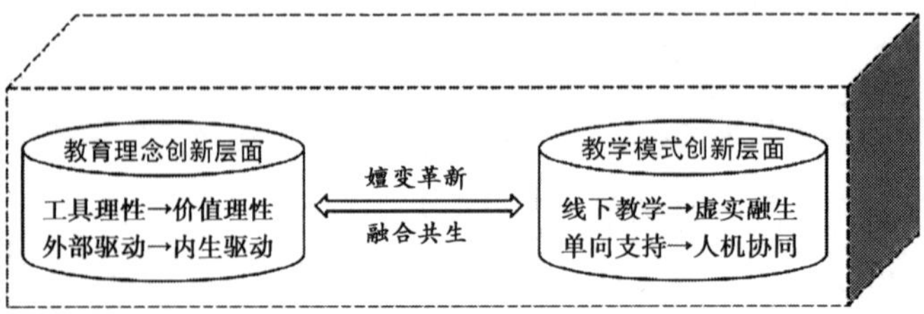

图 2　技术赋能新文科建设的扩散机理

① 参见陈志勇、李霞：《颠覆性技术赋能思想政治教育的现实境遇及实践超越》，《思想教育研究》2022 年第 9 期。

（一）新思路：从工具理性到价值理性

数智时代的教育改革和学科建设往往热衷于借助技术手段提升改革效能。囿于学科属性，以人为本是新文科建设的核心理念，若单纯强调技术的“工具本位”，则易忽视人的独立性和新文科教育的完整性，进而造成人文精神的丧失。反之，若一味摒弃技术工具，仅重视人文精神而忽视数智技术功能的发挥，则会在范式创新和技术贡献层面发力不足，无法体现新时代教育发展理念。

新文科建设过程中，核心关注点始终着眼于新文科建设本身，虽然强调技术的赋能作用，但更倾向于将新技术看作教育的辅助性手段，不能本末倒置为实现新文科建设目标的主体。应克服“技术遮蔽”，体现人文精神，恪守价值理性的底线，积极引导数智技术服务于新文科教育主体和客体的主观需求，超越工具理性，回归技术赋能新文科自身的建设逻辑，从而实现新文科建设在工具理性和价值理性上的再生统一。[①] 技术赋能新文科建设的演化新思路不再以技术的工具理性作为唯一的价值取向，而是在倡导人文精神的基础上，体现个性化关照。即从工具本位的范式逐渐转化为愈发强调价值理性，借助工具理性实现价值理性，将技术的工具性物质样态融入人文思想的精神样态。既要有效规避“技术植入”所带来的认识偏差，又不能忽视技术在新文科建设中的教育价值，而是充分利用数智技术推动新文科教育教学改革。例如，北京航空航天大学公共管理学院“应急管理前沿与技术”课程以公共管理、社会学、行为科学、政治学等多元学科视角剖析应急管理核心内容，结合情景模拟和多方研讨厘清技术赋能应急管理、数字应急协调与沟通等问题。该课程关注数智技术作为辅助工具在应急管理研究场域中的更新迭代，结合新文科人才培养需要，教授专业领域内适用的数据获取与分析方法、数据建模与可视化工具，借助机器学习辅助搭建分析数据的 AI 模型。在 ChatGPT 嵌入应急管理教学实践中，坚持“以人为本”的新文科育人理念，防范开源 AI 异化风险，规避学生对技术的过度依赖，侧重对学生主观能动性和学术伦理的培育。

---

① 参见袁利平、林琳：《大数据赋能高等教育治理的逻辑理路、现实境遇及行动选择》，《高校教育管理》2022 年第 3 期。

（二）新方向：从外部驱动到内生驱动

技术赋能新文科的新方向逐步由外显性的外部驱动转向自发性的内生驱动，即由初始化的技术操控、传统的技术霸权转变为内在化的新文科建设主体认知和行为的重塑。

一方面，鉴于新文科强调学科交叉和研究融合，规范多元建设主体的认知和行为选择成为新文科建设过程中必不可少的重要环节。技术极大地拓展了新文科建设边界，形成了涵盖高校、社会、政府、社会组织、教师、学生等多重复杂治理关系。有效的技术赋能则可以通过改变数据分析、信息应用、多方反馈以及数据共享的方式，搭建交互开放平台，明晰主体之间的职能划分和权责边界，从而优化新文科建设过程，促使多元建设主体之间合理规范的内部结构体系得以重塑。另一方面，新文科建设的最终着眼点在于人的全面发展。鉴于新文科在人才培养模式上更侧重于形成多方协同参与的文科人才培养体系，强调对人的培养与塑造，内部驱动则可以体现为对新文科建设主客体的能力培养，培养适应新时代的新文科人才，在“术”与“道”的有机融合中实现技术与学科建设的良性互动。而这种转变既体现在学科建设管理主体从单纯的应用技术转化为技术学习思维拓展和应用能力提升，又表现为新文科培育对象在虚实共生中实现自身人文精神、创造性思维和实践能力的提升。① 例如，鉴于新文科研究趋势愈发重视学科交叉化，北航针对新文科领域开设“统计学概论”课程。一方面，该课程搭建数学 AI 实验教学平台，创设线上线下相结合的新文科育人模式，采用数学基础与文科理论深度融合的教学模式，推动数学、经济学、管理学、人工智能、人文社会科学交叉融合；另一方面，该课程充分尊重文科生特点，在更新课程体系和培养模式方面创造性呈现涵盖数学思维、信息处理、算法设计、创新实践四位一体的新文科人才培养方向，以期打破传统文科定式，提升教育对象的逻辑能力和技术使用能力。

（三）新场域：从线下教学到虚实融生

数智技术的出现，为新文科建设提供虚实融生的新场域，为单一环境注

---

① 参见胡小勇、孙硕等：《人工智能赋能教育高质量发展：需求、愿景与路径》，《现代教育技术》2022 年第 1 期。

入智能化活力元素。对新文科建设而言，技术赋能极大拓展了学科边界，为文科教育提供了虚实融合的智能化新环境。可穿戴的实物设备、全息设备外加虚拟现实技术（VR）打破了时空局限、延伸了用户感官，可以模糊物理线下和虚拟线上的空间范畴，捕捉用户所需的实时数据并将其与现实场景加以链接，为用户的信息识别和数据获取提供技术支持。增强现实技术（AR）以及在此基础上加以融合发展形成的混合现实技术（MR）和扩展现实技术（XR）则有利于为新文科建设主客体的知识增长提供动态服务。借助虚拟投射进一步赋予虚拟世界真实性，联通虚拟和现实世界，极大改善甚至规避了环境失真、编码干扰、同步失调等问题。而人工智能、元宇宙、数字孪生等技术的出现，赋能具身社交、个性化认知、深度学习和群体创造，则更加促发虚实联动的实现，实现理论层面的新文科思维培养和实践层面的多主体协作学习，从而打造全方位、跨时空、无边界、具象认知、多要素融合共生的沉浸式教育场景。[①] 作为教育部首批文科实验室，北航"低碳治理与政策智能"实验室搭建了虚实融生的新文科建设场域，为科教资源融合共享打造融合人工智能、应用经济、统计科学、公共管理、计算机、外语等优势学科的科研基地。实验室为新文科人才培育创设了虚拟现实的实验环境，搭建了基于数字孪生技术的大数据平台，开发低碳政策模拟仿真和设计优化平台。同时，实验室还针对性地推出"碳中和能力提升计划"课程，借助模拟平台开展基于实际数据的大数据挖掘和低碳导向政策评估。

（四）新形式：从单向支持到人机协同

数智技术发展使文科研究范式愈发向着扁平快捷化、实时共享化迈进，数据传递和信息决策机制也逐步由单向度支持转向双向交互的人机协同模式，越来越重视虚拟与现实的融合。教育现代化背景下，面对跨学科、跨研究范式的新文科学科属性，技术赋能新文科建设逐渐由粗放式、单向度的人机分离演变为个性化、融通性的人机协同。

人机协同的新文科发展范式优势有三：一是个性化。凭借 5G 算力运转全样本的大数据信息，为新文科学科发展提供自适应支持。在满足学生多元需

---

① 参见徐祥伍、葛万宝等：《元宇宙+公共图书馆：虚实融生的社会教育发展新展望》，《图书馆理论与实践》2022 年第 5 期。

求基础上，重视个体差异，借助数据孪生和深度学习突破认知局限，丰富样本采集信息，实现教育资源共享和教育信息的精准推送，为多元建设主体提供智慧服务，完善多样化的信息资源与服务路径。二是精细化。突破传统文科所受物质环境、师生关系、信息传递等方面的限制，快速捕捉互联互通的相关关系，对多元主体的差异性教育行为进行智能分析研判，改换传统文科的既定思维范式，为优化新文科建设生态提供精细化的技术支持。三是拟真化。发挥5G、大数据、云计算、人工智能、物联网、视觉沉浸技术、区块链等数智技术在新文科建设中的增强和重构作用，营造高拟真性和强交融性的文科生态，增强各建设主体的参与热情和参与效率。例如，北航公共管理学院“公共管理系统工程实验室（智慧课堂）”运用人工智能、物联网等技术构建“云平台+实物设备端”一体化的新文科教学体系，实现对教学内容和教学效果的技术性增强，既可以发挥技术赋能新文科的环境感知、情境管理能力，实时捕获用户的心理、生理等多模态数据，对教与学的主客体情况进行实时动态分析、可视化监测、精准预测和及时预警提示，促进个性化教学活动开展，又可以借助多媒体设备实现互动教学、分组讨论、无线传输、全自动录播、远程管理等目的。

三、技术赋能新文科建设的实践理路

对技术赋能新文科建设实践进行审视，发现以下现实困境：功能桎梏阻碍驱动效能释放、规制缺位限制赋能范围延伸、伦理风险模糊权责匹配边界、技术本位造成价值理性偏移。缘此，在识别上述现实困境的基础上，基于技术、制度、伦理、价值四重维度，我们提出新时代技术赋能新文科建设的实践理路（见图3）。

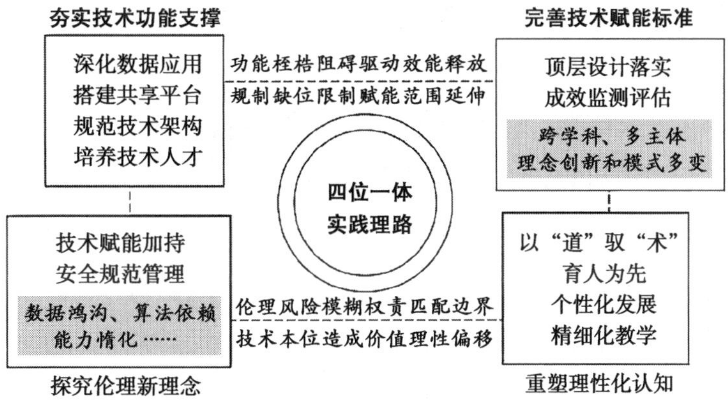

图3 技术赋能新文科建设的实践理路

（一）夯实功能支撑，创新文科建设新样态

为进一步提升数智技术在新文科建设中的赋能效果，首先要夯实技术基础设施，营设数据共享、技术融合的新文科建设环境。以大数据、云计算为基础条件，深化学科建设数据应用，开发跨学科的新文科应用软件，集开发、运营、管理为一体，搭建虚实共生的新文科研究数字平台，涵盖学科改革、教学管理、教师培训、学生学习等功能，促进新文科建设质量提升。其次要在数据共享的基础上实现技术融合。打破学科壁垒，加快建设动静结合、文理工农医交叉的新文科数据库，加快推进多重形态的数据采集工作，做到前端数据收集的全覆盖和全汇集，在及时捕捉信息的基础上实现数据整合，填补数据鸿沟，最终建立秉持一体化数据标准的新文科数据共享平台。① 与此同时，要规范技术架构，减少对单一技术应用的限制，对数据处理系统、算法编辑系统、信息交互系统、安全保障系统、物联感知系统等异构技术系统进行再整合，融合多元化技术手段，实现技术层面的有效联通，提升数智技术的赋能效率。最后要培养具有新文科建设使命的创新人才，提升新文科建设主体的数字素养与技术应用能力，在技术赋能新文科建设过程中实现科技与人文的内在统一。在与科研机构、企业合作的过程中加快对数智技术专业人才的培养。此外，在传统文科基础上增补有关信息技术的知识图谱，开设高

① 参见张培、夏海鹰：《数据赋能教育治理创新：内涵、机制与实践》，《中国远程教育》2021年第7期。

质量编程课程，鼓励学生发展数字意识和科技思维也是新文科建设的应有之义。

（二）完善技术标准，优化数智技术赋能规制

完善的规章制度可以对技术赋能新文科建设起到引导、规范、激励作用。新文科建设要面向未来发展适时调整。这就要求制定符合时代发展、契合我国文科建设现状的技术标准，为技术赋能新文科提供科学规范的有力规制，保障技术与新时代文科发展同频共振。在顶层设计维度锚定技术赋能新文科建设的核心价值取向，构建政策指南和监管评价框架体系，发挥制度对技术的规范制约作用。

首先，在顶层设计层面，政府应吸纳高校研究人员及专业技术人员成立技术赋能新文科政策指导团队，统筹宏观政策整体布局。加大对新文科领域赋能技术的政策支持力度，根据摸底制定其发展所需的规划性文件，注重推进相关规章制度试点实施，确保技术工具具有规制合法性。同时，在宏观政策设计时也要充分考虑新文科的中国特色属性，塑造与时俱进的政策价值观。其次，在推进落实层面，集中有效资源解决技术赋能新文科的难点问题，在教与学的新文科实践场域中检验技术赋能的成效。整合多元学科建设路径，探索新文科教育管理优化技术系统，在遵循学科演进规律的基础上，推进新文科教育体系改造升级，促成文科知识体系的整体性创变。最后，在监测评估层面，应加强对人工智能等数智技术在教育应用过程中的技术管控，制定技术风险应急预案，完善相关平台的监管与评估机制，为政策制定者提供参考依据，以便把握数字化发展契机。

（三）遵从伦理新准则，消解教育异化风险

技术偏见、数据鸿沟、教育异化、算法依赖、隐私泄露、能力惰化，已成为数智时代的常见问题，给技术赋能新文科建设带来了难以回避的伦理风险。为充分发挥技术在新文科建设中的赋能作用，亟须探究伦理治理新理念、遵从伦理新准则，消解教育异化风险，确保技术与新文科教育的良性互动。

一是要遵循从低等层面“人控制机器”向高级层面“机器赋能”的伦理演进规律。对技术手段的应用，应考虑实际教育场景中的用户需求。为提高赋能的精准性，需基于强大算力捕捉历史教育数据服务于当下的学习场域。

在新文科教育中，既要充分发挥技术对于学科建设效能的“加持”作用，又要始终确保教师与学生在教育决策中的主导地位，即重视个人能力的发挥的同时对限制教育主体自由、暴露信息数据隐私的技术功能进行专门管控，规避机器“僭越”，从而实现新文科教育实体与虚拟信息技术的和谐共生。二是建立数智技术安全规范，针对上述技术伦理风险，健全信息采集、算法管理、数据分析、隐私保护和风险评估机制，加强对教育应用软件和智能服务的质量监控。在此过程中，要加强从业人员的伦理道德塑造，引导其合法合规地使用技术工具，营造安全稳定的新文科教育环境。

（四）重塑理性化认知，促进教育理念创变

数智技术赋能新文科建设过程，应重塑以人为本、个性发展的理性化认知，实现立德树人的理念引导。这就需要将赋能思维融入新文科理念转变，寓以人为本价值观于教学模式变革，以新文科之“道”驾驭数智技术之“术”。鉴于新文科建设中所获取的数据信息来源于基础个体，因此研判新文科发展趋向需对新文科建设的各利益相关者进行全面分析和深度解读。结合培养卓越人才的新文科建设工作重点锚定新文科育人本质，应将培养者看作独立个体，激发其自我效能感和主观能动性，探索形成卓越拔尖人才培养的跨学科方案和智能化范式。

首先，追求人文精神，提升新文科建设各主体的人文素养，规避算力钳制等“数字利维坦”问题，破除算法规制和技术至上的固有思维。其次，积极推动混合式教育发展，落实个性化精准育人模式，实现新文科教育模式变革。在云计算和大数据等工具的支持下，智能感知教育者的学习过程、学习成果等数据，并针对性地给予智能分析，再借助深度学习等技术生成教育画像，达到个性化学习路径的精准预判，以便因材施教，实现新文科教育资源的精准投放，最终助推个性化学习的实现。

（原载于《新视野》2023 年第 4 期）

国际传播人才培养模式探究

——基于我国高校的观察分析

曾祥敏　杨丽萍*

在中国式现代化新征程上，加强我国国际传播能力建设成为一项系统性、战略性工程，其中培养和建设一批国际传播专门人才队伍是推动国际传播能力提升的基础保障和关键途径。2021 年 5 月 31 日，习近平总书记在中共中央政治局第三十次集体学习时强调，要全面提升国际传播效能，建强适应新时代国际传播需要的专门人才队伍；要加强高校学科建设和后备人才培养，提升国际传播理论研究水平。2022 年 10 月 16 日，习近平总书记在党的二十大报告中指出："教育、科技、人才是全面建设社会主义现代化国家的基础性、战略性支撑。必须坚持科技是第一生产力、人才是第一资源、创新是第一动力，深入实施科教兴国战略、人才强国战略、创新驱动发展战略，开辟发展新领域新赛道，不断塑造发展新动能新优势。"本文通过理论与实践的结合，在已有研究的基础上综合探讨高校的国际传播学科建设问题、人才培养方式问题，结合笔者近年来的高校调研活动与会议交流经验、学术文献以及官方数据资料，归纳出当下我国国际传播人才培养的三种模式，并尝试从学科发展和人才培养的角度分析不同模式的特点、优势与问题，最后提出面向国家战略的国际传播人才多维复合能力建设要点。

一、文献综述

笔者在中国知网上以"国际传播"和"人才培养"为主题词，以 CSSCI 来源期刊为文献范围，截至 2023 年 5 月，共检索到 132 条文献，除去学科报

---

* 曾祥敏，中国传媒大学电视学院党委书记；杨丽萍，中国传媒大学电视学院博士研究生。

告、政策文件、新闻动态等与人才培养关联不大的内容，共得到115条文献。

（一）总体分析：新闻传播为主的研究领域

从CSSCI期刊文献数量上可以发现，国际传播人才培养研究经历了三个高峰期，分别是2011—2012年、2017—2018年、2021年至今。根据文献标题内容、关键词、作者单位等信息的统计可以发现，最多的文献属于新闻与传播学科，占比为41.3%；第二是外国语言文学学科，占比为32.1%；第三是出版学科，占比为7.8%；第四是政治学学科，占比为7.1%；其他文献多涉及特定文化的国际传播与人才培养，占比为11.7%。发表文献最多的机构是中国传媒大学，共有28篇，占比为24.3%；其次是北京外国语大学和上海交通大学，分别发表了6篇，占比为5.2%。发表文献最多的作者为中国传媒大学高晓虹和赵希婧，两人共同合作发表了7篇文章，占比为6.1%。最早的文献为2009年中国传媒大学胡芳在《中国广播电视学刊》上发表的《媒介融合环境考验新闻传播变革与人才培养》，文章认为图像、音乐等是国际通用的视听语言，超越了国界和地域的限制，媒体需要用国际化的视听元素传递信息。[①]

（二）CiteSpace分析：政策话语居多的主题

将115篇文献导出为Refworks格式，通过CiteSpace对文献关键词进行可视化处理（频次≥2）得到图1，可以发现国际传播、人才培养、媒体融合、国际化、“一带一路”等关键词的频次较高，但高频关键词之间的共现性较弱。对关键词进行聚类分析（KClusters≤5）得到图2，可以发现文献主要围绕人才培养、话语权、新闻教育、国际化、守正创新五个方面展开。从国际传播人才培养的关键词可视化图谱和聚类分析图谱中可以发现较多政治话语，如“一带一路”、新文科、新时代、媒体融合、守正创新等，这反映出国际传播人才培养的理论研究具有较强的政治属性，与外交政策、教育政策、媒体发展政策联系紧密。此外，尽管外语学科和媒体融合这两个关键词的频次较高，但并非显著的研究主题类别。

---

① 参见胡芳：《媒介融合环境考验新闻传播变革与人才培养》，《中国广播电视学刊》2009年第5期。

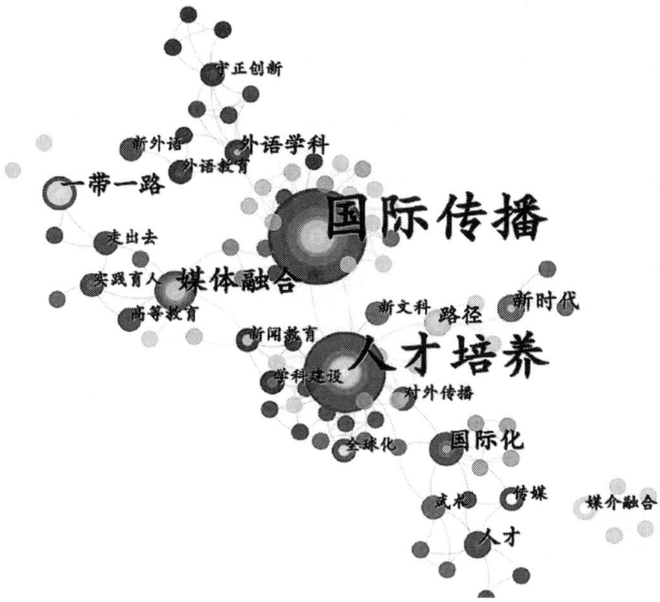

图 1　CSSCI 来源期刊关于“国际传播人才培养”的关键词可视化图谱

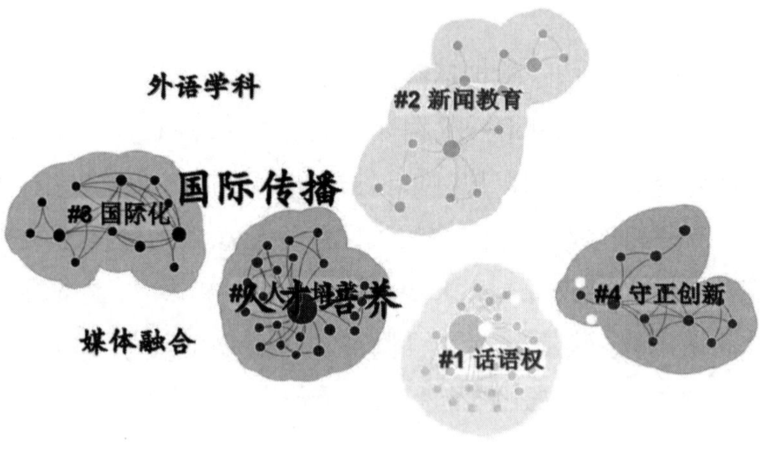

图 2　CSSCI 来源期刊关于“国际传播人才培养”的关键词聚类分析图谱

（三）具象分析：高校国际传播人才培养模式

关于国际传播人才培养的国内外文献情况，笔者进行了初步综述。总体而言，国内研究主要集中于宏观背景和目标意义、现状问题、中外对比下的培养方向，国外学界则整体围绕世界范围内如何构思和发展最好的新闻教育的中心命题展开。[①] 国际传播人才培养是一项实践命题，因此聚焦高校培养的方式方法进行综述。

在国内研究方面，以高校为分析单位的国际传播人才培养初步显示出特色化、差异化的模式。复旦大学对国际传播人才的培养重视多语种语言能力的提升，关注新媒体技术的赋能，强调逻辑分析能力的训练。[②] 中国传媒大学形成了以马克思主义新闻观为魂、以海外实践及高水平教育资源开拓国际视野、以融媒体创新实践适应媒体深度融合发展需要的国际传播人才培养路径。[③] 中国人民大学基于国际新闻传播硕士毕业生调查，提出复合型国际新闻传播人才是语言能力、新闻生产能力、知识结构与多种意识的多维度复合。[④] 云南大学结合云南边疆民族地区新闻传播发展实际，通过开设“南亚东南亚媒体概况”等专门课程、组织搭建南亚东南亚海外实习基地等方式，着力面向南亚东南亚培养国际传播人才。[⑤] 西安外国语大学依托学校的多语种优势和国际化资源，搭建“全媒体+国际+外语”课程体系，服务“一带一路”倡议和西北地区对外开放需要，探索构建国际新闻传播实践教育体系。[⑥] 北京外国语大学提出国际传播人才培养应以外语专业院校为主，理由在于国际传播能力和国家话语能力都被囊括在国家语言能力中，并基于语言能力培养提出“双轮驱动”的策略，即培养国内对外传播队伍和外籍知华友华传播队伍。[⑦]

在国外研究方面，以国际传播人才培养为核心的文献较少，大多围绕国际新闻学教育、跨文化交流能力培养、作为公共外交的国际教育等方面展开。

---

① 参见胡芳、田香凝：《面向国家战略的国际传播人才培养体系建构》，《现代出版》2022 年第 2 期。

② 参见常志刚、邓建国：《国际新闻传播人才培养的复旦模式》，《青年记者》2022 年第 19 期。

③ 参见曾祥敏、汤璇：《全媒体时代国际新闻传播人才培养的路径探索：基于中国传媒大学的教育实践》，《中国新闻传播研究》2022 年第 1 期。

④ 参见钟新、崔灿、蒋贤成：《国际新闻传播人才的多维度复合与进阶式培养：基于中国人民大学国际新闻传播硕士项目十周年毕业生调查》，《国际新闻界》2020 年第 12 期。

⑤ 参见左小麟、廖圣清：《传承党媒红色基因　推进国际传播人才培养：培养面向南亚东南亚国际传播人才的探索与思考》，《传媒》2022 年第 5 期。

⑥ 参见范晨虹、汪顺玉、牛瑾：《地方高校新闻与传播专业硕士特色化实践教育体系建构研究：以西安外国语大学为例》，《中国新闻传播研究》2022 年第 3 期。

⑦ 参见文秋芳：《国际传播能力、国家话语能力和国家语言能力：兼述国际传播人才培养“双轮驱动”策略》，《河北大学学报》（哲学社会科学版）2022 年第 3 期。

英美的国际传播人才教育更加注重多元文化主义，并且在媒介融合发展的背景下趋向复合型、通用型人才培养。① 然而，在全球化和身份认同建设的双重挑战下，西方媒体受到娱乐化和商业化的影响，加强了对本地信息的关注；在职业导向作用下，新闻教育减少了关于刻板印象、全球事务和社会转型的反思性课程。② 澳大利亚昆士兰大学在课程的国际化建设中，主张采取批判性去西方化措施，避免其新闻学教育完全追随西方价值观和培训原则。③ 伴随着跨文化交流的深入，培养并发掘一批具有世界主义思维的本国人才，有利于其在文化嵌入的人际网络下，成为全球沟通的“桥梁”。④ 此外，基于留学访问的国际化教学被视为公共外交方式，已成为一项显性实践。⑤

综合国内外文献可以发现，高校的国际传播人才培养更加强调自主性，突出全球性、跨学科、复合能力培养，鲜有文献对国内高校的国际新闻传播培养模式进行统合梳理。

二、研究设计

习近平总书记在党的二十大报告中指出：“加强国际传播能力建设，全面提升国际传播效能，形成同我国综合国力和国际地位相匹配的国际话语权。”我国国际传播能力建设初衷源于综合国力与国际话语权的不匹配，致力于改善国家形象处于被他者定义甚至污名化的状态，为我国改革发展营造稳定有利的外部舆论环境，伴随着中华民族文化自觉和文化自信的意识觉醒，落脚于美美与共的人类命运共同体构建。

① Xi, Y., Huang, Y. H., “Journalism and Communication Education in United States and Britain and the Cultivation of International Communication Talents in China”, *BCP Social Sciences & Humanities*, 2022 (20).

② Holm, H. H., “The Forgotten Globalization of Journalism Education”, *Journalism & Mass Communication Educator*, 2001 (4).

③ Breit, R., Obijiofor, L., Fitzgerald, R., “Internationalization as De-westernization of the Curriculum: The Case of Journalism at an Australian University”, *Journal of Studies in International Education*, 2013 (2).

④ Levy, O., Lee, H. J., Jonsk, K., et al., “Transcultural Brokerage: The Role of Cosmopolitans in Bridging Structural and Cultural Holes”, *Journal of Management*, 2019 (2).

⑤ Byren, C., Hall, R., “Realising Australia's International Education as Public Diplomacy”, *Australian Journal of International Affairs*, 2013 (4).

（一）研究问题

在加强和改进国际传播能力建设的过程中，要有“人才是第一资源”的战略思维。由于先进的传播技术、全球流通的商品经济、历史性的文化主导地位，西方的传播活动往往具有更加广泛的影响力。在诸多条件优势下，西方媒体的内容和活动更能引起全球媒体的关注、报道与响应。与西方国家不同，我国的国际传播面临跨语言、跨文化、跨地域的多重困境，加之缺乏历史积累的条件优势，国际传播人才培养成为一项紧迫的、明确的、系统的国家工程。在此背景下，本文围绕高校层面的国际传播人才培养，将研究问题聚焦为：在国际传播人才方面，国内高校设立了怎样的培养方针和培养目标；在国际传播专业方面，国内高校采取了哪些建设性和创新性措施，具有怎样的模式特点和特色；虽然各个高校的培养模式和路径不同，面向统一的国家战略需求，高校国际传播人才应注重培养哪些能力和素养。

（二）研究方法

根据中国教育在线官网数据，截至 2023 年 5 月，在本科教育阶段，共有包括中国传媒大学、中国人民大学、厦门大学、上海外国语大学、四川外国语大学、山东大学、暨南大学、外交学院、汕头大学、大连外国语大学、西安外国语大学、西藏民族大学在内的 12 所公办院校和 5 所民办院校开设了国际新闻与传播专业，其中中国人民大学、中国传媒大学、厦门大学、上海外国语大学和四川外国语大学的国际新闻与传播纳入软科 2022 中国大学专业排名。在研究生教育阶段，中宣部和教育部设置“国际新闻传播后备人才班”的特色人才培养项目，目前共有 8 所院校加入，包括中国传媒大学、清华大学、中国人民大学、复旦大学、北京外国语大学、北京大学、中山大学和上海外国语大学。国内建立本硕博完整的国际传播人才培养体系的高校数量则更少。

参考国际新闻与传播院校的软科排名和院校官网的数据资料，结合笔者近年来的高校调研活动、会议交流经验等，选择中国传媒大学、清华大学、北京大学、复旦大学、中国人民大学、北京外国语大学、上海外国语大学、四川外国语大学、中山大学 9 所具有代表性的高校，对其国际传播人才培养的目标方针、课程设置、实践训练等环节进行分析，探讨不同高校关于国际传播人才培养的观念认识、问题困境、创新举措等，深入探究其在培养符合全球趋势、适应中国国情的国际传播人才方面的特点和优势。

三、我国国际传播人才培养的三种模式

改革开放以来，面对我国日益频繁的国际交流活动和现实发展需求，国内高校加大对外语人才的培养力度，使其成为对外传播和交流的坚实力量。2008 年北京奥运会、汶川地震、神舟七号航天员首次出舱等事件，使国际传播专业人才培养、专门队伍建设成为国家战略需求，诸多语言类、综合类、艺术类、民族类院校开始国际传播人才的系统专业培养，逐渐形成各具规模特色的国际传播人才培养模式。

从本文选取的 9 所高校对国际新闻传播人才的培养方针和目标来看，并非简单的“国际+新闻”或者“外语+新闻”模式，更多地强调政治素养基础上的“一专多能”“跨专业”“复合型”要求。例如，清华大学提出的办学理念是“素质为本、实践为用、面向主流、培养高手”。中山大学提出要培养“内知国情、外懂国际、植根中国、面向世界”的新型国际新闻传播人才。北京外国语大学的目标是培养“熟悉我国国情，通晓国际新闻传播规则，具备多语种、全媒体、跨文化国际新闻传播的理论知识和实践能力，有志于致力我国新闻传播事业的高素质复合型人才”。根据不同院校的国际新闻传播专业的生源背景、课程设置、学科建设历史等情况，本文尝试将高校的国际新闻传播人才培养归纳为三种类型——综合院校的国际关系主导模式、传媒院校的新闻传播主导模式、外语院校的跨语言传播主导模式，这三种模式共同构成了具有中国特色的国际传播教育模式。

（一）综合院校的国际关系主导模式

习近平总书记在中共中央政治局第三十次集体学习时强调，要倡导多边主义，反对单边主义、霸权主义，引导国际社会共同塑造更加公正合理的国际新秩序，建设新型国际关系。在国际传播人才培养过程中，以国际政治、外交关系为知识框架的培养方式，有利于学生在国际关系格局中深刻认知传播活动的战略意义和传播效果的目标任务。

综合类院校在国际传播专业和学科建设方面，有利于发挥跨学科资源的

接近性优势，进而培养具有广博国际知识背景的综合人才。在学科建设方面，中国人民大学、复旦大学、北京大学、中山大学等综合类高校基于本校丰富的国际政治、国际关系、法学、外语等院系资源，赋能国际传播相关专业建设。例如，2011 年中国人民大学新闻学院启动“新闻—国际政治”双学位实验班，跨院系联合培养双学位本科层次人才。复旦大学的国际传播人才培养也体现出综合性，充分利用在国际关系、外语、法律方面的深厚积累，课程设置体现出对综合资源的充分利用。2021 年，北京大学和中山大学正式获批并开办国际新闻传播硕士项目。北京大学新闻与传播学院探索联合北京大学外国语学院、国际关系学院、历史学系共同开设国际传播相关的专业课程；中山大学新闻传播学院则联合中山大学法学院、政治与公共事务管理学院开设“法学基础理论”“当代中国政治专题研究”等跨院系选修课程，加强跨学科的知识补给。

（二）传媒院校的新闻传播主导模式

在学科设置上，国际新闻与传播专业是隶属于新闻传播专业的二级学科，从本科和硕士专业的所属学院来看，无论是国际新闻与传播本科专业还是国际新闻传播硕士班，其设置学院大多为高校内独立的新闻传播学院。在新闻传播专业主导模式下，国际传播教育往往能够立足新闻传播的专业优势，注重应用、强化实践，并将外语、国际关系等课程融入，强调国际理论与新闻实践的交叉融合。在这种培养模式下，学生往往能够快速掌握前沿传播技术，进行内容生产和传播的创新。

以中国传媒大学电视学院为例，通过建立理论线、写作线、创作线、观摩线、外语线这“五条线”的课程体系，从理论知识、学术能力、语言表达、英语基础和实践能力等方面加强国际新闻传播人才的复合能力培养。一方面，建立“媒体发展与传播创新”实践教学课程体系，通过“融合新闻学”“新媒体视听编辑”“新媒体编程基础”等专业金课，奠定学生的融合传播能力基础。另一方面，在新闻传播专业课程基础上，融入“高级英语听说读写译”“英语新闻采编播”“国际新闻理论与实务”等课程，以及海外创作工作坊、央媒记者“全球连线”课堂、塞尔维亚水下摄影暑期海外实践等国际化活动实践，拓宽学生的全球视野，提升内容制作的国际化水平。[①]

（三）外语院校的跨语言传播主导模式

语言作为人类交往与交流的基础性介质，在跨国传播和交流活动中扮演着至关重要的角色。改革开放以来，我国的外语人才一定程度上是跨国交流和传播的主要力量，建立在外语翻译基础上的国际新闻传播也占据着重要地位。在专业建设历史方面，外语类院校的国际传播学科建设较早，由外语专业演变、合并而来，比如北京外国语大学自 1985 年就在英语系开设国际新闻专业方向。目前，国内开设国际新闻与传播本科专业的 17 所院校中，有 8 所是语言类学校，这反映出国际传播人才培养的重要力量来自外语院校，并且外语专业学生也成为国际新闻学硕士研究生的重要生源群体。

在国内其他院校筹备开设国际新闻与传播专业时，北京外国语大学和上海外国语大学都面临着是否加入其中的"困惑"，原因在于这两所高校的新闻传播教育自始至终就是以国际新闻或国际传播为定位，这也是外语院校国际传播人才培养的鲜明特色。他们的困惑其实是因应当前国家战略，对自身国际新闻传播专业再定位的问题。由此，上海外国语大学新闻传播学院提出未来将深化以外语为背景的国际传播人才培养的模式，突出国际化、实践型、厚基础的特色。为了加强外语和国际传播的交叉融合，四川外国语大学则加强专业融合建设，通过开设"国际传播+英语"与"英语+国际传播"双向实验班，以微专业方式形成关键语种交叉融合的国际传播培养方案；非通用语种采用辅修双学位的方式，将新闻传播课程植入日语、德语等关键语种的教学过程中。

四、面向国家战略的国际传播人才多维复合能力建设

尽管不同高校培养模式和路径各有不同，结合自身特色的创新模式也还在不断探索之中，但是因应国家战略的国际传播专门人才有一个普遍的能力结构要求。尤其在国际传播专业建设的新兴阶段，教育界需要深刻研判国家战略需求，在国际传播人才的培养能力维度上达成一定共识。那么，这样的

---

① 参见曾祥敏、汤璇：《全媒体时代国际新闻传播人才培养的路径探索：基于中国传媒大学的教育实践》，《中国新闻传播研究》2022 年第 1 期。

复合能力维度应以何为标准？习近平总书记在中共中央政治局第三十次集体学习时强调，必须加强顶层设计和研究布局，构建具有鲜明中国特色的战略传播体系，着力提高国际传播影响力、中华文化感召力、中国形象亲和力、中国话语说服力、国际舆论引导力。这“五力”作为国家战略发展需求，构成国际传播人才培养需与之适配的目标体系。基于现实短板和人才紧缺问题，应对国际传播人才培养的能力维度进行具体规划，以此破解面向国家战略的国际传播人才多维复合能力培养的命题。

（一）政治能力：国际舆论引导力的根本

为我国改革发展营造稳定有利的外部舆论环境，是加强和改进国际传播工作的重要目标之一。国际舆论引导力，意味着国际传播人才要多角度、全方位提升在舆论场中的控场能力。新形势下，国际传播国家队只有具备坚定的政治素养、爱国主义情怀和理想信念，才能在波诡云谲的国际政治关系、错综复杂的国际舆论场上传播好中国声音。因此，在国际传播人才培养的各个环节，高校需要明确加强思想政治教育，通过学科思政、专业思政、课程思政的全方位融合，通过观摩经典作品案例、开展实地调研、分析国内外形势等方式，引导学生体察国情、社情、世情，厚植学生的理想信念和家国情怀，培养其坚定的政治信仰和政治立场，为未来进入国际舆论场后的议程设置、舆论引导、意见领袖互动等传播活动呈现正确的政治底色。

（二）语言能力：国际传播影响力的基础

“影响力”是在与他人的交往中影响和改变他人的心理与行为的能力，有强弱、方向（影响和被影响）的区分。[①] 对于国际传播影响力而言，媒体可以通过内容传播、活动交流等方式，影响甚至改变海外媒体和公众对中国的态度与认知。尽管在社交媒体时代，图像、视频成为日益重要的传播媒介，但基于语言文字的内容传播仍然是信息传播的主流方式。在国际新闻传播方面，语言文字是新闻消息、深度报道的重要载体，外语水平直接影响国际新闻的采写进度和传播效果，在国别化、区域化的传播活动中具备对应的语言运用能力更是重要技能。因此，高校在国际传播人才培养中需要提升学

---

① 参见车文博：《心理咨询大百科全书》，浙江科学技术出版社 2001 年版，第 526 页。

生的语言能力基本功。一方面，提升学生的语言运用技能，减少和避免歧义和误读；另一方面，应针对国别化、区域化传播需求，培养多语种复合型人才。

（三）思维能力：中国话语说服力的核心

相比于影响力的广泛性，说服力更强调针对性的成效，因而更需要复杂性思维能力。费孝通在《乡土中国》中提出的“差序格局”和“礼治秩序”，反映出中国人思维方式所具有的复杂性。法国哲学家莫兰也从教育的层面指出，迎战未来的不确定性需要培养复杂性思维，以达成对世界的恰切的认识。[①] 如今，在互联网技术的助力下，来自境外媒体的断章取义、有色眼镜、两面三刀式的涉华报道纷涌不绝。例如，以客观中立著称的英国广播公司、美国《华盛顿邮报》在报道中国新闻时，经常运用不稳定光源、昏暗滤镜等，渲染低沉压抑的色彩。在国际舆论场上，我们仍然面临着声音比较小、有理说不出、说了传不开等多重话语困境。在此情形下，国际传播人才更需要提升复杂性思维能力，在洞悉互联网传播规律的基础上分析国际事件、国际舆论背后的媒体立场、国家关系、话语策略等，对局部问题进行整体性思考，得出应对具体问题的策略，并反哺到国际新闻内容的生产和传播中。

（四）沟通能力：中国形象亲和力的关键

提升国际形象亲和力意味着要破除国外对中国的刻板印象，塑造可信、可爱、可敬的中国形象。在如今的数字化时代，媒体成为人际交往、国际交流的重要介质，提升中国形象需要不断优化以媒体为中介的人际交流与沟通。沟通技能的提升对于高校国际新闻专业学生的社会文化适应具有重要作用，研讨培训、小组合作、课堂角色游戏、实习等方式有利于学生在新环境中找到自己的位置。[②] 因此，要重视培养国际传播专业学子的跨文化沟通能力，通过组织多元文化背景学生参与的课堂，开设国际媒体和跨国公司实践实习渠

---

① 参见［法］埃德加·莫兰：《复杂性理论与教育问题》，陈一壮译，北京大学出版社 2004 年版，第 24 页。

② Gladkova, A. A., “Psychological and Socio-cultural Adaptation of International Journalism Students in Russia: The Role of Communication Skills in the Adaptation Process”, *Psychology in Russia: State of the Art*, 2017 (4).

道，让学生在真实的跨文化交际中加强全球理解。

（五）创新能力：中华文化感召力的要义

提升中华文化感召力，需要在国际传播活动中发掘中华文化的丰富内涵。在党的二十大报告中，“加强国际传播能力建设”隶属于“增强中华文明传播力影响力”这一中心命题。如果说中华优秀传统文化为我们回答了“讲什么”的问题，那么国际传播则需要在“如何讲”上做文章，二者相互融通。中华优秀传统文化创造性转化和创新性发展，本身就蕴含着发展与传播的要义，而国际传播从更大范围拓展了传播创新的影响因素。在融合创新、技术赋能的当下，创新力获得极大释放，也促使传播者理解和开掘任何技术实现的创新可能，通过运用数字化智能化创新技术，对中华文化进行全景呈现，有利于促进中华优秀传统文化创造性转化和创新性发展，激发中华文化的时代精神，激活中外文化的共同经验，促进海外用户对中华文化的立体认同。例如，自得琴社利用视听新技术和互联网传播渠道，创设“会动的古画”，改造和发扬中华传统音乐神韵的同时，辅之以人在画中游的画面意境，让海外用户领略唐风宋韵下的《国际歌》、巴赫的《G 弦上的咏叹调》等现代音乐，引发共情共鸣。这些技术赋予表达、形式创新的成功案例，对于促进中华文化“走出去”、改善中国国际形象起到了不可忽视的作用，也启示高校应当更加重视对国际传播人才创新能力的培养。

五、结语

在国家战略导向、高等院校特色培养的综合作用下，我国逐渐形成了具有多元特色的国际传播人才培养模式，并且在普遍达成共识的“一专多能”“跨专业”“复合型”人才的培养目标下，综合院校的国际关系主导模式、传媒院校的新闻传播主导模式、外语院校的跨语言传播主导模式呈现交叉融合的趋势。未来，在加强国际传播建设的背景下，综合提升政治能力、语言能力、思维能力、沟通能力和创新能力成为面向国家战略的国际传播人才多维复合能力建设的重要方向。尽管我们现在已经在国际传播人才培养上形成了一些理念和方向的共识，但理论与实践探索之路仍然漫长：人才培养的质和量与国家现实需求不相匹配；人才目标愿景虽大，但在具体的培养路径和模式上还远没有清晰的图景。笃行不怠方能致远，坚毅探索方有所获，作为高层次的后备人才，高校培养的国际传播人才应成为讲述中国故事、塑造中国形象的卓越人才，成为对话世界、引领世界的有用之才。

（原载于《中国编辑》2023 年第 9 期）

论我国涉外法治人才建设效能的提升

张春良　敖琪*

一、我国涉外法治人才建设效能的提出

高端涉外法治人才是中国当前最急需、最紧缺的人才类型之一，这业已成为不争之事实。作为涉外法治人才的重要供给，近年来中国国际法人才培养在规模与数量上有了很大的改善①，但如何实质提升人才培养效能，高质量推进国际法人才培养的供给侧结构性改革，服务和保障中国公民、法人和非法人组织高水平走出去、海外优质资源高质量引进来的需求，更好地捍卫国家主权、安全、发展利益，这已经成为国际法人才培养不可回避、必须直面的时代使命。中央文件对涉外法治人才培养有多次强调，习近平总书记也特别强调指出，要"加强涉外法治人才建设"，并要"提升我国涉外执法司法效能"②。我国涉外法治人才培养在近年以来有了较为明显的语义变迁，先后形成了培养与建设两种范式，实现了由量到质再到效能的标准变迁，一个崭新的涉外法治人才培养格局即"提升涉外法治人才建设效能"正在形成。

（一）从培养到建设的范式转变

大国崛起，需要统筹国内法治与涉外法治。涉外法治的建设需要高素质的涉外法治人才。为回应涉外法治建设的迫切需要，党和国家领导人、中央

---

* 张春良，西南政法大学国际法学院教授；敖琪，西南政法大学争端解决国际竞争力研究中心助理研究员。

① 涉外法治、国内法治与国际法治之间有实质性差异，参见黄惠康：《准确把握"涉外法治"概念内涵　统筹推进国内法治和涉外法治》，《武大国际法评论》2022年第1期。据此，涉外法治人才、国内法治人才和国际法治人才也应有相应区分。本文所提涉外法治人才培养和建设未严格区分上述三者的差异，而是指以处理涉外法律事务特别是以坚持中国立场处理涉外法律事务为目的的人才培养，因此在行文中除非特别指出，涉外法治人才培养与国际法人才培养在同等意义上使用。

② 习近平：《坚持走中国特色社会主义法治道路，更好推进中国特色社会主义法治体系建设》，《求是》2022年第4期。

文件多次强调了涉外法治人才培养的重要性。《中共中央关于全面推进依法治国若干重大问题的决定》首次明确提出，要建设通晓国际法律规则、善于处理涉外法律事务的涉外法治人才队伍。2019 年 2 月 25 日，中央全面依法治国委员会第二次会议指出，要加快推进我国法域外适用的法律体系建设，加强涉外法治专业人才培养，积极发展涉外法律服务，强化企业合规意识，保障和服务高水平对外开放。2021 年 1 月，中共中央印发的《法治中国建设规划（2020—2025 年）》指出，加大涉外法治人才培养力度，创新涉外法治人才培养模式。建立健全法学教育、法学研究工作者和法治实践工作者之间双向交流机制。为贯彻“涉外法治人才培养”的中央决策，教育部《对十三届全国人大四次会议第 8342 号建议的答复》（教高建议〔2021〕20 号）明确提出，加强国际法学科建设和涉外法治人才培养，对于协调推进国内治理和国际治理，更好维护国家主权、安全和发展利益具有重要意义。2021 年 12 月，习近平总书记在十九届中央政治局第三十五次集体学习时首次提出了“涉外法治人才建设”的重要论述。

从上述文件或讲话的论述中，可以看出涉外法治人才培养存在一个从培养到建设的表述转换。这标志着人才培养的重要转型具有范式转型的深远意义。人才培养是模式化、固定化和流水线式的，它按照既定的培养标准、培养方案履行完既定的培养程序。这样的人才培养机制在人才培养的初、中阶段可较好地解决“量”的问题，并部分地解决“质”的问题。但它培养的是知识型人才，知识导向的培养模式颠倒了解决问题的知识与解决问题的能力的关系，塑造的人才具备解决固定问题的知识，但不一定具有解决实践综合问题的能力。其内因在于实践中的多数问题不是在学科、专业分工的基础上“按常规出牌”，不是呈现为单一学科、专业中的问题，而是需要跨学科的视域、思路和知识，即一种综合的解题能力。这就需要从既定的、现成的人才培养范式向开放的、探索性的“人才建设”范式转型。

人才建设是兼具开放性、探索性、建构性的，它不仅注重作为基础的静态知识的供给和传授，更重视立足基础之上的能力铸就，这就是注重知识的协同性供给、结构性整合和创新性思维，面对问题形成最佳的解决方案，而不是在既有的“工具箱”中寻找现成答案。[①] 工具既定，但问题常新，传统涉外法治人才培养以具有“信息茧房”[②] 效应为特征的学科专业为导向，涉外法治人才建设则是以“面对问题本身”的求真务实态度，造就开放性地形成解题方案的综合能力。

（二）量、质与效能的三种标准

涉外法治人才从培养到建设，对应着人才培养的量、质与效能三个递进的标准。涉外法治人才培养主要解决人才培养的量、质问题，涉外法治人才建设则主要解决人才培养的效能问题。效能相比于量、质而言，突出和强调人才培养解决现实问题的效率与效果，嵌入了实践成效的考虑，因此是更为科学和健全的人才培养标准。

高校是涉外法治人才培养的第一阵地和重要孵化器。日本高等教育学者天野郁夫指出：“……大学既是尖端知识与技术的创造者，又是培养担负竞争的高水平人才的场所。”[③] 迄今，我国法学高等教育界聚焦涉外法治人才培养的量与质的问题，很好地解决了“增量”的问题，并基本形成了支撑人才培养“提质”的体系。增量阶段，通过扩大国际法学科硕、博研究生招生规模，充实涉外法治人才储备，以回应我国涉外法治人才紧缺的现实问题。提质阶段，通过加强国际法学科建设，加强国际法相关专业建设，加快构建涉外法治人才培养新格局，提升涉外法治人才培养质量，以回应现有人才储备实践能力不强、同质化程度高的培养问题。

涉外法治人才培养的两个阶段性标准应我国涉外法治实践需求而生，但仍落入知识为主、学科或专业导向的培养窠臼中，高端涉外法治人才紧缺，

---

① 人才建设相对于人才培养之距离，有一个“死去活来”的“升华”过程：对基础知识等“死”规则的传授是必需和必要的，没有对这些“死知识”的死记硬背（“死去”），就不能从“死去”这个过程中“升华”出活的解题能力（“活来”）。“死去活来”的过程就是熟能生巧、从方以智到圆而神的过程。参见张春良：《逻辑与艺儿：法意流转模式的现象学解》，《中外法学》2011 年第 1 期。

② 参见［美］凯斯 · R. 桑斯坦：《信息乌托邦：众人如何生产知识》，毕竞悦译，法律出版社 2008 年版，第 8 页。

③ 参见［日］天野郁夫：《日本高等教育改革：现实与课题》，陈武元等译，厦门大学出版社 2014 年版，第 146 页。

成为“卡喉咙”[1] 的难题，典型表现为三个方面。一是我国在各类国际组织尤其是国际立法机构、司法机构、仲裁机构、调解机构以及法律服务组织、法学学术组织等任职的人员较少。即使在一些机构或组织中有我国任职人员，但处于决策层、发挥主导作用的很少，高端涉外法治人才尤其匮乏。[2] 二是司法系统里具备完备涉外法律知识体系的司法者不足，我国涉外司法能力亟待提升。涉外审判中偏离条约、误用涉外规则的情形并不少见[3]，直接影响我国涉外司法公信力的提升[4]。三是中国律师业的国际化步伐总体上滞后于中国企业“走出去”的国际化步伐。专门从事涉外法律服务的律师数量少且主要集中在东部沿海地区，尚难提供满足市场需求的涉外法律服务，难以助力企业普遍建立起海外纠纷风险防控机制，在应对国际争议“司法化”风险方面，相关应对准备严重不足。[5] 客观而言，我国涉外法治人才的“纸面”质量并不差，在海外拥有大量的留学生，也有不断回归的海外高校的法律类硕、博士，但“纸面实力”作为质量之标准并不等同于“实际实力”之效能标准。在这一意义维度，涉外法治人才的“高端”紧缺本质上是效能不高。

当前国际社会面临百年未有之大变局，为更好地捍卫国家主权、安全、发展利益，尤其需要对涉外法治人才提出更高、更强、更精的建设效能要求。各种新型、复杂和动态变迁的国际法律问题不断涌现，固守静态知识供给的传统涉外法治人才培养方式未能识变应变求变，无法回应国家在国际化战略、倡议和维权斗争实践中的诉求。因此，我国法学高等教育亟须立足实践之基，回答时代之问，紧扣中国之本，服务人民之需，在涉外法治人才建设语境下进入提升效能的高标准阶段，着重解决“授人以鱼不如授人以渔”的问题。

---

① 肖永平教授在 2022 年 1 月 22 日于武汉大学召开的“建设国际法一级学科目标下的涉外法治人才培养”研讨会上提出该概念，意指比“卡脖子”问题更为紧要。

② 参见黄进：《完善法学学科体系，创新涉外法治人才培养机制》，《国际法研究》2020 年第 3 期。

③ 参见黄晖、张春良等：《论条约在我国涉外民事关系中的适用——基于规则和实践的考察》，《法商研究》2014 年第 5 期。

④ 参见张春良：《论“一带一路”视域下中国涉外司法公信力铸造之道——以最高人民法院为中心的考察》，《四川大学学报》（哲学社会科学版）2022 年第 5 期。

⑤ 参见黄惠康：《从战略高度推进高素质涉外法律人才队伍建设》，《国际法研究》2020 年第 3 期。

知识供给要服务于涉外法治人才的能力塑造，要以问题为导向重点塑造涉外法治人才的知识综合运用能力、创新思维能力和问题解决能力。

（三）建设效能的新视域

提升我国涉外法治人才建设效能就是要提升涉外法治人才理解、驾驭和解决纷繁复杂的涉外法治重大理论和实践问题的能力，是更高维度的人才建设要求。从这一崭新的视域出发，涉外法治人才的建设应当在传统培养模式上进行一些全新的拓展。展言之，传统国际法人才培养更多地以知识为导向、以较为硬性的学段为路径、以相对单一的学科知识为内容、以高校相对封闭的孤立培养为中心进行较为粗放的人才培养，难以达到“召之即来，来之能战，战之能胜”的要求。因此，应超越学段强调体系，超越专业或学科强调跨界，超越学校强调共同体，超越历史经验强调前瞻创新，超越无立场之抽象强调中国立场之具体方位，据此探索涉外法治人才建设的效能提升之道。

二、提升我国涉外法治人才建设效能的主要困境

（一）优质生源流失严重

根据我国学位设置，国际法学位分为硕士和博士两个层级[①]，它们构成我国高等教育中涉外法治人才培养的基本体系。国际法博士生是涉外法治高端人才的主要来源，国际法硕士生是前者的核心储备，因此国际法硕士学位是塑造国际法专门化人才的入门学位，学士学位向硕士学位的过渡则是我国一般法律人向国际法律人转化的关键分流环节。从应然层面看，涉外法治人才需要更优质，乃至最高素质的生源。然而，在我国现有的涉外法治人才培养中，国际法学士建制缺位，国际法专业化培养不能前置延伸至本科阶段，缺乏对学生系统、专业国际法知识的供给，难以为国际法硕士生提供具备扎实知识的优质生源。[②] 此外，部分学生对国际法就业市场和研究难度存在顾虑，进一步导致了本科向研究生转换的阶段中优质生源的流失。

---

① 国际法学作为法学一级学科下设的二级学科，目前主要是在研究生阶段设置硕、博士学位。武汉大学于 2021 年开始在本科阶段开办国际法试验班，该班学生毕业学位仍为法学学士学位。

② 需要补充说明的是，本文并不必然赞同在本科阶段设置国际法的专门学士学位，但为回应当前涉外法治人才培养的紧缺急需困境，一个非常之法应是在本科阶段适当扩充国际法相关课程、交叉课程的选修和必修范围，适度强化国际法导向的人才培养意识，对有潜力的优质生源做适度引导。

首先，相对于国内实体法与程序法等热门学科专业而言，国际法研究生存在就业局限。我国涉外法律业务总量小于国内法律业务，而且商务部发布的《中国外资统计公报 2022》统计显示，2021 年新设外商投资企业主要集中在东部沿海地区。涉外法律业务总量相对较少且地域集中，难以提供大量的、覆盖全国各地的国际法专业对口的就业岗位，难以较大规模吸引优质生源。

其次，综合的法律外语能力要求也提升了人才培养的门槛。国际法研究生不仅需要有全面的知识结构，更需要有综合的能力素养，“能读”“能说”“会说”是国际法研究生的基本素养，“善说”更是国际法研究生培养所持续追求的目标[①]，但高门槛的培养要求，也让部分学生望而却步。“能读”是基本能力素养，我国国际法研究和学科建设起步较晚，国内的中文国际法文献资料较为欠缺，加之国际社会中涌现出的许多前沿问题为欧美国家所引导并研究，导致我国国际法研究具有一定的滞后性，这要求学生在学习过程中查找、阅读、运用大量的外国文献资料。“能说”“会说”突出的则是外语应用能力。但现阶段更要追求“善说”，不同国家的法律语言背后是其特有的、经历史沉淀形成的法律制度体系及法律思维逻辑，“善说”意味着国际法研究生要透过法律语言的工具属性洞悉法律语言背后的法律思维模式，达到法律思辨与特定外语表达的融会贯通，实现用“世界语”表达“中国立场”“中国态度”的功效。英语是当前国际社会的主流语言，过硬的法律英语能力是成为优秀国际法人才的必要条件，但这也阻碍了部分学生选择国际法进行学习。

（二）培养机制尚欠精细

近年来，科学技术的迅猛发展极大拓展了人们的生存空间，改变了人们的生活方式，深海、极地、外空、网络、人工智能、大数据、核能源等新疆域、新领域方面的新兴法律问题和挑战不断涌现，迫切需要建立新的相关国际规则和治理机制。这给国际秩序构建带来了不小挑战，但也为我国深度参与国际治理和把握规则制定的话语权乃至主导权带来了新机遇，为此我国要加快培养新疆域、新领域的精尖国际法人才。

---

① 我国涉外法治人才培养的标准包括法律与外语、内国法与外国法的不同组合，并可提炼为“能说”“会说”“善说”三个阶段。参见刘梦非：《我国涉外法治人才培养的标准迭代与路径平衡》，《四川警察学院学报》2022 年第 3 期。

传统国际法人才培养机制较为粗放，国际法专业方向粗略划分为国际公法、国际经济法和国际私法（即“三国法”），对应设置师资团队、课程体系和教学体系。这一传统机制缺乏立足国际法特定前沿领域及按照重要问题导向设置培养方案的考虑。越来越多的国际法律问题、涉外法治领域中的疑难问题，不是按照“三国法”的类别出现，而是以国内法与国际法、公法与私法、实体法与程序法、中国法与外国法相互嵌套、错综复杂的结构出现的。这一问题结构极大地冲击了现行国际法学科专业设置和人才培养的模式，并要求采取更为精细的问题导向的培养机制。国际法硕、博士生的培养以提升科研创新能力、专业实践能力为目标，但目前仍缺乏精细化的问题导向的专业师资团队、系统的课程体系和教材体系支撑，难以形成精细化的培养方案。简言之，国际法高端人才建设整体面临精细度不够和人才培养同质化程度高的问题，很难满足国家深度参与特定领域国际治理和引领国际秩序建构对人才的需求。

（三）学科融通尚有差距

当前新的国际社会问题层出不穷且日益复杂。新问题实质上是多学科问题交叉、融合的产物，需要运用跨学科思维和方式予以解决。跨学科研究与人才培养逐渐成为世界顶尖研究型大学博士生教育改革发展的重要趋势。[①] 优秀的跨学科人才既要有跨学科的知识广度，又要有在精细领域的研究深度，是“博”与“专”的复合体。[②] 因此，国际法人才的建设目标是塑造出能综合运用跨学科知识解决问题的、兼具“精细”和“复合”双重特征的人才。现阶段我国国际法学生知识储备单一，内因是我国国际法人才培养中学科融通不力，具体表现在以下两方面。

一方面，国际法与国内法之间的壁垒未能贯通。从 16 世纪开始，已出现利用国内法解决国际法问题的情形[③]，并且随着国家交往日益密切，一些国内

① 参见沈文钦、王东芳：《从欧洲模式到美国模式：欧洲博士生培养模式改革的趋势》，《外国教育研究》2010 年第 8 期。

② 有人指出，当代社会培养的是对越来越少的领域知道得越来越多的人和对越来越多的领域知道得越来越少的人。参见梁春：《再版前言》，［美］威尔・杜兰特：《哲学的故事》，梁春译，中国档案出版社 2001 年版，第 2 页。

③ 参见周鲠生：《国际法》上册，武汉大学出版社 2007 年版，第 35—36 页。

的法律原则、规则以及实践也逐渐进入国际法领域。故而国内法与国际法之间历史地具有互动与转化的规律，国内法为国际法供给底层法律思维逻辑、法律原则和法律规则雏形，国际法也反过来引领着国内法的国际化。职是之故，国际法人才培养要实现国际法与国内法的跨学科统筹培养。当前国际法人才培养呈现“脱钩”现象，在研究生阶段单一地强调国际法知识的灌输从而忽视了国内法知识的根基作用，较为突出的问题是国内法课程主要设置在选修课中；一些贯穿国内法与国际法的、具有融通性的法律思维或法律方法论类别的课程没有开设；实现国内法与国际法整合应用的新型课程还没有探索成型。单一的国际法知识体系会束缚学生在国际法领域的深耕程度，影响其科研创新能力和实践问题综合解题能力，典型表现为大多数国际法研究生不能独立发现有意义的学位论文选题，研究选题较为陈旧，脱离实际，因此无法解释实践、解决问题，难以规范实践、重构秩序，更难以引领国际法律思想之潮流。

另一方面，国际法与非法学学科之间的融通更具挑战性。其一，表现在国际法与社会科学领域的非法学学科之间，典型例子是国际法没有同与之密切相关的国际政治、国际关系等学科进行普遍的融合。21 世纪以来，国内开始有数量有限的学者，重新拾起国际关系理论与国际法学联结的纽带，尝试进行跨学科的分析工作，并取得了一定的成绩。[①] 但国际法与国际关系的课程体系、教学体系、师资队伍乃至教研平台相互隔离，未能深度融合，学科融合流于简单组合教学的表面。其二，表现在国际法与自然科学领域的学科之间，如国际法与气候变化、国际能源、信息技术等领域的学科之间未能真正融通。我国自恢复国际法研究生招生以来，招生规模不断扩大，但生源结构没有发生根本性变化，文科生占绝对多数。在研究生阶段，鲜有理工科背景的学生转学法学，选择国际法学的更是少之又少。[②] 以文科生为绝对多数的生源结构，限制了国际法跳出社会科学领域去融合自然科学领域的学科，探索

---

① 参见刘志云：《国际关系与国际法的学科结合——中国现状、存在问题及解决思路》，《国际政治研究》2011 年第 3 期。

② 参见张志军、刘惠荣：《当前国际法跨学科人才培养的新任务新课题——基于深海、极地、外空、网络等“战略新疆域”的思考》，《人民论坛・学术前沿》2021 年第 3 期。

跨学科人才培养的可能性。自然科学领域的学科融通也多局限于内部，鲜少主动融通法学或国际法学科。

（四）理论实践脱轨较重

传统人才培养模式固有的封闭性和涉外法治实践场景的稀缺性，导致我国国际法人才培养主要局限在高校内部，人才培养与法律实务和实践脱节之程度，更甚于国内法人才的培养。脱离法律实务和实践进行的课堂中的“理论+案例+规则”式的学习，很大程度上造成了学生高分低能的问题。双脚离开实践的大地，按照“形而上”的模式培养出来的涉外法治人才很可能是纸上谈兵式的空谈家。理论研究与实践的脱节被诟病为理论与实践的彼此“反对”，具体成因如下。

首先，传统人才培养模式自身具有封闭性。从知识导向培养人才的角度来看，传统人才培养以高校为平台和中心，集中、整合人才资源和教学资源，形成规律性的人才吸收、培养、产出周期，能够在短时间内为人才构建全面的知识结构，因而具备合理性。但从问题导向提升人才建设效能的角度来看，传统人才培养模式的封闭性加剧了理论与实践脱轨。传统人才培养模式塑造的是知识型人才，但对社会而言，“实效”是核心指标，更需要具备知识综合运用能力和实际问题解决能力的人才，供给侧和需求侧的契合度低，呈现出供需两条线、两张皮的沟壑困境。

其次，基于涉外法治实践场景的稀缺性，国际法学生很难有高质量的实践机会，缺少必要的国际法实践磨砺。目前直接对口国际法专业的实践主要有四类，且均存在稀缺性。一是在主要从事涉外业务的律所实习，但在中国该类律所数量所占比重低，实习岗位稀缺；二是在大型企业、跨国公司中实习，但这类公司多青睐有实务经验的综合性人才，实习要求门槛较高；三是在国际组织中实习，但国际组织接受实习生的数量相对较少，且国际组织总部多坐落于国外，相对于外国学生，中国学生在语言等方面很难占据竞争优势，因此在国际组织中实习很难成为普遍和主流的实践模式；四是在政府或司法机关中的涉外部门实习，诸如外交部、商务部、海关总署、最高人民法院国际合作局、国家国际发展合作署等，但仍存在需求少、竞争激烈、效果不佳等问题。

（五）国际交流受阻较大

全球新冠疫情流行，逆全球化、单边主义、保护主义、民粹主义思潮抬头，这给国内高校开展国际交流造成了不小阻碍，这表现在三个方面。一是尽管世界逐步迈入后疫情时代，但实地访学的传统国际交流模式仍然程度不同地受阻。加之各国经济遭受重挫，政府财政经费缩减，势必影响国家在国际交流合作上的经费投入。大多数高校限于经费问题，很难为学生提供国外交流、访学、实地调查、研究的条件。二是受逆全球化、单边主义、保护主义及民粹主义思潮的影响，部分西方国家正在收紧政策，限制中国学生赴外学习，如限制留学签证发放，国际交流渠道紧缩。三是面对某些西方国家存在的种族歧视、文化歧视、政治风险对人身安全的消极影响，叠加疫情影响，中国学生和家长在决定是否参与国际交流时渐趋谨慎和保守。

国际法的研究与应用要放在国际社会这个大环境开展，高端涉外法治人才应具备敏锐的国际时事信息捕捉能力和强大的国外理论资源检索能力，锤炼这些能力的最好方式就是为人才创造与提供及时接触前沿信息的机会和渠道。因此，高度开放、包容的国际交流环境是高质量培养涉外法治人才不可或缺的因素。缺乏充分的国际交流、访学机会，甚至难以接近前沿的国外学术信息和资源，就难以培育出合格更毋庸说高端的涉外法治人才。

三、我国涉外法治人才建设效能的提升之道

如何突破当前阻碍涉外法治人才建设效能提升的困境，尽快培养出能在各类国际舞台上利用国际法知识与原理捍卫国家主权、安全、发展利益的“国之喉舌”，是中国涉外法治人才建设的时代课题。解题方案众多，本文认为在策略上应注意五大维度。

（一）超越学段设置的体系思维

我国现有国际法研究生培养采取的是硕士、博士分段培养机制。但不同学段有不同的培养标准和要求，彼此间较为割裂，加之各学段间是开环的，本科法学生不一定进入国际法硕士阶段，国际法硕士生也不一定进入国际法博士阶段，因此各学段为实现培养的合理化，会重复设置某些课程，而且课程只能局促安排在各学段 1—2 年的时限内。这对于精细化培养高端涉外法治

人才而言是缺乏体系性和科学性的。因此，各种方式的贯通培养，或者是本硕博贯通培养，或者是本硕拉通或硕博拉通培养，应成为当前探索性的人才培养改革方案。

运用超越学段设置的体系思维，设立体系化纵向人才建设机制，纵向打通本科、硕士、博士阶段间的壁垒，能够在更为合理的时限内制定培养方案，克服不同学习阶段间相互割裂、缺乏连贯性的问题。如果能够实现涉外法治人才建设的本硕博拉通培养，再加上海外博士后研究延伸培养，那么就不仅能从更早阶段吸引、保留国际法的优质生源，化解当前我国国际法优质生源流失的现实困境，而且还能通过持续、连贯的沉浸式、全链条式的国际法理论与实践研习，最大效度地造就高端涉外法治人才。

探索建立贯通本硕博的直硕直博机制，应以现有硕博连读机制为范本，因此首先要稳固、优化现有硕博连读机制。重点有二：首先，破除“唯论文”“唯期刊”论的单一人才评价、选拔机制，把握问题解决能力这一核心指标，设置多元化、多维度的人才评价、选拔标准，可综合考量学生的国际法理论知识储备、国际法逻辑思维建构、国际法实务能力、国际法学术成果质量等；其次，超越学段设置制定“体系化”的人才建设方案，一方面去除重复课程，另一方面以涉外法治建设中的重大问题为导向，适度增加综合型、前沿型的专业课程，贯穿硕博培养全过程。

（二）跳出国际法视域的跨界思维

我国国际法学生的法学知识储备相对单一，甚至相关师资团队的储备也是如此，难以应对国际社会新疆域、新领域中不断涌现的新挑战。“纯而又纯”的人才培养只能造就“蠢而又蠢”的机械式的工具型工匠，面对现实法律问题给出的解决方案时有反“三常”[①]、悖“四理”[②] 之谬。跨学科、复合型国际法高端人才是现实所需，这需要运用跳出国际法视域的跨界思维，打破国际法与国内法间的壁垒，融合国际法与非法学学科，开展跨界人才建设，

---

① 即常识、常理、常情。参见陈忠林：《“常识、常理、常情”：一种法治观与法学教育观》，《太平洋学报》2007 年第 6 期。

② 我国最高人民法院对裁判文书说理明确提到了“四理”的标准和要求：事理、法理、情理、文理。参见《最高人民法院关于加强和规范裁判文书释法说理的指导意见》（法发〔2018〕10 号）。

这也是新文科建设的题中应有之义。[①] 为此可采取以下三种做法。

第一，设置以“问题—应用”为导向的跨学科人才建设项目。近年来国际社会中涌现的新问题具有强烈的跨学科属性，需要综合运用多个学科的知识和方法予以解决。对此，国际法跨学科人才建设可针对深海、极地、外空、网络等新疆域设置“国际法+海洋学”“国际法+地球物理”“国际法+网络空间安全”等项目。针对人工智能、数字经济、气候变化、公共卫生等新领域设置“国际法+人工智能”“国际法+数字经济”“国际法+环境科学”“国际法+公共卫生与预防医学”等项目。

第二，建立组织化、制度化的跨学科教育教学通道。当前，我国的跨学科教育与研究总体上尚处在探索和逐步推广阶段，多数跨学科研究机构面临融合动力不足、经费不充裕、保障机制缺失等多重困难，这也成为制约我国跨学科教育和研究真正有效深度融合与协同创新的现实瓶颈。[②] 对此可采取如下三大“强力”举措。一是强力推进学科专业结对建设，通过师资混合、研究整合和教学资源综合等途径，扎实推进跨学科建设。二是强力统筹国内法治与涉外法治，推进国际法的国内化和国内法的国际化，打通国际法与国内法之间的专业隔阂，一方面强化国内法、国别法在国际法专业中的课程设置，另一方面立足各国内法学科，拓展国内法涉外维度的研究和教学，以探索形成“国内法+涉外延伸”的培养模式。三是强力推进国际法与相近非法学学科彼此渗透，促进相关学科的相向发展与对接。例如，国际能源法人才的培养阵地不应局限在国际法领域，还应拓展至能源领域，引导能源领域的专业人才进入国际法领域。气候变化、信息技术、基地深海等领域，同样如此。

第三，建设高质量的跨学科课程体系、教材体系和实训实践体系。课程体系与教材体系既是教学中的核心微观元素，也是落地高端涉外法治人才培养理念、目标的抓手和支点。跨学科人才建设并不是将多个学科进行简单的排列组合，其核心在于打破学科间的壁垒。因此要开发建设一系列高水平的、

---

① 参见樊丽明等：《新文科建设的内涵与发展路径（笔谈）》，《中国高教研究》2019 年第 10 期。

② 参见韩大元等：《跨学科教育与研究：新时代法学学科建设的实现路径》，《中国大学教学》2018 年第 4 期。

学科之间深度融贯的课程、教材和实训实践体系，贯通国际法与国内法、国际法与非法学学科之间的壁垒，为跨学科人才建设提供丰富的教学资源支持。

（三）突破学校教育的共同体思维

人才建设是一个体系工程，也是一个多方协同的过程，需要打通相对封闭的高校教育教学与开放的社会资源之间的阻隔，联动高校与具有涉外事务或法务的政府机构、企事业单位、律师事务所、自贸区、国际组织、国外高校等，建立高校教育与开放社会资源的多元互动机制，形成高端涉外法治人才建设的教育共同体。其建设可紧扣以下四个关键点。

一是虚实结合、虚实贯穿。通过高校与社会资源的合作平台，实现社会资源引入高校和高校教育教学走出校园的对流互动。前者，可在建设好现有的虚拟仿真课程、各类模拟赛事以及“法律诊所”等实践实务教学资源基础上，引入涉外法治一线实践至学校、课堂，围绕热点实务问题开展教学活动，虚功实做、实功巧做。后者，应重点探索实习以外的多元化涉外法治实践场景，譬如实训课堂、工学结合、训赛实践等，做到虚实相间、知行合一。

二是全链条的双师培养模式，将理论与实务的双师搭配模式贯穿在各类教学资源或教学过程中。一方面，针对教学课程吸纳相应领域的实务专家至师资团队中，与校内教授组成授课团队，不仅能实现理论知识的输送，使学生打下全面、扎实的理论基础，还能实现理论与实践的交锋，展现“应然”与“实然”间的矛盾，锻炼学生的批判思维能力，启迪学生深度思考，着力促进理论与实践的统一。另一方面，将双师培养模式推行至论文指导环节，共同指导学生的论文选题、撰写和答辩，在此过程中逐步解决学生学位论文落入窠臼或高悬云端的常见问题，指引学生在“应然”和“实然”的碰撞中找到创新之道。①

三是双向互动的国际教育机制，深度推进中外合作办学的质效。当前国际交流合作受阻、渠道紧缩，需要政府积极推动建立双向互动的国际教育机制，加大对高校国际教育项目的资助力度，加强对参与国际教育项目的学生的安全保障。国内外高校在传统国际教育模式——比如教师互派、学生互换、

① 参见刘梦非：《我国涉外法治人才培养的标准迭代与路径平衡》，《四川警察学院学报》2022 年第 3 期。

课程互通、学分互认和学位互授联授——的基础上，还应以提升人才建设质效为目标，通过合作办学的方式进行两国乃至多国师资团队、人才培养方案的一体化设置。

四是“就业前置”，探索更多元、更实在的涉外法治人才建设机制。[①] 核心思路是将人才培养的供应链与用人主体的需求链进行深度耦合，一举两得地解决当前人才培养供需两端“脱钩”导致的问题：一方面，脱离需求链导向的供应端就失去了靶向，人才培养容易迷失方向，远离实际，另一方面，没有供应链支撑的需求端就缺乏智识支持，聘用人才缺乏岗位胜任力和竞争力。国际法人才培养的“就业前置”就是将国际法实务部门的人才需求前置植入人才培养的进程中，把人才培养的“半成品”提前与用人单位进行供需对接，促进毕业前的就业匹配和敲定，实现学习与就业、供需的无缝衔接。如此，一方面可锻炼学生实务能力，缩短学生就业适应周期，另一方面可充分利用用人单位实务资源和需求引导学生在课程学习、论文选题和写作等方面与用人需求契合。

（四）跨越当下需求的前瞻思维

“未来已来”，“唯变不变”。[②] 科学技术高速发展不断形塑着全球产业链的变迁，产生新的全球法律问题。国际关系和国际政治的无常变动也催生了各类更为复杂的国家间争端。涉外法治领域也在爆发着“问题革命”，各种新型问题特别是新疆域、新领域方面的问题不断涌现，传统国际治理和法律调整机制已相形见绌，“问题革命”呼吁新的法律规制升级，进而呼吁涉外法治人才培养的转型。

在战略层面，应革故鼎新，围绕未来导向的涉外法治人才建设方向改革。传统涉外法治人才培养以知识导向为核心，侧重知识的输入与构建，培养知识型人才。未来导向的涉外法治人才建设则以问题导向为核心，侧重能力的塑造，鉴于扎实、前沿的知识储备是解决问题的必要条件，除重点塑造人才

---

① 参见王晓燕、倪大保：《论新时代高层次法治人才培养模式改革》，张晓君主编：《中国—东盟法律评论》第 12 辑，厦门大学出版社 2021 年版，第 182 页。

② 参见吴岩：《积势蓄势谋势识变应变求变——全面推进新文科建设》，《新文科教育研究》2021 年第 1 期。

的问题解决能力外，还应特别塑造人才的终身学习能力。围绕问题解决能力的塑造，应在数量、质量和强度三个维度凸显法律思维、批判思维和应变思维的训练。事实上，只要养成了此三种思维在大多数情况下也就足以理性思考、从容应对和举重若轻地解决涉外法治实践中的重大疑难问题。① 围绕终身学习能力的塑造，应着重授予学生知识获取能力、方案复盘能力、思维批判能力和知识更新能力。

在战术层面，为更好应对将来全球治理中不断涌现的各种挑战，涉外法治人才建设应以跨越当下需求的未来前瞻性思维，组织梳理并论证未来可预期的涉外法治领域的重大问题，以此为靶向，从传统粗放式培养向精细化建设的方向转变，在国际法的本与用、道与术之间进行与时俱进的动态平衡。重要的探索性变革可考虑以下两点。一是精细化国际法专业方向，并配套相应教学资源。全球竞争经历了从陆权到海权②，再向陆权回归的趋势。事实上未来更具竞争制高点的是有关深海、极地、外空、网络等新疆域的国际法专题，为此应在国际法人才培养中予以高度关切，相应增设增加有关人工智能、数字经济、大数据等新领域的研究方向、课程体系、能力训练。二是改变国际法专业以法学学科或社会学学科背景学生为主的生源结构，平衡吸收具有相关背景的理工科学生，以专业技术与法律训练为两翼，推动中国在新兴涉外法治领域的大国崛起。

（五）坚守中国立场的本位思维

面对不断变幻的国际局势，涉外法治人才建设尤其需要坚持“固本培元”，服务于中国涉外法治实践是“本”，做到“本立而道生”，以不变应万变。中国立场是我国涉外法治人才建设的初心、本心和归心。因此，我国涉外法治人才建设效能的关键和最终衡量尺度是看我国涉外法治人才建设能够更好地维护国家主权、安全、发展利益。

为贯彻中国立场的本位思维，可在如下方面着力。第一，在涉外法治人

---

① 参见刘梦非：《我国涉外法治人才培养的标准迭代与路径平衡》，《四川警察学院学报》2022 年第 3 期。

② 参见曾向红：《“一带一路”的地缘政治想象与地区合作》，《世界经济与政治》2016 年第 1 期。

才建设过程中推进专业课程与课程思政同向同行，解决培养什么人、怎样培养人、为谁培养人的根本问题。中美贸易摩擦是最好的思政素材，通过如盐入水、润物无声的方式将思政元素嵌入涉外法治人才建设过程之中，提升学生的中国关切。第二，探索研究生阶段的中国涉外法治方向的设置，必要时可斟酌考虑中国涉外法治相关专业的设置①，让研究生培养有中国温度，专业设置有中国态度，人才建设有中国高度。正如学界内所认同的，涉外法治与国际法治存在关联但也有重大差异，涉外法治是桥接国内法与国际法的中介领域，是立足一国之立场对涉外关系的法律规范和调整，其本身就有一个立场和态度的明确问题，要解决“谁之正义？何种合理性?”② 的问题。一般国际法专业和研究方向注重国际法领域的一般规则、知识讲解和能力训练，具有中立性，强调普适性；中国涉外法治专业和研究方向则有明确的中国立场，彰显特殊性。当然，必须注重普适性与特殊性之间的平衡，涉外法治在进入国际法领域时仍然需要维持以联合国为核心的国际体系、以国际法为基础的国际秩序和以联合国宪章宗旨和原则为基础的国际关系基本准则。中国梦与人类命运共同体之间的契合性，决定了中国立场的特殊性与全球治理的普适性之间并不存在不可缓和的根本冲突。第三，围绕课程、教材、教师、教法和教学资源库，一揽子推动现有国际法教学元素适度中国化。例如设置中国涉外法治系列课程，立项建设中国涉外法治系列教材，深度推进国际法专业课程与课程思政的一体化教学改革，建设有“志气、骨气、底气”③ 的中国国际法师资队伍，建设融入与中国相关的最新国际法实践与经典案例的教学资源库。简言之，围绕中国涉外法治方向建设“金专”“金课”“金本”“金师”“金法”“金模式”和“金库”（资源），更有针对性地提升我国涉外法治人才的建设效能。

---

① 国家相关文件指出，支持有条件的高校按程序设置涉外法治相关二级学科、交叉学科和专业。参见《教育部关于加快高校涉外法治人才培养的实施意见》（教高〔2021〕3 号）。

② 参见［美］阿拉斯戴尔·麦金太尔：《谁之正义？何种合理性?》，万俊人等译，当代中国出版社 1996 年版。

③ 习近平：《在庆祝中国共产党成立 100 周年大会上的讲话》，《求是》2021 年第 14 期。

四、结语

高素质涉外法治人才短缺已经成为制约我国在更大范围、更宽领域、更深层次构建对外开放新格局的短板，也制约着我国对外开放推进的深度、反制以美国为首的相关国家法律战的力度和大国崛起的速度。为此，我国涉外法治人才建设历经从量到质再到效能的标准转换，正从模式化的培养向多元化的探索性建设进行范式转型。高校作为涉外法治人才建设的第一阵地和重要孵化器，应准确识变、科学应变、主动求变，把握历史主动，坚守中国立场，持续探索提升涉外法治人才建设效能的方案。方案千万个，道路千万条，但人才建设效能永远是必须恪守、时时衡量的首要准则。更好提升涉外法治人才建设效能虽道阻且长，然心向往之，行必能至！

（原载于《新文科教育研究》2023 年第 1 期）

教育学的性质、性格、性能及其自主知识体系建设

刘振天*

当下，国家提出建设自主知识体系和自主人才培养体系新要求，教育学知识自主性问题再一次被提上台面。需要探讨的，一是我国现行的教育学知识体系是不是自主的，衡量自主性知识体系的标准是什么；二是应该如何看待教育学知识及其体系的自主性，影响自主性的因素有哪些；三是是否有普遍的自主性教育学知识体系，与本土性是什么关系；四是建设自主性教育学知识体系应遵循什么路径。

一、现实感知：教育学自主性何以成为问题？

在我国，教育学不仅是独立学科，而且有较完整的学科体系、学术体系和话语体系。按理说，教育学既然已经自立了，就应当能够治理好属于自己的那块田地，能够运用自身的知识、理论和方法来解释解决本领域的相关问题，但长久以来，这个学科却不能很好地做到自足自洽，以至于在面对其他学科、面对国外学科以及面对教育实践问题时常常捉襟见肘，尽显弱势。

（一）教育学对其他学科的弱势

教育学科有自己的研究对象，形成了一系列概念、术语与命题。但按成熟学科标准衡量，教育学科概念和范畴数量少，抽象程度不高，许多概念与日常用语没有实质性区别，概念与概念之间的逻辑关联度和严密度较低，理论系统性概括性不强，时常借用哲学、心理学、社会学等学科概念和范畴，用其他学科的理论、方法或技术应对自身所研究的对象与问题，但对其他学

* 刘振天，厦门大学高等教育发展研究中心主任、教授。

科的影响却微乎其微。这种借用现象不仅在教育学教材、专著和文章中大量存在，在教育学科硕士和博士研究生学位论文中也有着明显的表现。例如，有人做过统计，高等教育学博士学位论文中的理论基础部分，几乎清一色来自非教育学科，研究方法也同样如此。① 这使教育学似乎成了别的学科理论与方法的实验场和领地②，由此，一些学者并不把教育学视为学科，而仅仅当作研究领域。

上述现象和问题，早在19世纪德国教育家赫尔巴特就已注意到了。他的目标是使教育学成为与其他学科平起平坐的学问，他为建立这样的学科做了大量奠基性工作。以后的几代教育学家也继续探索，但进展不大，成果也不明显，以至于今天问题依然如故。

（二）国内教育学对国外教育学的弱势

在教育学对其他学科呈现出弱势这一大背景下，国内教育学对国外教育学科而言，地位、影响以及科学化程度又进一步式微。我国教育学概念、理论与方法，不仅从其他学科借用，更要从其他国家进口。前面所说的博士和硕士学位论文的理论基础，既来自其他学科，也来自国外。在中外教育学学科交流中，我们进多出少，存在明显"逆差"。这样的状况，国内教育学界也早就意识到并致力于改进，不仅提出教育学科学化，更提出构建本土化教育学的目标和理想。当然，成效同样不尽如人意。

（三）教育学理论对教育实践的弱势

由于教育学对其他学科以及国外教育学科存在弱势，它对教育现象与问题的解释和说明，往往会显得力不从心。人们注意到，在面对同样的教育问题时，教育学者并不比其他学科学者、有时也不如教育管理者讲得深刻，不如国外教育学理论分析得透彻，没有很好地体现出教育学专业的理论、技术和方法优势，很多情况下，教育学会遭到实践工作者和行政管理人员的抱怨、批评以至轻视。

归纳起来，相对于其他学科，教育学自主知识体系存在缺欠；相对于国

---

① 参见罗丹：《近二十年来我国高等教育学博士学位论文选题研究》，南京师范大学硕士学位论文，2021年。

② 参见陈桂生：《略论教育学成为"别的学科领地"的现象》，《教育研究》1994年第7期。

外教育学科，国内教育学知识自主性存在缺欠；相对于本国教育实践，教育学自主知识体系及其功效存在欲欠。是什么原因导致教育学产生如此现象并将其置于如此尴尬境地？学者们对此进行了一系列分析和研究。比如，就学科性质看，教育学本来应该是一门基础性和理论性较强的学科，因为它以人及其培养为对象。然而，关于人的思想与精神层面的研究，却被哲学、伦理学、道德学等学科占据；同样，关于人的社会行为层面的研究，也被政治学、经济学、社会学和管理学等学科瓜分。留给教育学的似乎只剩如何传授和组织知识经验的技能技巧，教育学变成了师资培训的单纯技艺，其学术性和理论性大打折扣。① 就教育学研究范围看，教育学家们不满足于狭隘的师资技能培训，在学科发展中不断扩展研究范围，实际上建立了大教育学体系。不过，这种大教育学体系却过于庞杂松散，目标不明确、方向不集中、边界不清晰，并未改变教育学的命运，同样受到人们的批判，要求教育学回归自身。② 在研究方法上，以往学者们认为过于依赖于经验和思辨，所获得的知识缺乏专业性和确切性，因此大力倡导和推行实证研究，认为这是推进教育学科学化的最佳路径。③ 以上种种努力虽有所获，但成本过高收效过低。教育学何去何从，依然是困扰学界的一大难题。

二、视角转换：教育学是否缺乏自主性？

教育学是否真的缺乏自主性知识？建设教育学自主性知识体系，是否要一直沿着过去的道路走下去？怎样看待和对待教育学知识的自主性？我认为，这取决于认识和研究的视角。视角不同，得出的观点和结论也就有所不同。

（一）关于教育学的性质

教育学既古老又年轻。所谓古老，几千年前，先人们在教育实践中就总结出许多丰富的教育思想和主张；所谓年轻，作为学科，教育学自创立至今不足400年，实际上是更为晚近之事，它可能是最后从哲学母体中脱离出来

① 参见赵婷婷：《高等教育学科理论体系建构路径：基于对其他社会科学学科的考察》，《高等教育研究》2021年第8期。

② 参见刘振天：《“大教育学体系”建构论批判》，《教育理论与实践》1997年第5期。

③ 参见袁振国：《实证研究是教育学走向科学的必要途径》，《华东师范大学学报》（教育科学版）2017年第3期。

的学科之一。年轻意味着不成熟，意味着成长和发展。而人们之所以说它年轻不成熟，归根到底是在用科学的标准进行评价，更准确地说是按自然科学标准来评价的。众所周知，自然科学是公认的最成熟的知识体系，尤其是数学最为精确，被视为科学中的皇后，它构成所有学科的基础、方法和工具。紧随数学之后的是物理学、天文学、化学、生理学等经典学科，它们成功地运用数量、符号、公式等数学语言来描述研究对象的关系及其运动变化规律，因此取得了巨大的权威性。经济学、社会学、政治学、行为学等社会科学紧随其后，也广泛深入地借鉴数学和自然科学的理论与方法，促进了自身的科学化，不仅形成了一整套学科概念、原理等知识体系，而且通过投入产出模型、价格杠杆原理、科层制、民意测验等，实现了对对象化领域运动变化的有效预测和控制，取得了明显进展，同样确立并巩固了学科的科学地位、获得了较高的荣誉和尊严。正是在这层意义上，马克思曾经说过："一门科学只有当它达到了能够成功地运用数学时，才算真正发展了。"① 19 世纪以来近 200 年时间里，教育学一直奔走在这条科学的征程上，先有赫尔巴特的教育学心理学化，后有 20 世纪以教育心理测量为标志的实验教育学运动，如今教育学者热衷于实证和量化统计研究，尤其是大数据和人工智能新形态下，更加坚定了科学化道路的信念。但理想终究不等于现实，教育学科学化依然步履蹒跚、收效甚微，甚至一部分学人因此失去信心和耐心。

如果把教育对象单纯看作自然现象或社会现象，进而认为只有科学才是教育学必由之路，那么自然会导致前文中所提到的教育学科学化程度不高、地位低下或教育学缺乏自主性等问题。然而，教育既是社会现象，有非人格化的因素和共性规律可循，同时教育又是人的精神现象和生命活动，具有个体主观性、情境性和情感体验性等特质，这些特质又恰恰要求教育过程中要用人文的方法面对和解决相关问题。从此一层面看，与其说教育学是科学，不如说是艺术。科学化关注一般和普遍，人文化关注特殊与个别。科学是把复杂问题加以简化，追求的是一把钥匙能开多把锁；人文是要看到简单问题背后的复杂性，追求的是多把钥匙开一把锁。因此，若把复杂的教育现象简

① ［法］保尔·拉法格等：《回忆马克思恩格斯》，马集译，人民出版社 1973 年版，第 7 页。

单化归于科学对象之一端，教育学知识就不会完整和全面，指望这样的教育学知识体系能够自主自立自足，肯定是勉为其难的。因此，考察教育学自主知识体系，不能不廓清和明了教育现象及其教育学科的性质，这是首要的前提性条件。教育学不能只强调知识的确定性、公式化和模式化，更要注重内在的个别性、情境性、多样性和多变性。我们说要讲好教育学故事和话语，这个故事和话语本身，就明白无误地表达了教育学的人文性质。以人文学科评判教育学，就不能轻言科学化，不能一味追求科学化，当然也就不会有划一化和标准化问题，这在一定程度上有效克服和化解了教育学自主性知识体系困乏的窘境。

（二）关于教育学的性格

教育学科学化的过程，就是追求普适化和一般化的过程。然而，教育学有没有独特性，有没有自己的性格？答案是肯定的。石中英教授的专著《教育学的文化性格》，书名不仅用了“性格”一词，且特别指出是文化性格。[①]事实上，人们经常研究历史或现实生活中某个政治家、思想家和教育家的思想，如孔子教育思想、凯洛夫教育学、赫尔巴特教育学、马克思教育理论、邓小平教育理论等，把思想、学说或理论冠以个人名字，说明其教育思想、学说或理论既属于那个时代，又属于个人。有人认为，在教育思想或学说前面加上个人名字，仅仅表明承认他对教育学的特殊贡献，表达的是一种尊敬而已。其实不然，在自然科学、技术科学发现或发明成果前冠以科学家个人的名字，多只具有向作者致敬的含义，因为自然科学和技术科学是积累性与确定性的学问，一种知识或理论一旦被科学证实，那么它之前的知识或理论就被宣布为错误或无效，因此被否定或取代，而被否定或取代的知识和理论除了科学史价值之外，不再有现实意义。但人文社会学科冠上学者或专家的名字，除了敬意之外，更多的是表示那种思想、理论与学说是他个人的，体现了他独特的阅历、体验和理解，很难完全被取代，甚至无法超越。科学技术总是新知识战胜旧知识，它是波浪式线性前进的；人文社会学科知识或思想则是非线性的，很多情况下是迂回的，当代人总要回望过去，从先人那里

① 参见石中英：《教育学的文化性格》，山西教育出版社 2005 年版。

寻求知识和智慧。科学技术是年轻人的天下，人文学问是老年人的地盘。

人文社会学科的个体化性格，表明某种意义上它是个人化知识。[①] 如果将其加以扩大和拓展，则变成通常人们说的地方性知识。地方性知识带有鲜明的区域化、民族化、本土化和个别化色彩。毫无疑问，中国的教育学表现着自身的地方化性格。认识、研究和把握中国的教育学，离不开中国特殊的自然和社会环境，离不开中国特定的政治经济制度、生产力和科学技术发展水平、历史文化传统和价值观念、道德习俗和思维方式等。同样，建设中国教育学知识体系，也必须从实际出发，注重中国教育学的历史性、社会性和现实性，不能机械按照国外教育学的理念、知识和模式，国外教育学不可能完全适宜中国环境和土壤，不能简单用它解释和说明中国教育实践，必须做取舍、加工和转换，否则必将阻碍本土教育改革和发展。这就是古为用今、洋为中用的道理。教育学的文化性格，决定了教育学的地方性与差异性。简单化认定国内教育学不如国外教育学科学和先进，进而唯国外教育学马首是瞻，贬低本土教育学，显然是错误的。

（三）关于教育学的性能

从事教育理论研究的人，常有机会参加决策和政策咨询，被要求提供教育问题解决方案，也经常参加一线教育教学培训和指导教育教学改革，体现了教育学知识的实践性和实用性，体现了教育学者的社会价值和责任使命。不过，教育学者在或主动或被动地参与教育实践中，总会感到力不从心，知识派不上用场，以至于受到自我和外部的双重否定。

面对教育实际问题，教育学是不是真的无用？这取决于人们对教育学知识性能的看法和态度。翻开任何一本教育学教材或著作，几乎都开宗明义地讲，教育学是研究教育现象、揭示教育规律的科学。当然，也有提到教育学是人文学问。[②]

我们先说教育学作为科学，具体而言是作为社会科学。社会科学分为基础学科与应用学科，总体上看，教育学属于应用学科，但应用学科有应用学

① 参见刘淮南：《知识分子文化的凸现与“第三种批评”》，《文艺争鸣》1999 年第 4 期。

② 参见满忠坤：《论作为人文科学的教育学》，《教育发展研究》2017 年第 23 期。

科的理论[①]，这说明教育学是有并且需要有自己的理论体系的，否则，就会被其他学科取代，就没有存在的必要。基础理论也好，应用理论也罢，都是在实践基础上总结提炼出来的。理论一旦被提炼出来，就变成了抽象的概念、名词、术语、命题和规则，即从感性认识上升到理性认识，便脱离了具体实际。这就是马克思所说的从生动的直观上升到思维中的抽象，这时的理论便舍弃了具体事物诸多杂乱的表象，具有了广泛的适应性和解释力。而当理论沿着第二条思维路线行进即从理性认识返回具体的时候，那个具体，已不再是现实感性的直观对象，而是思维中的具体，是以观念形态反映出来和加以把握的整体。所以，当理论面对当下某个单一的和感性的具体现象或事物时，它只能提供一般的思想、观点、原则和方法。指望教育学理论直接面对具体事物立竿见影地产生效果，是不切实际的，也是粗暴无礼的。马克思早就批评过那种企图把理论直接套用于实践的教条主义，认为那等于取消理论。[②] 由此可见，对教育学理论抱着实用主义的态度，或者对教育学实用性期望过高以至失望的心态，说明并不真正了解和理解教育学的理论品格。

毋庸置疑，科学的教育学，其理论与实践存在距离，理论只能指导实践，不能直接转化为实践。那么，作为人文学科性质的教育学知识，是否可以直接使用？答案当然是否定的，就像人们看了一场电影，读了一部小说，听了一场音乐会，或者翻阅历史书、哲学书，人们不可能指望它们解决实际问题，带来实际利益。文学作品、广播影视、历史哲学，能够给人以启发、思考，并且这种启发理解还要靠个体的悟性，不同的人因生长生活环境、知识、阅历、性格等差别，对同一作品会有不同的认识和感受。同时，人文学科具有反思、反身和批判性，在主体与客体、自我与他者、现实与历史中加以比较和思考，从而判断在观念上是否认同、情感上是否共鸣、行为上是否改变。而所有这些，又多是偶然的、个别的，无法预料、预测和期待的。

教育学兼具科学与人文之学的两方面特点，决定了教育学知识性能的界限，即不可能为教育实践提供现成的处方和答案，功利主义地对待教育学本

---

① 参见潘懋元：《高等教育学的若干问题》，《高等教育研究》1983 年第 1 期。

② 参见赵家祥：《全面理解理论和实践的关系》，《中国延安干部学院学报》2017 年第 2 期。

身就有问题。

三、未来选择：教育学自主知识体系建构路径

从其他学科、国外教育学科和教育实践这三个参照系来审视教育学知识，其自主性确实遇到了危机。而通过考察教育学知识的性质、性格与性能，其自主性问题似乎又被赋予了新的含义。其一，教育学知识体系具有科学、人文与实践多重属性，不能用单一的科学标准或实用标准加以衡量，否则有失全面，且易造成歪曲；其二，随之而来的是教育学自主性知识体系建设，包括科学教育学、本土教育学和实践教育学三个方面，要具体分析各自状况，制定相应的目标，采取合适的方略和路径。

（一）科学教育学路径

没有人否认教育学是科学，只是其科学性或专业性还不够充分，解释能力还不强。对此，应该持续强化学理性和专业性。其途径有三个方面：一是从历史找资源，在研究和考察中外教育历史进程中，不断总结出一般规律。人们常说，历史不会重复，但却总会有相似之处。历史上任何教育事件的发生，看似是偶然的、个别的甚至主观的，但其背后有着内在必然性，受着客观规律的支配。研究教育史的过程，就是揭示教育规律的过程，也是教育学走向普遍理论化的过程。二是从别的学科找资源，善于吸收借鉴其他相关学科的概念、范畴、理论、方法与技术，提高本学科理论水平。这种借鉴吸收，不是教育学的劣势，恰恰是其优势所在，说明教育学知识体系具有多学科和跨学科的性质。跨学科是教育学知识生长的主要条件，但跨学科不能简单挪用和机械照搬，而是应该根据教育理论与实践特质进行有机整合和融合。很多情况下，教育学中的概念与其他学科概念在术语上可能没有区别，但它已经是经过移植和再造的，内涵已经发生了性质的改变，转化为教育学自身的概念和理论，富有了自身特定的内涵。因此，推进跨学科研究，是产生教育学新知识甚至促进教育学理论飞跃的重要方法路径。三是加强教育学实证研究。通常是运用自然科学和社会科学的理论和方法，开展教育实验研究和调查研究。前者包括自然实验法和实验室实验法，比如，现代技术条件下，借助实验仪器设备开展教学过程中大脑神经活动网络机制研究，通过可穿戴设

备和人脸识别系统对教学活动进行深入细致的观察研究，发现其中的规律与特点，运用大数据信息研究教学行为与偏好等。后者是调查问卷和质性访谈，属于传统的社会学研究方法。无论哪一种实证研究，目的都是寻求教育学新知识，尤其是确定性的教育学知识，将以往靠个人感受感悟、主观体验以及思辨演绎所得出的观点、判断、设想或猜测，通过实证方法找出不同变量之间的因果关系或相关关系，成为可量化、可统计、可比较、可重复以至可信赖的知识。可喜的是，现在教育学研究范式正在发生朝向实证研究的根本性转变。问题是，目前的实证研究还过于简单化和低阶化，存在模式化倾向，实证研究成了单纯验证教育学已有理论知识的技术、方法和工具，出现了量化研究崇拜现象①，它把教育这种人与人之间的精神性活动，降低为单纯、抽象和僵化的可计算的数字关系，教育过程见物不见人，教育学知识碎片化。如何使教育实证研究既达至知识的专业化和确切化，同时又实现情与理、灵与肉的统一，还能够发现新现象、新问题、新知识，需要进一步深入探索和研究。

（二）本土教育学路径

本土教育学、民族教育学和地方教育学，是教育对象的历史性、社会性和文化性决定的。人类教育实践活动有共性和一般性，这是建设科学教育学的前提与基础，也是学习和借鉴一切人类文明成果的前提和基础。教育学自主性知识体系建构，不能够也不允许封闭起来，教育学基本理论和基本规律，具有一般性和普遍性，因此具有超越性和永恒性的一面，适用于对任何时代、任何区域和任何社会下的教育活动进行解释与规定。与此同时，教育活动又总是受特定的地理环境、政治经济制度和文化影响，且为特定的社会目的服务，因此，教育学一般原理必须与具体的教育实践相结合，在遵循普遍性基础上建设和发展本土教育学。从教育学发展史上考察，实际上从来不存在所谓纯粹抽象的普遍教育学或者适用于人类所有教育现象和实践活动的普通教育学。因为教育实践是人的实践，即如马克思所指出的，人的本质不是单个人的抽象物，在现实性上，人是一切社会关系的总和。也就是说，人总是具

① 参见周川：《量化评价的泛滥及其危害》，《江苏高教》2021 年第 5 期。

体的、历史的和社会的，但凡教育主体与对象，但凡教育研究者，无不在其本土教育实践范围内从事教育活动，从事教育认识和研究工作，总结教育规律和提炼教育理论，因此，不论怎样强调教育研究的价值中立性，研究者都不可避免地将本土视野、立场、观点方法和情意带入其中，所以，不可能有抽象意义的普适性教育学。无论西方教育学还是东方教育学或中国教育学，都是各自意义上的本土教育学。只不过西方教育学学科起步早，发展较为成熟，教育现代化程度又比较高，走在了世界上大多数国家和地区的前列，成为后发国家和地区的标杆和典范，人们自觉不自觉地向它们学习和看齐，由此使得西方教育学俨然成了普适性教育学，学科知识的影响范围大程度高而已。

既然如此，为什么我们还特别强调建设本土教育学？这主要是因为我们的本土教育学知识水平和程度还不够高，还未能正视和解决本土教育实践问题，存在唯科学主义是举和唯西方化是瞻的倾向。故而，建设本土教育学，既有教育学知识自主性发展的客观必然性要求，又体现着本土教育学人的理想追求与自信情怀。发展具有自主知识体系的本土教育学，首先要植根中国现实，扎扎实实研究本土教育，做好本土学问，挖掘和积累本土教育资源与经验，在教育发展和改革中发现新问题，提出具有本土特色的概念、命题、理论及其结构体系。在这方面，21 世纪以来，特别是进入新时代以来，中国教育所取得的举世瞩目的历史性成就、发生的格局性变化、开展的波澜壮阔的教育改革实践以及实验，不仅为本土教育学发展提供了难得的机遇，更提供了丰富鲜活的经验资源、思想资源、知识资源和话语资源。习近平总书记在 2018 年召开的全国教育大会上提出的教育“九个坚持”，是对百年来中国教育改革发展做出的理论性概括，标志着党对教育规律认识的新高度，是构建中国本土教育学自主知识体系的理论指导和基本遵循。同时还要广泛收集民间教育知识、教育历史、教育故事，发展教育文学和教育艺术，建立诗化教育学。[①] 其次，建设自主性本土教育学并不意味着封闭和狭隘，它同样是开放的发展的。本土教育学与普遍教育学不仅不矛盾，还相得益彰，因为普遍

① 参见熊华生：《“诗化教育学”的性质与功能》，《教育研究与实验》1993 年第 2 期。

性总是寓于特殊性之中，没有孤立的普遍性，它总是通过特殊性反映出来，所以，在建设自主性本土教育学过程中，我们必须有意识和有信心发展出那种反映一般规律的教育学知识和理论，如此才能实现与其他不同教育学之间的沟通交流和取长补短。实际上，素质教育、内涵式发展、高质量发展、教育强国等，就是这种既立足本土教育改革实践，又具有一般意义的概念和理论，其影响力、辐射力超出了本土。随着我国教育改革持续朝着更广更深方向发展，教育理论研究和教育思想也更为活跃，新的本土教育概念、教育理论将会不断出现，必将进一步丰富和发展人类教育学理论宝库，从而为世界教育理论与实践源源不断地提供中国知识、中国智慧和中国经验，贡献中国力量。

（三）实践教育学路径

教育学是应用性学科或学问，当然要为教育实践或现实服务，这是检验教育学知识自主性、科学性与功用性的重要尺度，必须切实提升教育学解决实际问题的能力。新时代，中国教育发展取得的巨大成就与成功，不断推进和深化的教育教学改革，对教育学理论和自主知识体系的需要从未像今天这样迫切。教育学必须勇于面对教育实践问题，做出合理的解释、回答，这也是教育学实践化的必然要求。教育学从来不是摆设和装饰，它总是在解决现实教育问题中发展并体现着自身价值。但也不能将教育学解决实践问题简单化、片面化，以为教育学理论解决实际问题就是理论与实际完全吻合一致。一方面，教育学实践化指的是教育学研究和知识来源，必须面对生动的现实教育世界①，走进广阔的教育生活现场，要反对脱离实际空谈所谓的理论。教条主义、本本主义和书斋式研究脱离实际，空洞无物，当然指导不了实践。另一方面，教育研究和教育学知识在去向上，要有服务实践意识，只是这种服务不是开药方和写说明书，而是为实践提供知识、思想、理论和方法，能够科学地指导实际行动。它可以是指示或修正人们的教育观念，可以是给人们提出实践中应该遵循的教育原则或指示违背了什么教育规律。教育学者有丰富的教育理论，但他不一定是一个会教学的好老师或写文件的政策制定者，

① 参见余清臣：《论教育理论的实践化改造》，《教育研究》2016 年第 4 期。

就像经济学家不一定会经商赚钱，法学家不一定会打官司一样。理论与实践之间不是直线式的，有着较长和较复杂的距离，跨越这个距离需要双转化和再创造，而这个转化和创造不一定非得是教育学者的责任，教师教不好学也不能怪罪教育学者，就像做买卖赔本不能怪经济学家是一个道理。此外，教育学知识转化为教育实践，还需要开展好具体深入的行动研究，广大教育管理工作者和教师是行动研究与教育学知识转化的最佳承担主体，需要创造条件提高教师队伍的积极性主动性，提高其教育教学学术研究的意识和行动研究能力。教育的具体问题具有事务性、情境性、易变性、主观性和特殊性，处理这些问题，既需要教育科学，也需要教育艺术，甚至需要超出教育学知识的其他学问。这些问题没有统一答案，可能是一策多人，可能是一策一人，还可能是一人多策，考验着教育者的智慧和才干。这些，肯定不是现成的教育学书本知识能够提供的。

总之，人类教育实践在时间上是连续的，在空间上是绵延的，由此决定了人类教育认识是一体的。沿着这条道路最终会形成由起点到过程再到终点的教育学完整的知识链条。而教育时空的历史性和社会性，为我国建设反映一般规律、具有国际水平的本土教育学自主知识体系开辟了广阔前景。

（原载于《中国教育学刊》2023 年第 11 期）

财政学跨专业跨学科交叉发展路径探析

马骁　李超[*]

任何一个学科的发展，几乎都是既取决于该学科学者是否能够与时俱进地创新研究方法、延展研究领域、探寻研究对象所具有的特殊的矛盾性，并利用该学科研究成果指导人们认识客观世界并改造客观世界，又取决于该学科是否能够培养出一代又一代认同该学科且愿意传承和弘扬该学科的“门徒”。因此，在新文科视域下发展中国财政学，既要解决好立足中国、借鉴国外，挖掘历史、把握当代，关怀人类、面向未来，着力构建中国特色社会主义财政学学科体系、学术体系和话语体系的问题，又要解决好明确人才培养目标与规格、创新人才培养模式、优化课程设置体系、转变课程教学范式、提高中国财政学人才自主培养质量的问题。本文不揣冒昧，重点陈述我们对新文科建设对中国财政学人才培养的新要求、中国财政学人才培养现状及其努力方向三个方面的拙见。

一、新文科建设对中国财政学人才培养的新要求

2020年11月正式发布的《新文科建设宣言》指出，新文科建设是提升综合国力、坚定文化自信、培养时代新人、建设高等教育强国的需要，是应对新变化、解决日益综合化复杂化社会问题的需要。进一步打破学科专业壁垒，推动文科专业之间深度融通、文科与理工农医交叉融合，融入现代信息技术赋能文科教育，实现自我的革故鼎新，新文科建设势在必行。《新文科建设宣言》明确地告诉我们：新文科建设的核心任务是构建世界水平、中国特色的文科人才培养体系，根本目标是推动文科教育创新发展，构建以育人、育才

* 马骁，西南财经大学原党委副书记，教育部高等学校财政学类专业教学指导委员会副主任委员；李超，西南财经大学财政系主任。

为中心的哲学社会科学发展新格局，建立健全学生、学术、学科一体的综合发展体系，推动形成哲学社会科学中国学派，创造光耀时代、光耀世界的中华文化，不断增强自信心、自豪感、自主性，提升影响力、感召力、塑造力。显而易见，为未来培养社会科学家是新文科建设的核心目标，要完成新文科建设任务、实现新文科建设目标，必须在科学研究与人才培养（教育教学）领域打破学科专业之间的壁垒、促进学科专业的交叉融合，具体说来必须深刻把握以下四点：一是“新文科”是大文科概念，新文科建设要打破哲学、经济学、历史学、政治学、文学、法学等传统文科学科之间人为设置的壁垒，开展跨学科研究，开设文科学科专业交叉融合型课程，推动文科学科专业之间的深度融通，最终形成一批文科领域的新兴交叉学科和相应的“门徒”。二是“新文科”是跨学科概念，新文科建设必须突破文科与自然科学之间的局限，开展以问题为导向的文理、文工、文理工合作攻关和跨学科研究，开设文理、文工等交叉融合型课程，促进文科与理工农医的交叉融合，最终形成一批文理工交融的新兴交叉学科和相应的“门徒”。三是“新文科”是超学科概念，新文科建设必须突破“科学共同体”的局限，向政策制定者、相关利益方开放，为解释和创造人类现实生活和未来问题提供新的思想源头、分析框架和逻辑路径。① 四是新文科建设还必须融入现代信息技术，以赋能文科教育。

打破学科专业壁垒、促进交叉融合创新，既是新文科建设对财政学人才培养的新要求，也是日益综合化复杂化的财政问题对财政学人才培养的内在要求。特别是自习近平总书记高瞻远瞩地从国家治理视角创造性地提出“财政是国家治理的基础和重要支柱”② 以来，人们越来越清晰地认识到，财政是一个跨越经济、政治、社会、文化和生态文明等多个领域的综合性范畴；越来越清醒地认识到，综合化复杂化的财政问题的解决须依赖具有不同学科专业知识的人才的共同行动或具有跨学科专业思维与行动能力的人才的组织协

① 参见马骁、李雪、孙晓东：《新文科建设：瓶颈问题与破解之策》，《中国大学教学》2021 年第 1 期。

② 习近平：《关于〈中共中央关于全面深化改革若干重大问题的决定〉的说明》，《习近平著作选读》第 1 卷，人民出版社 2023 年版，第 167 页。

调。由此推知，中国财政学人才培养必须坚持以习近平新时代中国特色社会主义思想为指导，贯彻落实新时代党的教育方针，全面实施素质教育，打破学科专业壁垒、促进交叉融合创新，实现“专才”培养与“全人”培养的有机统一，不仅要使广大学生学习财政学专业知识和技能，成为财政工作的行家里手，而且要使广大学生具有多元知识结构、跨学科思维方式、解决综合复杂问题能力以及健全人格的复合型财政人才。

二、中国财政学人才培养的现状分析

中国财政学人才培养始终同中国特色社会主义建设发展历程相伴相随，始终同中国特色社会主义财政理论与实践演变历程相生相伴。

在改革开放以前，中国财政学人才培养突出的是“专才”目标。在强调政治思想素质过硬的前提下，突出财政工作业务能力与素质的专门化，意味着财政学学生必须掌握专门的财政税收知识和技能，以便适应政府财政部门专业化的工作需求。

在改革开放以后，中国财政学人才培养逐渐扬弃“专才”培养目标，开始注重培养“一专多能”、全面发展的财政学人才。从 20 世纪 90 年代末开始，随着社会主义市场经济体制的建立和不断完善，财政学毕业生就业去向发生了重大变化，人才培养从主要面向政府部门需求转向面向社会需求，人才培养目标由主要为政府部门培养人才转向培养社会适应能力强的财政学人才。尤其是就业渠道的多元化对学生综合素质提出了更高要求，为了适应社会对财政学人才的需求，财政学人才培养目标、培养模式、课程体系、教学范式都在告别单纯传授财政学知识与技能的人才培养传统，积极探索和实施通识教育，着力提升财政学人才的综合素质。

随着中国特色社会主义进入新时代，中国财政学人才培养同其他学科专业人才培养一样，紧紧围绕“培养什么人、怎样培养人、为谁培养人”这个教育的根本问题，坚持以习近平新时代中国特色社会主义思想为指导，牢记“为党育人、为国育才”的初心使命，全面贯彻新时代党的教育方针，落实立德树人根本任务，着力培养具有历史使命感和社会责任心，富有创新精神和实践能力的创新型、应用型、复合型优秀人才。特别是在 2019 年 4 月 29 日教育部等13部委启动新文科建设以来，国内各大高校开始了新一轮财政学人才培养改革。一是强化目标导向，与时俱进优化人才培养目标。在人才培养目标体系中增加了以下主要内容：家国情怀——强调财政学类人才要具有良好的道德修养、社会责任感、公共意识、敬业精神；创新型和复合型——强调变革的时代需要高层次创新型和复合型人才；劳动教育——尊重劳动、热爱劳动。二是强化价值引领，将思政教育贯穿财政学类人才培养全过程。切实加强思政课程与课程思政建设，大力实施全员育人、全过程育人、全方位育人。三是夯实课程体系，探索跨学科、跨专业交叉融合。积极开设有关量化分析、信息技术、大数据应用等方面的课程。四是深度融入现代信息技术，不断丰富教学资源和课程教学范式。运用现代信息技术打造“金课”，构建财政学核心课程群；建设出版优质教材，形成马工程教材与高校自编教材相互补充的教材体系；利用智慧教室、财税模拟实验室打造翻转课堂，完善研讨式、案例式等教学范式，不断提升教学效果。五是持续推动科教融合、产教融合，打造高质量实践教学体系。高度重视实践教学，在人才培养方案中进一步规范了实践教学环节，几乎都设置了“校内实训、实验教学、校外实训、校外实习、社会实践”等模块，在社会实践和实习实训中强化创新创业教育。

中国财政学人才培养改革虽然成效显著，但与新文科建设要求相比，仍有诸多值得改进的地方。一是师资队伍建设仍需强化。既表现为部分高校财政学教师总量不足，又表现为财政学教师大多是专业教育培养的人才，知识结构相对单一，推动财政学与其他学科专业交叉融合的意愿与能力还需进一步增强。除此之外，校企之间、校政之间人员交流与流动机制尚未真正形成，“双师型”师资十分缺乏。二是课程设置体系仍需优化。受师资力量制约，财政学课程设置体系的缺陷既表现为不能完整开设“国标”要求的学科基础课程、人文与艺术类课程、自然科学类课程、社会调查与研究方法类课程，又表现为财政学课程体系往往成为“各行其是”的学者间平衡的结果①，课程设置体系建构逻辑不严谨、结构松散、内容重复、课程门数多、学分总量大、学业负担重，更表现为既缺乏财政学与政治学、社会学、管理学、法学等文

① 参见马骁、李雪、孙晓东：《新文科建设：瓶颈问题与破解之策》，《中国大学教学》2021年第1期。

科内部的交叉融合课程，又缺乏财政学与数据科学、人工智能、区块链等方面的交叉融合课程以及来自财政学家、财政决策者和利益相关方等同上一门课的超学科课程。三是教材建设力度亟待加强。集中表现为财政学教材体系还不能充分反映中国特色社会主义财政理论与实践的成就、经验与发展趋势，尤其是缺乏跨学科跨专业的交叉融合型教材。四是创新创业教育与实践教学的系统性和完整性仍需提高。主要表现为创新创业教育与实践教学的功能定位不够明确，实践教学类型相对单一，创新创业教育资源、实习基地、经费资源保障不够有力。五是教学质量保障体系仍需完善。主要表现为教学评价的信息沟通渠道和回应机制还不够规范，教学评价结果运用还需优化，毕业生培养质量跟踪调查与反馈机制还应进一步强化。

三、新文科视域下中国财政学跨专业跨学科门类交叉发展路径及其探索

（一）坚持问题导向，推动跨学科研究，构建财政学科基础理论体系

财政是一个跨越经济、政治、社会、文化和生态文明等多个学科和多个领域的综合性范畴，对其理解分析必须坚持多学科、跨学科和超学科的研究，这是由学科发展规律和财政学科的特殊性决定的。[①] 因而我们认为，对财政的研究，一是突破经济学的局限。从政治学、社会学、管理学、历史学、法学等不同学科的视角研究财政现象和财政问题。比如，由于财政活动参与者——政府、企业、社会组织、家庭（个人）及其行为总是受到一定的社会文化制度、社会环境、社会心理的形塑，因此便可以运用社会学的研究范式研究财政现象和财政问题，即可以将财政活动参与者互动机制与社会结构背景联系在一起进行研究。二是突破单学科研究的局限。从政治学、管理学、法学等学科视角所进行的研究实际上不过是对“横看成岭侧成峰”的财政活动的不同学科表达与呈现，还应该推动多学科和跨学科研究，即同时采用两个或两个以上学科的交叉视角来研究财政问题可能更为切近财政的本质特征，这要求财政学者的知识结构必须多元化。三是突破“科学共同体”的局限。

---

① 参见马骁、李雪：《再论中国财政学科发展的方向及路径选择》，《财政研究》2018 年第 8 期。

综合性范畴中的问题往往受到实际使用、社会政策、文化传统等因素的影响，其解释框架要求科学家与社会利益相关者的对话与交流，也就是说，研究不能局限在“科学共同体”内部，而是继续向包括政策制定者、相关利益方开放，把中国财政学变成能真正解决现实中综合化复杂化的财政问题的社会科学。

（二）坚持目标导向，更新人才培养观念，创新财政学人才培养模式

更新人才培养观念的重点在于坚决克服对财政学究竟属于哪一个学科的纠结与担忧，深刻把握财政学的本质是交叉学科。面向未来的财政学人才培养必须立足财政学与其他学科可能的内在的交叉融合关系，坚持系统观念和素质教育，在促进学生德智体美劳全面发展过程中开展其他学科的方法论教育，在学生心里播撒跨专业跨学科思维的“种子”，进而使其养成应对新技术、解决综合化复杂化财政问题的素养和能力。换句话说，新文科视域下财政学人才培养的一个核心理念就是坚持不同专业学科的交叉融合，实现“专才”培养与“全才”培养有机统一，既要使财政学人才学习传统的财政学专门知识、掌握财政工作专门技能，又要使财政学人才具有自己所处时代的价值观念、道德规范、行为准则，以及多元知识结构、跨专业跨学科思维方式和解决复杂化财政问题的能力。人才培养模式创新的重点是促进财政学与政治学、管理学、法学、数据科学、计算机科学、人工智能、区块链等学科的有机衔接，尤其是要为财政学人才培养创造综合性的跨专业跨学科学习平台与场景。

（三）以专业学科交叉融合为抓手，打造新平台、新课程、新教材、新实践，培养未来财政学人才

1. 以学科交叉融合为抓手，围绕复合型财政人才培养目标，开设实验班或建设新平台。可选方案之一是财政学与其他文科专业联合开设具有专业学科交叉融合属性的人才培养实验班。如山东大学经济学院与政管学院、哲社学院联合开设“哲学政治学经济学（PPE）菁英班”，旨在培养宽口径、厚基础、多层次、创新型的人文社会科学交叉融通的高端人才。可选方案之二是财政学与其他理工科融合形成新的人才培养平台或开设人才培养实验班。如中国人民大学财政金融学院成立“数字税收跨学科交叉平台”，旨在围绕数字

税收治理这一重大战略，将税收学、经济学、管理学、统计学、计算机、数学以及法学等优势学科的相关资源进行整合，建成基于数字税收的跨学科创新研究平台，为跨学科人才培养打下坚实基础；西南财经大学财政税务学院则统合大数据科学、计算机科学、人工智能、区块链等现代技术领域的人才，开设“光华数字财税实验班”，着力培养掌握现代技术基础知识，能够运用相关理论和现代技术方法分析财政问题的复合型高级数字财政学人才。

2. 以学科交叉融合为抓手，围绕复合型财政人才培养目标，建设新课程、优化课程体系。可选择的方案之一是对外经济贸易大学构建的“通识教育+专业教育+学科前沿”的综合课程体系，可选择的方案之二是打造“通识+经管学科+专业类+交叉类+实践实训”项目集成式课程模块体系，为复合型财政人才解决复杂财政问题的能力培养提供充分的知识储备。如中央财经大学财政税务学院致力于建设“1+n+x，y…”的财政学科课程体系，与校内、校外单位合作开发 Python、人工智能、机器学习等应用课程，通过内涵建设和外延建设，建立多元化、数字化和国际化的财政学课程体系。

3. 以学科交叉融合为抓手，围绕复合型财政学人才培养目标，加强交叉融合型教材建设。可选择的方案之一是财政学与文科内部其他专业学科门类交叉融合，建设交叉融合型教材。如上海财经大学公共经济与管理学院正在编写财政政治学、财政社会学、财政管理学、财政法学、行为财政学等交叉融合型新教材。可选择的方案之二是财政学与理工交叉融合，建设交叉融合型教材。如西南财经大学财政税务学院基于数字经济背景打造人文理工交叉的数字财税教材，包括《数字财税概论》《税法知识图谱》《区块链编程与财税数据分析》《数智税收征管》《财税大数据及其应用》《数字化财政管理》等交叉融合型教材。

4. 以学科交叉融合为抓手，围绕复合型财政税收人才培养目标，创新教学模式、打造新实践。把创新教学模式、深化实践教学改革、培养学生实践与创新能力作为财政学课程建设的重点，坚持不懈建设跨校教学团队、完善实践教学体系、加强实践基地建设、建设实践教学平台，实现产教良性互促、校企协同推进，让学生真正了解和理解中国财政实践。如西南财经大学财政税务学院、上海财经大学公共经济与管理学院、江西财经大学财税与公共管理学院依托教育部首批虚拟教研室，聚集兄弟院校的优质师资力量、建设区域或全国数字财税教学科研合作研发共同体和跨校教学团队，开展教学合作、拓宽学生视野；中南财经政法大学财政税务学院为财政学类本科生开设了现代经济学田野实验方法实践营，以实践调研为特色，与现代财政创新与收入分配引智基地合作遴选优秀学员开展收入分配数据调查、精准扶贫等方面的田野实验，提高学生实践创新能力。整合扩大教学资源规模，建立新型教学模式。如东北财经大学财政税务学院充分利用学校创新创业与实验教学中心、创新创业孵化基地，夯实和延展财政学人才培养的社会实践实训平台；西南财经大学财政税务学院加强与四川省财政厅、四川省税务局、腾讯、科大讯飞等单位的合作力度，打造实践教学特色项目，增强学生的创新意识、创业能力、劳动精神。

（原载于《中国大学教学》2023 年第 10 期）

外语类专业核心课程模块构建现状分析

——基于对首批国家级一流本科专业建设点的调查

张文忠　孙有中*

一、引言

《普通高等学校本科专业类教学质量国家标准》（外国语言文学类）①（以下简称《国标》）自颁布至今已实施近五年，有必要就其执行情况进行调研和总结。《国标》的“培养目标”明确指出，“外语类专业旨在培养具有良好的综合素质、扎实的外语基本功和专业知识与能力，掌握相关专业知识，适应我国对外交流、国家与地方经济社会发展、各类涉外行业、外语教育与学术研究需要的各外语语种专业人才和复合型外语人才”，并提出了包含素质要求、知识要求和能力要求的培养规格。在培养目标和规格的指引下，《国标》规定了外语类专业课程体系“总体框架”和“课程结构”，要求以通识教育课程、专业核心课程、培养方向课程、实践教学环节和毕业论文五个模块构成的课程体系为支撑，实现人才培养目标。以此为基准，教育部外国语言文学类专业教学指导委员会（以下简称“外指委”）研制并于2020年发布了《普通高等学校本科外国语言文学类专业教学指南》②（以下简称《指南》），

---

* 张文忠，南开大学外国语学院教授；孙有中，北京外国语大学副校长，教育部新文科建设工作组专家，教育部高等学校外国语言文学类专业教学指导委员会主任委员。

① 参见教育部高等学校教学指导委员会：《普通高等学校本科专业类教学质量国家标准》（上），高等教育出版社2018年版。

② 参见教育部高等学校外国语言文学类专业教学指导委员会英语专业教学指导分委员会：《普通高等学校本科外国语言文学类专业教学指南》，外语教学与研究出版社、上海外语教育出版社2020版。《指南》分为上、下两册，上册为英语类专业（英语、翻译和商务英语）教学指南，下册为俄语、德语、法语、阿拉伯语、日语5个语种专业及以朝鲜语为代表的非通用语种类专业教学指南。据外指委主任委员孙有中介绍，《指南》再版时将增补西班牙语专业教学指南（《贯彻落实〈国标〉和〈指南〉，推进一流专业和一流课程建设》，《外语界》2020年第3期）。本文总体讨论时使用“《指南》”，而在具体指称英语类专业和非英语类外语专业时将分别使用“《指南》（上）”和“《指南》（下）”。

为各语种专业提供课程建议。各高等学校外语类专业建设点均高度重视其课程体系设置，在《国标》指导下并结合本校实际，制订体现本校定位与办学特色的外语专业人才培养方案，构建各专业的课程体系。[①] 专业核心课程模块的重要性毋庸置疑，但各专业建设点设计的专业核心课程模块是否符合《国标》的相关要求？本文以首批外语类国家级一流本科专业建设点为例，对此展开调查，报告落实情况。

二、“专业核心课程”在《国标》课程体系中的地位

课程体系既反映一定社会发展时期内人才培养目标对人才规格的现实要求，亦体现国家意识和文化传统的历时发展对人才规格的当代要求，而人才规格要求构建与之相匹配的课程体系。[②] 高校人才培养遵循通专结合的原则，据此构建的课程体系通常也分为通识教育课程和专业教育课程。[③] 外语类专业人才培养亦是如此。

（一）通识教育课程、专业教育课程与专业核心课程

《国标》设置了通识教育课程模块，包含两类课程，其一为国家统一规定、各专业遵照执行的“公共基础课程”，其二为国家统一要求、各高校灵活实施的“校级通识教育课程”。通识教育课程既体现人才培养须具有服务国家的意识，也追求大学生的全面、均衡、健康发展。《国标》鼓励各校以自身定位和办学特色造就校本特质。

专业教育立足通识教育，专业教育过程仍然包含通识教育，而专业教育课程体系通常自成一体。《国标》要求外语类专业实施通专结合的人才培养模式，其专业教育课程体系包含专业核心课程、培养方向课程、实践教学环节和毕业论文，这四个课程模块共同发力专业教育，在社会分工的前提下以“专”带“通”，培养通专融合的高素质全面发展人才。《国标》五大课程模

---

① 参见蒋洪新：《构建人类命运共同体视阈下的中国外语教育改革》，《外语教学与研究》2018 年第 3 期。

② 参见张文忠：《外语人才培养规格新议》，《山东外语教学》2021 年第 1 期。

③ 通专结合的人才培养是国内外高等教育体系中较为一致的做法。欧美大学较多采用先通后专的分段式课程学习，我国高校多采用通专融合式培养模式，近年来一些高校如复旦大学、南京大学等校也实行先通后专式分段课程学习制度。

块所体现的内容结构和逻辑关系如图 1 所示。这一课程结构既体现外语类专业人才培养的目标，亦匹配《国标》要求的人才规格，并间接回答了“培养什么人?”“怎样培养人?”“为谁培养人?”三个教育的根本问题。

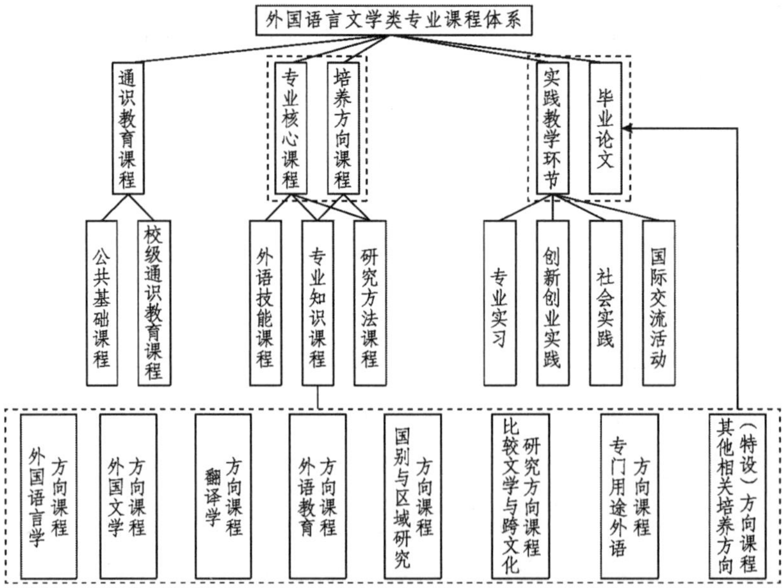

图 1　外国语言文学类专业课程体系

在外语类专业教育课程体系中，“专业核心课程”体现外语类专业的内在本质，是外语类专业人才培养区别于其他专业人才培养、为外语人才装备专业内核、养成外语专业独特性和外语专长的基础体系。以此观之，确立“专业核心课程”类别并设置具体课程体系是对“培养什么人?”这一问题的重要回应。

（二）《国标》对“专业核心课程”的要求与解读

“专业核心课程”是《国标》五大模块课程中唯一按专业做出具体规定的模块，其他四个模块均做统一要求。该模块分为外语技能课程和专业知识课程两个子类。尽管课程排列先后通常意味着教学的先后顺序，但这两个子类课程的教学并非完全分开，《国标》鼓励外语技能课程采用内容语言融合法进行教学，以提高学习效率和效果。

关于外语技能课程。外语技能可谓外语专业人才最显而易见的特征，即通常所说的"看家本领"，须依托外语技能课程加以强化。这类课程针对外语语言知识体系和分项语言技能及综合运用能力培养，包括听说读写译和语言综合类课程。技能课程的设置遵从外语教学规律，既考虑了我国外语教学基本学情[①]和各校生源差异，重视大中小学衔接，亦强调作为外语专业人才须具备的坚实语言基本功。

关于专业知识课程。为更好地服务国家和社会发展，满足国家对外交流、中华文化国际传播及参与国际事务的需要，我国高等外语人才培养调整了专业基础内容的构成。《国标》在传统语言学、外国文学和翻译学三大领域课程的基础上适时增加了两项内容，建构为包含外国语言学、外国文学、翻译学、国别与区域研究、比较文学与跨文化研究五个明确领域的基础课程体系。这说明，随着国家和社会发展对外语类专业人才的需求变化，外语类专业相应地深化并拓展了自身的内涵。值得一提的是，《国标》将覆盖各方向的论文写作与基本研究方法课程列在专业知识课程类下。由于外语类专业的学科基础课程涉及主题比以往更为广泛，外语类专业的跨学科特点愈加鲜明。

《国标》建议，上述两类专业核心课程一般为必修课，且该模块课程的课时应占专业总课时的50%—85%。按此要求，外语类专业学生对上述五大领域的知识以及基本研究方法与论文写作应有较好的掌握，为进入专业方向培养阶段打下初步的知识和技能基础。除多语种专业外，外国语言文学大类下设两个从英语专业母体中成长起来的专业——翻译和商务英语；与以语种命名的专业相比，翻译专业和商务英语专业具有更为鲜明的应用性。《国标》因此特别规定，这两个专业可设置具有本专业特色的核心课程体系。

三、对《国标》"专业核心课程"要求落实情况的调查

《国标》颁布实施后，外指委立即着手组织各分指委研制各专业《指南》，提出相关建议。各高校外语类专业依据《国标》原则与要求，参考《指南》的相关建议，并基于本校规划，适时对原有培养方案进行修订，重构

① 例如，大学阶段之前，学生接受的英语教学应试特征明显，重知识传授轻技能培养，而非英语外语语种专业零起点招生等。

课程体系，规范办学。[1] 鉴于专业核心课程在外语类专业人才培养体系中的基础地位，《国标》有关“专业核心课程”设置的要求具体落实情况如何？本研究检视各外语类专业建设点（以下简称为“专业点”）核心课程体系设置是否体现了《国标》的精神。

（一）调查范围与方法

本研究以2019年首批外语类国家级一流本科专业建设点为例，考察其人才培养方案课程设置中的“专业核心课程”体系构建情况。首批共有84所高校167个外语类专业点获批国家级一流专业建设点，涉及23个语种，含翻译和商务英语在内，共计25种专业。

本研究采用文件分析和非正式访谈两种方法，一主一辅获得质性数据。研究者一方面通读各专业点人才培养方案，依据《国标》对专业核心课程的设计和解读，详细记录各专业点该课程模块的设置情况；另一方面以视频会议方式与武汉、大连、济南等地4所院校6位外语类专业负责人共同进行了两轮交流，以获取课程设置与实施信息，并查询部分院系和专业点网页，了解相关课程情况，确认或补充相关数据。

（二）调查结果

综合分析以上数据，本研究的主要发现可归纳为以下五点。

第一，总体而言，167个专业点均遵循国家规定，设置了通识教育课程，在此前提下按模块设计各自的专业教育课程体系，包括与《国标》规定的专业核心课程模块相关的课程体系。我们发现，各语种专业之间和同语种内不同建设点之间由于存在办学历史、办学特色与经验、认知方式等差异，在专业教育课程体系构建上，特别是在对专业核心课程和培养方向课程的理解和划分上，表现出较为明显的差异。例如，国际关系学院英语专业课程体系不分设“专业核心课程”和“专业方向课程”模块，而是将二者融合起来，形成“专业课”，下设7个模块：（1）英语核心课程，（2）英语基础模块，（3）思辨能力培养模块，（4）跨文化交际模块，（5）文学与语言学模块，（6）翻

[1] 参见孙有中：《贯彻落实〈国标〉和〈指南〉，推进一流专业和一流课程建设》，《外语界》2020年第3期。

译模块，（7）国别与区域研究模块。所设 7 个模块均只要求选满规定的学分即可。

虽然较多专业点建构的专业核心课程体系在课程模块命名和具体课程名称上与《国标》并不完全对应，但所有语种专业所设计的核心课程数量均超出《国标》所列，在这一点上，各专业点依据《国标》基准，但高于《国标》基础要求。

第二，各专业点所建构的核心课程模块以语言知识和技能类课程为主，以专业知识入门类课程为辅。以英语专业类建设点为例，语言技能课程所占专业总学分比《国标》要求有所降低，这与《国标》要求的在语言基础阶段加大知识含量的精神相符合，但仍能体现各专业点重视外语基本功教学。典型例子如外国语类大学中的北京外国语大学英语专业和大连外国语大学英语专业，这与两所高校较早实施并引领英语专业以内容为依托的课程体系改革关系密切。① 因《国标》特别允许相关专业建设点设置符合其专业定位的核心课程模块，翻译专业和商务英语专业分别构建了注重汉英双语能力与较宽知识面和注重商务英语语言能力的核心课程模块。前者如北京外国语大学、上海外国语大学、天津外国语大学等高校的翻译专业②，后者如广东外语外贸大学、上海对外经贸大学、天津财经大学和山东财经大学等高校的商务英语专业。三个英语类专业均注重在中小学英语基础上进一步提升英语知识水平和运用能力，尤其是准确和流利的书面表达能力。相比之下，其他语种类专业点则因为大学零起点和总学时有限，更加注重低年级阶段的外语基本功教学，表现为外语知识和技能课程“高密度化”；在专业核心课程模块中，在课程、学时和学分上优先保证外语技能训练。无论是地处北京、上海的专业点，如对外经济贸易大学阿拉伯语专业、同济大学德语专业，还是置身于中西部高校的非英语类语种专业点，如云南大学缅甸语专业、广西民族大学泰语专业、新疆大学俄语专业，均重点打造相关外语的基本功，为之分配大量的核

① 参见常俊跃、赵永青：《学生视角下的英语专业基础阶段“内容·语言”融合的课程体系》，《外语与外语教学》2010 年第 1 期；金利民：《注重人文内涵的英语专业课程体系改革》，《外语教学与研究》2010 年第 3 期。

② 首批 8 个翻译专业获批国家级一流专业建设点，除 1 个为西安翻译学院获得，其余 7 个全部分布在外国语类大学。遗憾的是，本研究开展时未能获得西安翻译学院翻译专业人才培养方案。

心必修课程和课时。需要说明的是，《国标》并未将与语言技能相关的训练实践纳入“实践教学环节”，但众多专业点在其人才培养方案中都将其纳入该环节，考虑到专业核心课程中的语言技能训练要求，可以说这是所有专业点重视程度最高和规定最为统一的一项，其实践方式的设计亦最为丰富。

第三，专业核心课程模块所含专业知识课程因语种专业不同亦有差异。总体而言，英语类专业建设点遵照《国标》关于专业知识基础课程设置的要求，覆盖语言学、文学、跨文化研究等方向的核心基础课程，而过去认识模糊、发力不足的文化教学①仍需加强。相比之下，多数非英语外语语种专业点在专业核心课程模块仅偶设文学、文化或概况类课程。如武汉大学法语专业开设“法国文学史”、北京第二外国语学院阿拉伯语专业在“专业技能课程”下开设“阿语名著导读（文学）”和“名著导读（文化）”等少量专业知识课程，个别专业点仅有语言知识和技能课程而忽视了《国标》要求的专业知识课程。非英语外语语种专业点在专业核心课程模块较少设置甚至未设置专业知识课程，而是将这些课程置于专业方向（即《国标》中的“培养方向”）课程模块，这一现象的产生与其均为零起点专业且多数为非通用语种类专业、核心任务更须聚焦于语言知识和技能的提高有关。

第四，除了语言知识技能和专业知识类入门，《国标》还设置一类（实际上只是一门）研究方法和论文写作类基础课程，与前两类课程相配合，共同为进入培养方向乃至最终的毕业论文搭建知识、技能和方法的基本框架，做好研究准备。《国标》将“论文写作与研究方法”②课程置于“专业核心课程”模块下或列为“专业方向课程”（如阿拉伯语专业），且开课时间较晚（第7学期），但在实施中，相当数量的专业点将该课程安排在第5—6学期。相比较而言，英语类专业整体上更加重视本科阶段的研究方法教学，如中国海洋大学英语专业、南京大学英语专业以及各师范类大学的英语专业等。

第五，虽然目前的《国标》未规定必须开设“专业导论”课程，但在本

① 参见何玲梅：《英语专业英语课程设置的向度》，《外语教学》2013年第2期。

② 《国标》的提法为“论文写作与基本研究方法”；《指南》（上）英语类专业的提法均为“研究方法与学术写作”；《指南》（下）的提法多样，如“学术写作与研究方法”（俄、日、非通用语）、“学术论文及研究方法”（德）、“法语学术论文写作”（法）、“论文写作与基本研究方法”（阿）。

次调查的 167 个专业点中，约 1/3 开设了该课程。“专业导论”是面向新生开设的专业启蒙课程，虽然内容重要，但地位尴尬。该课程既不明确属于国家统一规定的通识教育范围，也不属于校级通识教育范围，按照我们的理解，应属于专业通识教育。然而，出乎意料的是，凡开设“专业导论”课程的专业点均将其设置为专业核心课，且均为必修课程。其中绝大多数专业点将该课程设置为 1 学分、8—10 学时，在新生入学的第一学期开设，个别情况下为 2 学分乃至开设两个学期。另据我们小范围非正式调研，有两个与此相关的发现：（1）不同院校的“专业导论”课程开设方式不同。有的面向多个外语类专业整体开设，有的分专业开设；有的以专业学习为导向，有的以学科为引领。（2）未设置此课程的更多专业点的实践方式是根据所在高校的统一部署，在新生入学阶段统一安排时长一周、形式灵活的“入学教育”活动。这些活动包括开学典礼、校园导游、参观图书馆、“大学生生涯规划”讲座等，虽然后两项活动通常以专业为单位组织开展，但其通识性、程序性色彩十分明显，专业启蒙效果与正式开设的课程不可同日而语。

四、相关观察与建议

第一，《国标》的规定与要求既可能对各专业点建构其核心课程体系产生直接影响，也可能通过各专业《指南》更为具体的建议间接影响其核心课程规划。各专业依据《国标》，立足专业实际研制《指南》，所表现出的对《国标》的遵循程度有一定差异。我们发现，各专业《指南》对专业核心课程模块的相关要求不同，主要表现在三个方面。其一，专业核心课程的课时占专业总课时的要求不同：同为英语类专业，英语专业约占 30%，翻译约占 40%，商务英语约占 38%，明显低于《国标》规定的低限 50%；俄语、德语、法语、日语四个专业要求专业核心课程的课时原则上不低于专业总课时的 50%，阿拉伯语、外语非通用语种类专业则要求达到 50%—85%。其二，在翻译专业建议的教学计划中，专业核心课程并未列出《国标》所建议的“现代汉语”“古代汉语”“高级汉语写作”三门课程，但其“课程体系”下的专业核心课程却在列出的 19 门课程后加括号，注明“《国标》核心课程中的现代汉语、古代汉语、高级汉语写作属于各高校公共课程，课程描述部分未对这三门课程进行描述”。其三，不同专业所列出的专业核心课程的数量和主题有一定差异，虽然都包含语言技能课程和专业知识课程，但德语注明“如果以上某课程没有独立开设，其内容应在整个课程体系中得到体现”；法语注明“各高校法语专业可根据实际情况增加和调整专业核心课程”；阿拉伯语的该模块可包括“培养方向课程中的主要课程”。考虑到课程教学的实际情况，如果某个领域的知识不以课程形态开展教学，而寄望于师生主动融入该内容，则很难保证课程教学真实发生，更难以达到预期的教学效果。

第二，关于“专业导论”课程的重要性，外语类专业尚未形成共识，亦未形成公认的教学内容体系。约 2/3 的英语类专业建设点提交的培养方案中无此课程，虽然可以用《国标》“专业核心课程”无相关要求、《指南》无相关课程建议来解释，但外语类专业不少师生对专业不甚了解、定位不清、目标模糊，这个问题与专业核心课程体系中缺失该课程不无关系。

我们曾在小范围内非正式调研过一些院长、系主任，部分受访者所在院系并未开设该课程；在开设此课程的院系中，受访者对该课程内容感到难以取舍、学时不足。在不同院系，该课程通常由院系领导或经验丰富的老教师开设，但课程内容设计繁简不一，参差不齐，实践差异也很大，效果想必迥异。有些院系，如大连外国语大学英语学院、山东师范大学外国语学院、河北大学外国语学院①探索了较为可行的“专业导论”实施路径。而多数外语专业点在导论课上并无建树。由于《国标》无相关规定，各种评估未设置专门针对该课程的指标，该门课程始终处于尴尬境地。在此，我们建议，尽快组织调研和专题交流，基于调研结果，对该课程进行适时规划和适当规范；同时，及时总结教学经验，探究相关问题，集思广益，寻求解决之道。

五、结语

在《国标》课程框架下，专业核心课程体系既决定外语类专业教育的基本内容，也是培养通专结合、特色鲜明高素质人才的基础条件。考虑到各专业点的现实教情和学情，《国标》在专业核心课程设置方面为不同语种专业和

---

① 参见贺秀明、叶慧君：《高校英语专业导论课程教学实践与研究》，《现代交际》2021 年第 1 期。

英语类下不同专业留下了自主空间。本次调查结果显示，首批外语类国家级一流本科专业建设点总体上较好地遵循了《国标》相关规定，在设计专业核心课程数量和知识结构时，以科学合理的专业核心课程体系支撑各自人才培养目标的达成。尽管如此，更多外语类专业建设点（尤其是未入选国家级和省级一流的一大批外语专业建设点）的专业核心课程体系构建及实施情况如何，是否遵循《国标》要求，有待进一步调研；同时，外语技能课程教学是否如《国标》所期待广泛采用内容语言融合法，亦有待调研。随着我国在国际舞台上承担起更加重要的责任，更广泛地参与国际事务，培养具有家国情怀、国际视野、多语能力、跨文化能力和较高国际传播能力的高素质复合型人才已经成为外语类专业教育服务国家新发展、为高质量发展提供人才支持的重要建设方向。各专业点在修订人才培养方案、构建新的专业核心课程体系时，也必将增添新的内涵。

（原载于《中国外语》2023 年第 6 期）

整合重构：新文科背景下的社会科学实验室建设路径探析

陈先才　胡雪儿[*]

一、社会科学实验室的建设背景与界定

习近平总书记在哲学社会科学工作座谈会上的讲话中指出："哲学社会科学是人们认识世界、改造世界的重要工具，是推动历史发展和社会进步的重要力量，其发展水平反映了一个民族的思维能力、精神品格、文明素质，体现了一个国家的综合国力和国际竞争力。一个国家的发展水平，既取决于自然科学发展水平，也取决于哲学社会科学发展水平。"① 习近平总书记的这一重要讲话实际上是对加快构建中国特色哲学社会科学，推动哲学社会科学为中华民族伟大复兴贡献新的力量和智慧发出号召。②

近年来，我国大力推动的新文科建设就是响应这一号召的重要举措。2019 年 4 月，教育部和科技部等 13 个部门在天津联合启动"六卓越一拔尖"计划 2.0，要求全面发展新工科、新医科、新农科、新文科③；2020 年 11 月，教育部新文科建设工作组在山东大学（威海）主办新文科建设工作会议并发布《新文科建设宣言》，对新文科建设做出全面部署④。随着新文科建设工作的逐步推进，"文科实验室"与之一起成为一个高频热门词汇。《教育部社会

---

* 陈先才，厦门大学台湾研究中心主任、两岸融合发展与国家统一政策模拟实验室主任；胡雪儿，厦门大学博士研究生。

① 习近平：《在哲学社会科学工作座谈会上的讲话》，《人民日报》2016 年 5 月 19 日。

② 参见谢伏瞻：《谱写加快构建中国特色哲学社会科学新篇章（深入学习贯彻习近平新时代中国特色社会主义思想）》，《人民日报》2021 年 5 月 20 日。

③ 参见丁雅诵：《"六卓越一拔尖"计划 2.0 启动实施》，《人民日报》2019 年 4 月 30 日。

④ 参见《新文科建设工作会在山东大学召开》，2020-11-03，http：//www.moe.gov.cn/jyb_xwfb/gzdt_gzdt/s5987/202011/ t20201103_498067.html。

科学司2020年工作要点》强调，“重点支持建设一批文科实验室，促进研究方法创新和学科交叉融合，引领学术发展”。这就充分说明它们的建设逻辑有着内在一致性，旨在推动新科技革命与文科的融合化发展。[①] 换言之，文科实验室是新文科建设的关键抓手和重要突破。[②]

追溯历史，高校建设文科实验室并不是一个新现象。我国文科实验室建设之尝试最早始于20世纪80年代，比如辽宁大学在1981年建立档案专门实验室，中国人民大学在1995年建立新闻摄影实验室。21世纪初期，定量方法在部分社会科学分支领域的应用和推广，又直接促成一批全新的文理交叉实验室涌现，其中厦门大学计量经济学实验室和西南大学认知与人格实验室等，还被认定为教育部重点实验室。当然，当前所说的文科实验室建设与之前有着较大差异，它的重点是抓住新科技革命为文科实验室发展带来的新机遇，积极利用新技术，推动新技术与文科融合。自新文科实验室建设提出以来，全国各大院校纷纷跟进，文科实验室建设就此迈入新时代；根据教育部2021年公布的哲学社会科学实验室名单，共计有30家高校实验室首批入选[③]，此外不少省市也确定了重点建设的文科实验室名单。目前高校文科实验室的建设已经进行了一段时间，结合具体实践情况，为更好地推动文科实验室的向前发展，有必要对实验室的建设展开分析和探索。

需要注意的是，文科实验室是对人文科学实验室和社会科学实验室的概括性统称，学科固有区别决定了二者存在一定的差别。人文科学以人作为研究对象，探寻人的生存价值、生存意义，主要包括文、史、哲三大学科门类；而社会科学以人类社会为研究对象，研究社会发展、社会问题、社会规律，主要包括法、经、管等学科门类。[④] 基于这种差异，结合笔者的学科出身、参建实验室的具体经验，以及调研获得的实验室资料，本文只对社会科学实验室展开探讨，人文科学实验室暂不在本文的分析范围之内。

---

① 参见樊丽明：《“新文科”：时代需求与建设重点》，《中国大学教学》2020年第5期。

② 参见解志韬、胡菲菲：《高校文科实验室助力“新文科”建设》，《中国高等教育》2022年第7期。

③ 参见《30所高校入选！教育部公布一重要名单》，2021-12-12，https：//new. qq. com/rain/a/20211212A07Q5S00。

④ 参见李凤亮：《新文科：定义·定位·定向》，《探索与争鸣》2020年第1期。

二、社会科学实验室的建设目标和愿景

目标是组织在未来一定时期内期望达到的阶段或成果，也是组织使命和宗旨的具体体现，既为组织的活动确立标准，也是组织活动的动力来源，对于组织建设至关重要。因此，确立社会科学实验室的建设目标，是探索建设路径的首要步骤。

作为新文科建设的重要抓手，社会科学实验室与新文科建设有着高度一致的目标和愿景，即通过新科技与社会科学的融合，使社会科学能更好地回应新时代、新需求，推动社会科学的中国化和国际化，引领社会科学的新发展。① 由此，社会科学实验室建设的最高命题可以转换为促进新科技与社会科学的融合，其实质是要正确处理好新的技术与社会科学两大主体之间的关系，以使新技术为社会科学发展充分赋能。

所谓赋能，就是给予某种能力，它常被应用于对技术—产业关系或技术—组织关系的探讨中。那么，在这里的语境之下，或者说在社会科学实验室的内部，技术到底如何才能赋能社会科学？这关系到社会科学实验室建设的基本目标。既然是为推动社会科学发展，就应该从学科建设本身谈起。学科建设强调人才培养与科学研究的紧密结合，因此，社会科学实验室的基本目标即通过技术与研究、技术与教学的融合，达成发展社会科学学科的使命和愿景。

从研究的维度而言，现代信息技术对社会科学的“赋能”主要是以“大数据”为核心基础。当前，用于社会科学研究的数据从生成到处理都已经发生革命性的变化，传统社会科学正在迈入计算社会科学时代。在数据生成和获取环节，过去的实验室数据一般是以政府数据和调查数据为主，但是互联网的高速发展为社会科学研究提供了海量的新型数据，这些数据并不局限于单一的格式与类型，文本、图片、声音和视频等数据形式都可用于实验室的研究。在数据处理和分析环节，以计算机模拟、人工智能、复杂统计方法和社会网络分析技术为代表的新方法的应用可以更精准、恰当地处理各种数据，

① 参见樊丽明：《新文科建设：走深走实行稳致远》，《中国教育报》2021 年 5 月 10 日。

从而推动发现与检验关于复杂社会进程的多种理论。总的来说，现代信息技术所带来的这场“数据”浪潮，能够催生更多的途径与方法帮助社会科学认识世界、理解世界。[1]

从教学的维度而言，现代信息技术对社会科学的赋能主要依赖于虚拟仿真技术的发展。虚拟仿真技术能使人的身体得到延伸，它可以打破时空的限制，带有沉浸性、交互性、虚幻性和逼真性的特征。借助虚拟仿真技术构建社会科学虚拟教学课堂，不仅无须像实体教学那样受到硬件设施和师资力量等的限制，而且能够打破传统教学模式，增强教学过程中的互动性、创造性和趣味性，提高学生的学习积极性，对于丰富教学资源、转变教学方式有极大的帮助。此外，虚拟仿真技术还能帮助重现很多专业实践场景，以便学生能“身临其境”式地体验并实践专业知识，从而拓展社会科学教学的广度和深度。

为最大限度实现“技术+研究”和“技术+教学”这一双重目标，社会科学实验室的具体规划应该着重发展数据能力、计算能力和教研能力。其中，基于数据能力所构建的核心特色数据资源库是社会科学实验室的建设基石。数据资源库可以充分彰显社会科学实验室所依托的学科和领域方向优势，根据学科特色，在数据获取的源头发力，形成存储和标准化处理数据的“全链条式”作业流程。计算能力是指理解数据以及基于相应数据进行推理和应用的能力。[2] 社会科学实验室需要立足学科理论问题以及社会现实需求，扩大计算能力的应用，致力于打造一系列指数产品，并且积极开展数据分析和仿真模拟等相关研究。教研能力是指发现教学问题、研究教学方法和总结教学经验的能力，包括教学设计、教学实施和教学评价等面向。社会科学实验室需要着力构建虚拟化的教学场景、实践场景，开设相关技术课程，探索新技术条件下人才交叉培养模式。社会科学实验室通过三大能力的高效协同和运用，使新技术与社会科学在实验室发生化学反应，增强创新能力、优化人才质量

---

① 参见王娜、张应辉：《高水平本科教育背景下新文科实验室建设路径探索》，《实验技术与管理》2020 年第 1 期。

② Margaret, E. B., Shuang, Y. P., “Are Individual Differences in Numeracy Unique from General Mental Ability? A Closer Look at a Common Measure of Numeracy”, *Individual Differences Research*, 2010, 9 (4), pp. 257-265.

以及提升科学水平，最终助力中国特色哲学社会科学的繁荣。

三、社会科学实验室的建设难点和挑战

虽然新技术与社会科学的融合确实会对社会科学产生赋能作用，但是技术与社会科学从来都是对立统一的关系，它们之间始终存在着固有的逻辑矛盾。社会科学的逻辑本质是更好地认识世界和理解世界，而技术的逻辑本质则强调技术发展。这一逻辑悖论很有可能导致在融合过程中出现一方越过另一方的情况，这不仅存在于社会科学实验室的整体发展状况之中，而且存在于不少社会科学实验室内部的研究和教学业务中，这会导致社会科学实验室建设偏离发展新文科的初心，实验室的建设因此面临多重困难。

（一）高校各自为战，集群效应不彰显

新文科建设的主体是中国乃至全世界的人文社会科学。因此，服务于新文科建设的社会科学实验室，虽然是以高校为依托单位，但是它的发展需要从“全国一盘棋”的角度来考虑。自教育部启动社会科学实验室建设以来，全国各大高校积极响应，社会科学实验室如雨后春笋一般涌现，但是不少高校只是将成立社会科学实验室当作一种“赶风潮”行为，没有真正深入思考学科需求，由此社会科学实验室对整个学科领域发展产生的集群效应并不明显，难以推动学科发展产生质的飞跃。

社会科学实验室集群效应低下主要表现为实验室的同质化程度高、合作化程度低。目前，社会科学实验室的数量略多，一些热门学科的实验室呈现出聚集状态，扎堆现象严重。比如，作为社会科学领域最早拥抱新技术的学科代表，各高校的经济学院原本就有实验室或实验中心，在新文科建设背景下，这些高校或纷纷进行实验室转型，或再成立新的实验室，经济学相关实验室的数量进一步膨胀。在公共政策学科领域，清华大学、北京大学、中国人民大学和西安交通大学等多家“双一流”高校设立了相关实验室，还有一些高校也陆续设立了公共政策研究实验室，公共政策领域实验室数量也不断增加。这些实验室相似程度很高，缺乏自身特性，市场细分、领域定位并不明显，直接导致了学科领域内的实验室竞争激烈、互相模仿，而且，每家实验室基本都在按照“全产业链”的架构进行规划发展，从基础数据搜集到研

究产品成型基本都是自我完成。领域内的实验室组织化程度低下、内聚力薄弱，相互支持缺失，最后只会造成严重资源浪费，无法达成形成学科新的增长点、促进学科创新、提升学科竞争力的目标。

（二）研究混淆主次，知识贡献度不高

新文科建设的核心要义还是立足新的时代，解决新问题，回应新需求，打造新的研究范式，构建新的话语体系，从而繁荣中国特色哲学社会科学。这要求社会科学实验室在研究中要以学科的重大问题和热点问题为基本导向，借助新的数据和新的技术寻求这些问题的解决之道，推动社会科学研究的方法创新、理论创新和成果创新。然而，社会科学实验室在“技术+研究”的实践过程中往往容易混淆技术和研究的主次关系，忽视技术对社会科学研究赋能的基础条件，即技术的性格和学科的性格应该互相匹配，而不是表现为对技术的过度追求，掉入“技术陷阱”。对技术的过度追求会导致技术的潜能得不到充分发挥，难以产生真正高质量的原创性知识贡献。

这种技术和研究主次矛盾的错位，主要体现在两方面。第一，想当然地将技术投入作为实验室建设的必要初始步骤，甚至简单粗暴地把两者等同，一开始就在基础设备、软件系统上耗费大量资金，而非聚焦学科本身、以产出成果为首要任务。部分高校社会科学实验室的成交公告已经展示了这一问题的严重性，不少实验室在成立初期的技术采购费用就动辄百万，并配备网络安全设备和数据中心等，随着时间推移，实验室需要持续投入资金，用于设备更新、技术维护以及实现技术设想。可事实上，对处于初创期或成长期的社会科学实验室而言，并不适合在专有技术建设方面过度投入，否则只会加剧实验室收支失衡，为实验室带来巨大生存危机。尤其是实验室的资金基本还是来自财政拨款，尽管少部分实验室会有一些课题委托收益，但是只是杯水车薪。第二，技术迷信影响研究人员的思维认知以及研究成果的评价标准。不少研究人员盲目崇拜技术，过度渴求在研究中应用新的技术，违背好的社会科学研究应该受理论问题或现实问题驱动这一基本原则，导致实验室越来越多的研究“前赴后继”地陷入“技术误区”，为使用数据而使用数据和为使用方法而使用方法的研究层出不穷。雪上加霜的是，实验室对研究成果进行简单的“一刀切”，将研究有没有使用新技术作为能否列入实验室成果的基础性评判指标，而非考量研究对问题的求索程度。自传统定量研究方法进入社会科学研究的视野以降，社会科学研究常常偏离正确方法，并且招致“量化研究是玩弄数学符号”“量化研究都是噱头”的指责和批评[①]，而社会科学实验室对技术的过度重视无疑会使这种情况进一步恶化。

（三）教学流于形式，学科发展不平衡

人才培养作为新文科建设的基础目标，自然也是社会科学实验室的建设重点之一。通过社会科学实验室的教学实践，优化社会科学专业体系，拓展社会科学专业论域，不断深化社会科学人才培养的方式改革、机制改革和理念改革[②]，最终构建起具有世界水平、中国特色的人才自主培养体系。不过，目前高校社会科学实验室普遍存在“重研究、轻教学”的情况，在“技术+教学”的发展上仍然停留于表面化地丰富数字教学资源、设置基础技术课程等工作，没有考虑学生用户体验，难以真正地让学生受益。人才培养事关学科发展的生力军补充，忽视这一关键维度，最终的学科发展是不平衡的、不稳当的。

在丰富数字教学资源方面，社会科学实验室容易在教学场景中片面追求加入、利用现代化教学手段，使得辅助教学的新技术沦为“花架子”和“装饰品”，最终难以传递教学内容，实现教学目的。比如有些数字资源利用不过是单纯的“课本搬家”，难以吸引学生；而有些数字资源利用却过于花里胡哨，分散学生的学习注意力。再如有些教师其实并不熟悉技术操作，一味要求他们使用技术，只会降低课程学习的连贯性和体验感。在设置基础技术课程上，由于新文科的人才培养目标，不仅要求学生掌握专业基础知识，而且还需要学习统计和计算机技术方面的知识，因此社会科学实验室往往会开设相关技术课程，但是这些课程大多没有结合社会科学专业进行重新调整，不仅总体课程的结构布局缺乏合理性，而且教学内容往往是照搬照抄技术专业的已有课程。这种不合理的技术教学培养使得不少学生在学习过程中过度深

① 参见葛传红：《西方政治学界对于“定量霸权”的反思与批判》，《国际政治研究》2019 年第 1 期。

② 参见李凤亮：《以新文科建设大力推进创新人才培养》，《学习时报》2022 年 7 月 8 日。

挖数学、技术知识，忽视社会科学学科基础知识，从而被套入量化分析的枷锁。[①] 而且现行教育体制长期将学生以文科和理科的方式分类，高校社会科学的生源又主要来自高中的文科，因此很多学习社会科学的学生往往会产生不擅长数学、讨厌数学的思维倾向，他们容易将社会科学量化方法等同于数学和编程，过于高深的数学和技术知识只会加剧学生学习这些知识时的恐惧心理。

四、社会科学实验室的建设路径和建议

虽然社会科学实验室的建设面临着多重困难，但是这并不意味着它的目标和愿景只是空谈。相反，在繁荣哲学社会科学与推动新文科建设的号召下，社会科学实验室的发展有着强大的内在驱动力。因此，积极探索社会科学实验室的建设路径，寻求困境突破之道才是应然之举。分析上述社会科学实验室建设面临的难题，可以发现它们的共性是新技术要素和社会科学要素的失序与错配，因此社会科学实验室建设的关键就在于如何充分协调这些要素，构建和谐共生关系，从而使其发挥出最大的合力效应。参考组织建设的方法论，整合重构是突破社会科学实验室建设困境、实现社会科学实验室建设目标的最佳核心路径。整合重构的意涵是在重新梳理各类要素的基础上建立新的结构关系，从而实现组织的优化转型和可持续发展，最终服务于新文科建设。

（一）整合全域资源，重构生态关系

社会科学实验室承载着新文科建设的使命，仅靠个别力量无法真正实现哲学社会科学的繁荣，这要求社会科学实验室的建设始终坚持整体观。当前社会科学实验室建设中“高校各自为战，集群效应低下”的发展现状显然有悖于这一原则。社会科学实验室已经充分意识到校内资源整合以及主体互动关系重构的重要性，而且不少实验室已经在校内与那些掌握资源的单位和个

---

① 参见上海财经大学出版社：《〈量化社会科学导论〉教学与科研网络研讨会会议纪要》，https：//mp. weixin. qq. com/s/ImqQVu6c2oqMfzJ0cDGX4A。

人实现利益交换。[①] 这种思路应该得到积极拓展，应用至社会科学实验室的整体建设中，亦即坚持“全国上下一盘棋”的思维，彻底打破社会科学实验室之间的校际界限以及壁垒，充分整合全国各大高校，甚至是科研机构和市场化公司的资源，以协同创新的模式重构社会科学实验室之间的关系，从而打造社会科学实验室发展的良好生态，才是破题最佳路径。这种整合重构具体包括以下三点：首先，发挥学科领域内优势高校在社会科学实验室建设中的“领头羊”作用，确立学科领域内优势高校主体地位，以其为主导构建社会科学学科实验室的联合体。这是因为学科领域内的优势高校具有足够的资源和能力扮演中流砥柱的角色，它们不仅存在资金吸引和学术感知等资源优势，而且具备相关主体协调能力。其次，必须充分容纳学科领域内具有某一优势、特色方向的实验室或其他主体进入协同创新链条，以实现学科领域内的分工合作、优势互补。这其实应该是在成立社会科学实验室之初就对高校提出的明确要求，实验室建设的初始命题就是明确自己在学科领域内的角色以及与学科领域内其他实验室的区隔。最后，率先推进基础数据和技术资源的共享，夯实协同创新基础。虽然基础数据和技术资源是实验室建设的基础，但是两者却都十分难以获取，实验室运营往往面临“巧妇难为无米之炊”的困境。要借助云计算服务实现实验室之间的数据和技术等资源共享，分担各单位的资金压力和缓解人力短缺等问题，否则，单纯依靠“白手起家”，不仅会造成大量的资源浪费，而且由于社会科学研究成果的低转换率和低收益率，很多实验室都会难逃生存危机。通过资源整合、关系重构，充分释放社会科学实验室这条协同创新链条上“人才、资本、信息、技术”等创新要素的活力。

（二）整合战略目标，重构评价体系

社会科学实验室延续新文科的融合特性，这就要求它的建设需要多方力量共同参与。然而，各方力量主体的发展逻辑和利益需求不尽相同，这必然会使得实验室的建设目标有多元性，这些目标之间难免存在摩擦，尤其是技术目标与社会科学发展目标之间的矛盾。同时，社会科学实验室的建设需要

---

① 参见［美］加里·金：《重构社会科学：基于哈佛定量社会科学研究院的反思》，黄建军、杨文辉译，《经济社会体制比较》2016 年第 5 期。

相对多的时间投入，它的发展注定是一个缓慢的过程，在这一过程中，目标实现必然存在先后顺序，这就意味着同一主体之间也可能存在目标冲突。对此，我们需要通过整合社会科学实验室的战略目标，以准确把握社会科学实验室的发展方向和重点，并且据此重构社会科学实验室的评价体系，充分发挥评价体系“风向标”和“导航仪”的作用。立足于新文科建设全局，实现社会科学实验室的战略目标整合，紧紧围绕“论域拓展”“价值重塑”“话语主导”和“研究范式”这些新文科建设的子目标，长远谋划社会科学实验室的主要业务、发展方向以及前进道路。[①] 着力打造与之相应的中国特色社会科学实验室评价体系，从制度层面改善和调整实验室在践行交叉融合的过程中所面临的矛盾关系。尤其要注意落实“破五唯”[②] 的要求，健全和创新多种评价方式，避免以论文、项目、奖项等相关指标作为社会科学实验室建设成效评价的前置条件，重点应该关注实验室成果的质量价值以及原创价值，最终落脚于实验室成果对新文科的理论体系、学科体系以及教学体系的实际贡献程度。同时，评价体系还要特别强调避免操之过急，给予实验室充分的发展时间、容错空间。同任何的初创组织一样，社会科学实验室不可能一蹴而就地落实深化新文科建设，需要的是久久为功，持之以恒。

（三）整合思维理念，重构培养模式

教学业务不像研究业务，它的成果收益很难直接体现，需要经过较长时间转化，而且很多时候不被创造它的社会科学实验室享有，因此很多社会科学实验室容易轻视人才培养工作。然而，人才培养在社会科学实验室和新文科的建设中扮演着基础性角色。习近平总书记在党的二十大报告中强调“人才是第一资源”[③]，这充分说明人才是社会科学实验室赢得竞争主动的战略资源，只有保证人才供应，壮大建设队伍，才能不断推动社会科学实验室和新文科的创新发展。因此，重视社会科学实验室的教学业务，真正落实技术和教学的融合，才是实验室建设的应有之义。整合技术思维和社会科学思维以

---

① 参见徐飞：《新文科建设：“新”从何来，通往何方》，《光明日报》2021 年 3 月 20 日。

② 根据中共中央、国务院正式发布的《深化新时代教育评价改革总体方案》，“破五唯”即克服唯分数、唯升学、唯文凭、唯论文、唯帽子的顽瘴痼疾。

③ 习近平：《高举中国特色社会主义伟大旗帜　为全面建设社会主义现代化国家而团结奋斗——在中国共产党第二十次全国代表大会上的报告》，《人民日报》2022 年 10 月 26 日。

重构学生培养模式，这是消除社会科学实验室在教学层面不足的解决路径。围绕这一路径，社会科学实验室需要在课程结构、教学内容和教师素养等方面持续发力。在课程结构上，避免简单地将技术类课程置入原有课程体系，而是要综合考虑学生的学习逻辑、思维方式、应用需求以及接受程度，并在此基础上重新组织专业知识的学习顺序和课程种类；在教学内容上，避免对技术学科教材的照搬照抄，而是要以社会科学需求作为主要导向，并突出技术的应用面向，秉持“技术只是帮助更好地理解社会现象、解决社会问题的工具”这一原则，重新编写相关教材①；在教师素养上，注意招募那些有社会科学学科背景的专业技术人才，如果缺乏这类复合型的人才，至少应该对技术人员进行一定社会科学基础知识培训；在授课手段上，不能将数字化使用的范围和频率作为衡量社会科学实验室教学融合的主要标准，明确数字化教学并非实验室的目标，促进学生对知识的吸收才是实验室推进教学融合的意义所在。

五、结语

新文科建设的实质是希望通过新技术与文科的融合，利用新技术赋能文科的发展，而社会科学实验室则是二者融合的第一试验田。然而，技术与学科的融合是一个既相互促进又相互博弈的过程，这就导致了社会科学实验室建设的复杂性，形成了实验室建设中的难题和挑战。通过对社会科学实验室建设情况的调查分析，笔者发现现阶段的主要问题包括整体层面集群效应低下、个体层面知识产出贡献不高及学科发展失衡等。这背后的根源是技术要素与社会科学要素的失序与错配，而整合、重构、协调这些要素，发挥技术与学科最大合力效应，则是社会科学实验室建设的核心路径。通过整合全国范围内社会科学实验室建设资源和重构生态关系，解决整体层面集群效应低下的问题；通过整合社会科学实验室战略目标和重构评价体系，解决知识产出贡献不高的问题；通过整合社会科学实验室的思维理念和重构培养模式，解决学科发展失衡的问题。当然，社会科学实验室需要在不断的持续积累与

---

① 参见上海财经大学出版社：《〈量化社会科学导论〉教学与科研网络研讨会会议纪要》，https：//mp.weixin.qq.com/s/ImqQVu6c2oqMfzJ0cDGX4A。

革新中前进，未来随着社会科学实验室的建设不断深入以及外部环境变迁，实验室建设的具体目标也需要时常调整，但是整合重构始终是社会科学实验室建设的重要法宝，这是由实验室的本质决定的。也就是说，必须不断地妥善处理新技术与社会科学之间的关系。这一经验也适用于人文社科实验室的建设，甚至可对新文科建设产生一定的启示意义。

（原载于《山东大学学报》［哲学社会科学版］2023 年第 2 期）

新文科 GEPC 实验实践教学模式构建

涂俊　刘帅　冯欢*

信息时代对文科人才需求的变化，决定了高校需要在大学生培养的内容和形式方面进行改革。在数字素养能力需求大幅提升的背景下，对人文社科类学生的实验实践及创新能力培养也日趋迫切。GEPC 实验实践教学模式的构建，开设数字素养的应用型实验课程建设对培养文科生的综合能力的作用越来越凸显。传统文科教学在教育思想上将实验实践归属为附加型和外延型方式，往往偏向理论传授，实验也未能很好地形成教学与实践和竞赛有机结合。另外，现有的文科实验教学中实验课时占比低，虚拟仿真与实际操作搭配不合理，以及未能形成实验课程群，系列课程设置上缺乏系统性，规范要求不强，导致无法与理论教学形成高效呼应，无法起到理论与实践互为补充支撑的作用。

新文科实验教学的目的是实现专业教学效果，将理论知识转化为学生的实践经验。相对于传统文科，新文科的区别主要体现在：在现有文科基础上，赋予其新内容、新内涵，延展传统学科研究范畴和方向，丰富和改进传统文科研究手段和途径。同时，在文科人才培养模式上实现更加广泛的跨学科融合、协同培养，对文科人才培养的理念、目标、教学组织等进行革新或实现结构重塑。① 新文科与传统文科教育理念有明显差别，新文科建设的核心应是坚持问题导向、开展跨学科研究。② 在新文科实验教学模式的建设与探索上需

---

* 涂俊，南开大学文学国家级实验教学示范中心主任，教授；刘帅，南开大学文学国家级实验教学示范中心实验师；冯欢，南开大学文学国家级实验教学示范中心教师。

① 参见刘虎、王勤、冯建刚：《新文科背景下高校重塑文科实验教学体系的思考与探索》，《实验技术与管理》2020 年第 9 期。

② 参见樊丽明、杨灿明、马骁等：《新文科建设的内涵与发展路径（笔谈）》，《中国高教研究》2019 年第 10 期。

要转变观念，以人文社会学科的教学为基础，创新实验实践教学模式，提高整体教学质量。

为了革除传统文科实验教学的弊端，促进教学环节中理论知识讲授与实验实践环节的有机融合，GEPC 将实践与竞赛作为理论学习和实验教学衔接的环节，创新发展新文科实验实践教学模式。培养学生的综合素养应该作为新文科实验课程的目标，从通识、实验和实践三个方面同步入手，构建适应新文科变革的实验教学体系。通识教育课程旨在培养学生的历史观和辨别能力，提高学生的人文修养和道德素质。[①] 新文科教育需要契合国家战略发展的目标，高素质文科人才的培养需要全面提升学生学习的自主性和选择权，同时还需要鼓励学生跨学科、跨专业学习，积极进行科学研究和创新创业活动。足见新文科的发展需求对文科学生培养提出了全新要求，文科的发展需要在方法论和研究范式上进行创新，更需要在学科体系和教学模式上进行同步改革。[②]

一、GEPC 的概念

GEPC 是指通识、实验、实践、竞赛相互融合的教学模式。新文科实验实践教学模式的探索，将通识教育与实验、实践和竞赛相融合，以数字素养系列通识课（General）为基础打通多个专业之间的壁垒，以文科实验（Experiment）的教学手段和方法加强学生的科学训练，带领学生广泛参与社会实践（Practice）项目及应用训练学生解决复杂问题的能力，组织学生参加各种水平的竞赛（Competition）带动学生参与科研与高阶性实验，最终形成体系化且可持续发展的新文科 GEPC 实验实践教学模式（见图 1）。构建大学生数字素养培养的 GEPC 实验实践教学模式，解决学生无法像行业专家一样思考和使用专业知识的问题。以数字应用、数字创造、数字竞争能力为目标的大学生数字素养“通识+实验+实践+竞赛”的 GEPC 实验实践教学模式，形成实验中心、专业教研室、创新创业及各教育主体的多方合作机制，为学生能够

---

① 参见董海军、凌伊：《新文科建设背景下实验教学的创新与发展》，《实验室研究与探索》2021 年第 3 期。

② 参见周毅、李卓卓：《新文科建设的理路与设计》，《中国大学教学》2019 年第 6 期。

学会“解决实际问题”提供多层次、多手段、多语境的学习成长链。

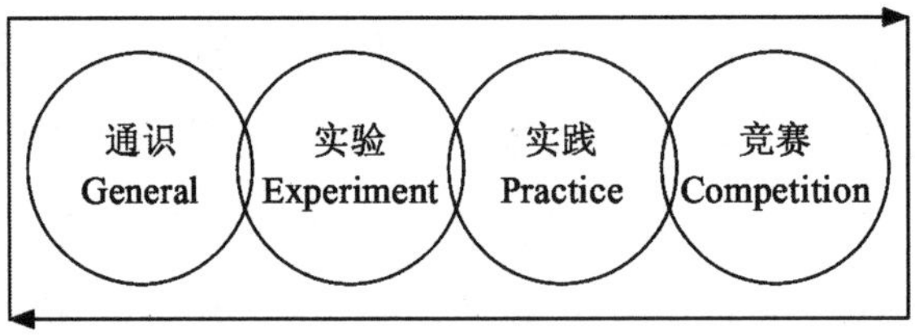

图 1　GEPC 实验实践教学模式

GEPC 实验实践教学模式的构建以加强大学生数字应用能力、多维度学习能力、多学科研究能力、多组合交流能力培养为目标，提升专业能力和领导力，以及在数字语境下主动自我学习能力，使终身学习成为一种素养。将学生的能力培养分为四个维度进行相应拓展，即专业能力、通识能力、数字能力和虚拟能力（见图 2）。专业能力对应新时代对数字公民的数字创造力和数字竞争力；通识能力对应学生的数字媒体表达能力、高级影像制作能力和服务学习能力；数字能力对应学生完成功能性数字应用任务，掌握数字应用策略与生产和引导技能应用的态度与数字思维；最后是培养学生的工具性知识与技能，以及社会与全球视野的应用态度。

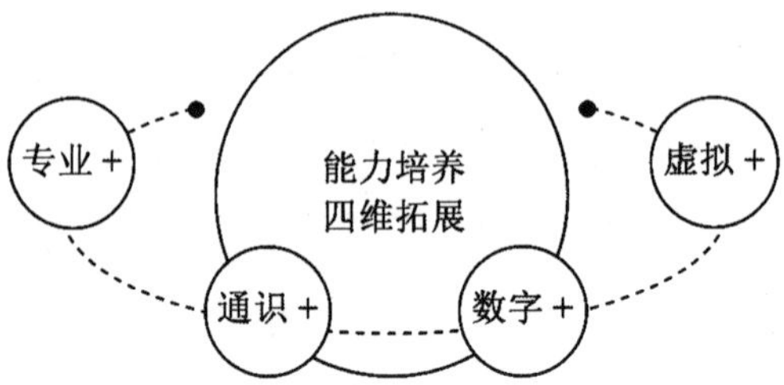

图 2　GEPC 实验实践教学模式培养学生能力的四个维度

二、新文科 GEPC 实验实践教学模式的构成

新文科 GEPC 实验实践教学模式由四大模块、三大能力和三大素养构成（见图 3）。以数字素养通识系列课程为基础，以新文科实验教学为载体，基

于实例演练、角色扮演等教学手段加强理论与实践的结合，同时开展情境式教学。借助学校社会实践平台，以活动和课题的方式带领学生积极参与社会实践，训练学生的信息收集能力、管理能力和沟通协调能力等。组织学生参加多种形式的竞赛，培养学生的基本技能、专业技能和创新能力三大能力，综合提升学生的人文素养、数字素养和艺术素养。整个 GEPC 实验实践教学模式以培养综合素质高的复合型新文科人才为目标。

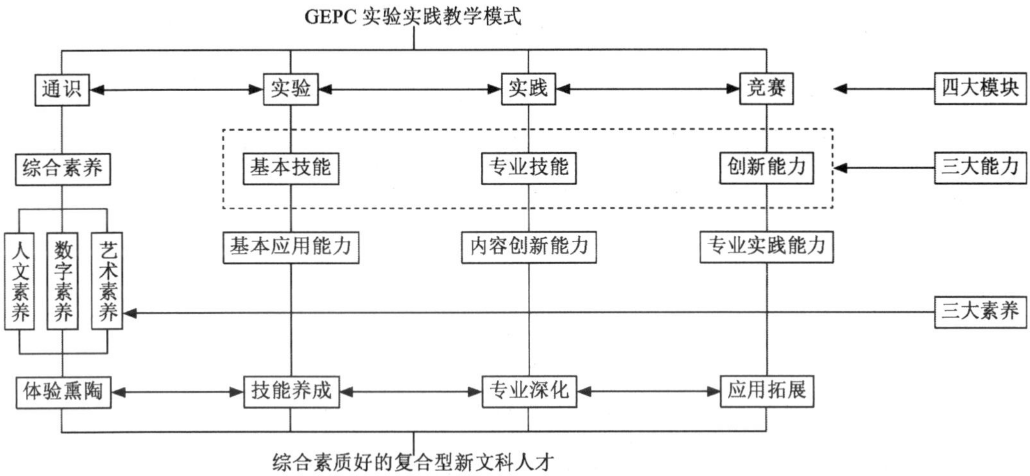

图 3　GEPC 实验实践教学模式的构成

（一）数字素养通识系列课程

数字素养是数字智能环境下公民生存的必备技能。多个国家希望通过教育教学系统变革，鼓励发展国民数字能力，以确保未来他们能够积极参与社会和经济发展。在当下的互联网时代、人工智能时代，社会需要更多高素质的复合型人才。将培养数字素养纳入本科教育，通过系统的课程学习将数字素养内化为大学生知识结构是现代大学教育的一个趋势。根据不同年级、专业，设计不同知识体系和层次结构的课程内容，将数字素养教学纳入必修或选修课体系。基于构建大学生数字素养通识课程体系，针对大一学生课程目的设定为提高数字检索工具的能力；大二学生的数字素养课程目的可以与更多的专业知识相结合，学习相关的信息检索、分析、评价等能力；高年级则可以针对本专业的需求进行数字能力的准确表达、数字内容的创造与制作，以及相关知识的综合运用。①

通识教育为专业课程的开展提供广泛的知识面，专业课程教会学生如何去做，通识课程则教会学生为什么做和应该做什么。GEPC 实验实践教学模式以通识教育为基础，从宏观层面设置新的实验内容、丰富实践教学环节、构建线上线下混合式教学平台、带领学生积极参加多种赛事，以学生自主学习为中心，在新文科发展规律的主导下实现因材施教的教学探索和实践。构建具有南开特色的“能力导向式”大学生数字素养教育框架，解决素养培育与专业教学的割裂问题。从数字素养教育目标、数字素养能力培养、数字素养内容构成、数字素养评估标准和数字素养应用领域五个方面，将数字素养通识课程群划分为通识素养课程、创新素养课程、跨学科素养课程三类（见图4），进行学科交叉，将数字素养推广渗透到专业课程，使专业课程更注重数字素养环节。

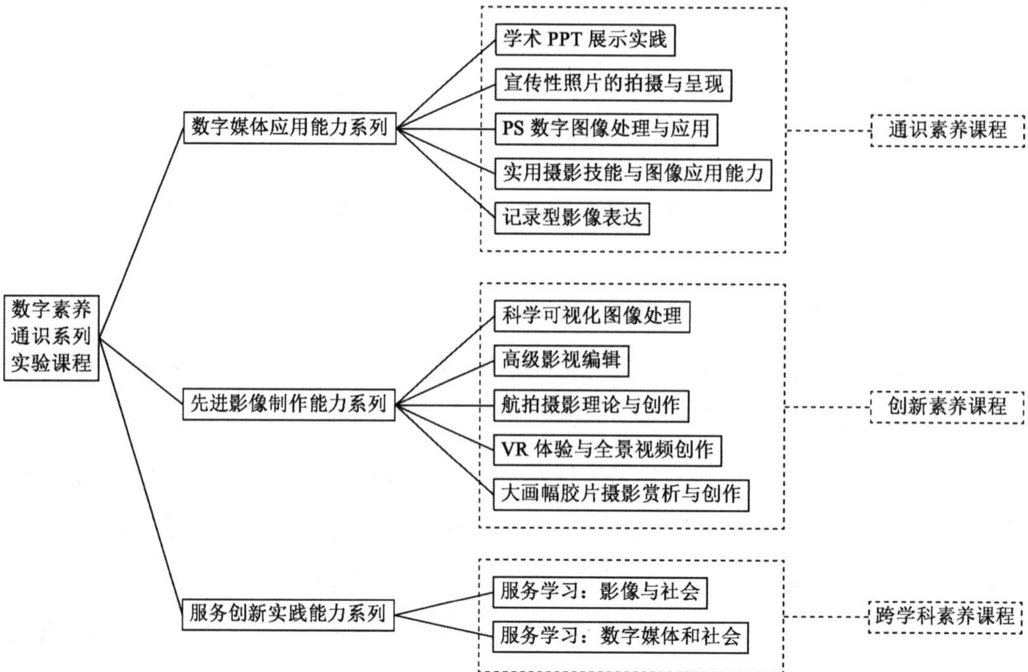

图 4 数字素养通识系列实验课程的构成

① 参见涂俊、冯欢：《新技术驱动下的文科实验教学混合式一流课程建设》，《中国大学教学》2022 年第 3 期。

除了数字素养的缺失，科学精神以及科学意识有效养成也是高校教育教学中较薄弱的环节。通识课程中包含的科学教育并非单纯科学知识的讲授，而是将科学精神内化的过程，其侧重于培养学生主观认知上的逻辑性和准确性以及思维方式上的严谨性，帮助学生养成科学的理性思维习惯和创新的勇气。数字素养通识课程对全面提升学生的综合素质、理论联系实际的能力起到了重要作用。同样，在课程实践过程中重视对学生创新意识、创新思维的培养，将二者的重要性提高至技能提升与品格培养相同的高度。

（二）新文科实验教学

新文科实验教学革新了培养模式，将技能培养变更为以学生的认知方式为出发点。新文科的发展越来越重视文理融合的技能培养，传统的“填鸭式”讲授教学方法已经完全无法满足文科相关专业的发展，更不能有效激发学生的学习热情和兴趣。新文科建设过程中引入有效的实验教学法，可以将学生从被动学习“封闭的课堂和枯燥的书本”中解放出来，因此文科实验的教学改革十分必要，也是文科教学方式方法改革的切入点和突破口。[①] 新文科教育注重从内因上培育学生自主学习和发展的能力，因此以数字素养和科学素养为培养核心内容，帮助学生具备自我完善和终身学习的能力，提升学生在社会上的综合竞争力，新的实验教学手段会成为新文科实验实践教学模式中不可替代的教学手段和方式。帮助学生高效地理解和吸收理论体系结构，并内化为学生自己掌握的知识点，通过科学构建实验实践教学模式，采用虚实结合、线上线下混合式等实验教学方法让学生在亲手开展实践的过程中去验证人文社会科学中涉及的理论知识点，从而做到理论与实践的有效结合。将认知从感性深化到理性，同时能够强化文科生的动手能力，最终构建自身专业的知识结构体系。

新文科实验课程除了承担基础的教学功能，还需为学科建设与发展服务。新文科建设所要求的文理结合和跨学科发展要求学生在学习、实践中突破传统文科的理论知识的束缚，还需掌握数字能力、科学素养以及其他专业知识。不同文科专业间的知识具有很大的关联性，要更好地服务于社会，文科人才

---

① 参见周合兵、罗一帆、熊建文：《基于实践创新能力培养的文科实验教学体系的探索与实践》，《实验技术与管理》2013 年第 10 期。

既需要实践，也需要拓宽知识面，跨专业知识的综合学习。①

（三）社会实践融入教学活动

在通识教育和新文科实验课程相结合的基础上，对传统文科实验教学的方法和手段进行继承和发展，同时遵循高等教育及新文科建设发展的规律，不断吸收消化和应用新的教学理念和思维，创新文科实验教学体系和模式，紧紧抓住创新创业实践能力培养这一核心目标，是将社会实践活动融入教学活动的最大动因。GEPC 教学模式的构建即从教学平台、教学方法、教学内容等方面入手，着力培养学生的实践创新能力和就业核心竞争力，同时形成这一教学模式自身的特色。

培养学生服务创新实践能力系列课程之一的“服务学习：数字媒体和社会”，采用“实验+服务+实践”的三级专通结合模型，通过实践教学促进专业应用，利用专业应用提升创新研究，创新研究反哺实验教学。课程组连续四年在甘肃省平凉市庄浪县乡村，深入调研和记录当地深度贫困农村在脱贫攻坚和乡村振兴战略下所产生的变化，发现在农业农村现代化进程中的迫切需求，结合专业理论和实验教学，开发共创帮扶项目。通过理论学习和实验教学，以及大学生创新创业计划等多种教学活动，围绕庄浪乡村振兴和农村现代化建设需求，在教学周期里师生共同完成社会影像志、新媒体传播、非遗传承与创新设计等一系列实践活动。通过课程、校村共创乡村振兴，师生共同实现立德树人完成价值塑造。社会实践深度融入教学，以美术教育、创意设计、文化产业赋能社会实践和服务学习教学，通过影像见证脱贫，以创新助力甘肃庄浪乡村振兴。课程秉承实践育人的理念，在提升学生的专业应用和综合处理问题能力的同时，更重要的是通过实践帮助学生了解贫困地区的发展现状，激发学生的社会责任感，进而树立服务社会、服务人民的远大理想，在使专业教学与社会实践紧密结合的同时实现专业课程与思政课程的有机融合。

深耕社会实践，以大学生创新创业训练计划促推学生创新活动。从目前

① 参见何少颖、方沛、刘开昌等：《高校文科综合实验教学中心建设研究述评》，《实验室研究与探索》2014 年第 9 期。

已结题的创新创业类社会实践项目情况来看，许多学生在训练计划的开展过程中掌握了实验课程所传授的知识和技能。以数字素养的培育为例，拍摄与数据采集、问卷调查与数据分析、素材甄选、数据备份与有效加工、剪辑与制作、后期输出等，以上知识和技能单凭理论学习是无法掌握的，需要在实验课程上反复训练，并在项目的开展中付诸实践。通过文科实验教学、综合设计性实验、虚拟仿真等教学手段，保证学生的创新创业项目顺利开展，学生的实践动手能力得到锻炼和巩固，再学习的自信心和综合竞争力也会得到大幅提升。

（四）组织学生积极参与竞赛

利用竞赛将实践教学环节与工作过程相融合。学生创新能力的提升，十分依赖教学模式的多样性，尤其是社会实践等培养模式的参与至关重要。多元化的专业实践平台能够提供高质量的实践机会，而学生在实践中所掌握的知识和能力，只有在参与竞赛的过程中才能体现得淋漓尽致。基于多元化专业实践平台，实践教学过程分为理论传授、基础技能培训、专项技能训练和企业岗位技能训练四个环节。[①] 带领学生积极参与各项竞赛，力求将实验实践过程中获得的能力，通过竞争激烈的竞赛实战流程再次锻炼和巩固。以一定的竞赛成果激发学生的积极性和主动性，提高学生的综合素养。

竞赛能有效提升学生学习的积极性以及解决问题的能力，同时竞赛需要教师的密切指导，能够加强师生的互动。竞赛可以将实验、实践教学过程中所学的基础知识以及基本技能进行充分检验，同时拓宽学生视野。竞赛过程中的团队协作、师生互动以及专题式研讨能极大促进学生的实践意识、挑战意识、工程意识以及科学精神的培养。竞赛要求扎实的通识基础和实验训练以及多学科的交叉融合，在潜移默化中为学生的深化学习提供强大的动力。所以竞赛也能够促使学生实现从被动学习向主动学习的转变，拓展学习的空间和自由度，这种多形式、立体化的“教学”模块能够丰富和完善 GEPC 实验实践教学模式。

---

① 参见唐衍军、蒋翠珍：《跨界融合：新时代新文科人才培养的新进路》，《当代教育科学》2020 年第 2 期。

三、GEPC 实验实践教学模式解决教学问题的方法

为培养有理想有抱负、能够解决实际问题的、具备主动学习和终身学习能力的、数字素养与专业能力兼备的、高水平的学科融合人才，完善“能力导向式”大学生数字素养教育框架，建设大学数字素养通识实验课程体系，探索大学生数字素养的 GEPC 实验实践教学模式和实施机制是一套行之有效的系统方法。文科实验教学需要从新文科复合型人才培养的实际出发，全面加强实验教学质量建设，构建全新的实验教学理论体系。在改革中，我们充分发挥实验教学队伍的主观能动性，整体规划和系统设计教学模式和教学内容，科学促进实验教学的改革工作。[①]

（一）思政教育与 GEPC 实验实践教学模式的有机结合

积极建立数字素养教育第二课堂，在教学实践和课程思政双重教育中提升大学生使用数字技术、工具的能力。帮助学生培养认知数字世界、理性使用数字技术的态度，培养自主判断、甄别数字信息的能力。在现有实验课程群中，“数码编辑”和“服务学习：影像与社会”分别获批 2020 年、2021 年南开大学年度“课程思政”优秀典型课程。其中，“数码编辑”课程以影视语言和非线性编辑为基础，注重创造性思维的建立，开阔学生的思维范畴，同时满足现代艺术设计在新媒体领域的应用需要。课程将思政元素在课程伊始即引入教学，使之贯穿整个教学活动之中。同时学生需要根据课程教学环节，对同一思政主题进行多方位调研和分析，达到思政育人自我构建的目的，从而避免老师的单方面说教。课程上选取的典型案例着力于引发学生深度思考，触及学生平时不太关注的选题，调研和实践活动能够使“思政”在融入专业学习的同时，通过具体的内容和画面，帮助学生走出自我的小圈子，看到社会需要和国家发展。“服务学习：影像与社会”课程是面向全校学生开放的社会实践通识选修课，在服务学习模式和新文科实验实践教学模式的支撑下，推动“强军爱国”服务实践与“青年红色筑梦之旅”创业实践深度融合，课程还获评天津市一流本科建设课程、天津市创新创业教育特色示范课

---

① 参见李殿鹏、吴华洋、李艳酥等：《加强文科实验室建设　构建实验教学新体系》，《实验室研究与探索》2012 年第 11 期。

程、天津市劳动教育优秀课程等。

（二）形成大学生数字素养 GEPC 实验实践教学模式的实施机制

开展以数字应用、数字创造、数字竞争能力为培养目标的大学生数字素养“通识+实验+实践+竞赛”的 GEPC 实验教学模式探索，形成由导师引领线、学生成长线、培养联动线和部门联动线共同引导的全景育人机制（见图5）。所有教学环节与团委、学工部等学生工作部门深度合作，将数字素养课程与学生能力培养和思想政治素质提高紧密结合，形成合力，使学生在复杂条件下“解决实际问题”成为可能。

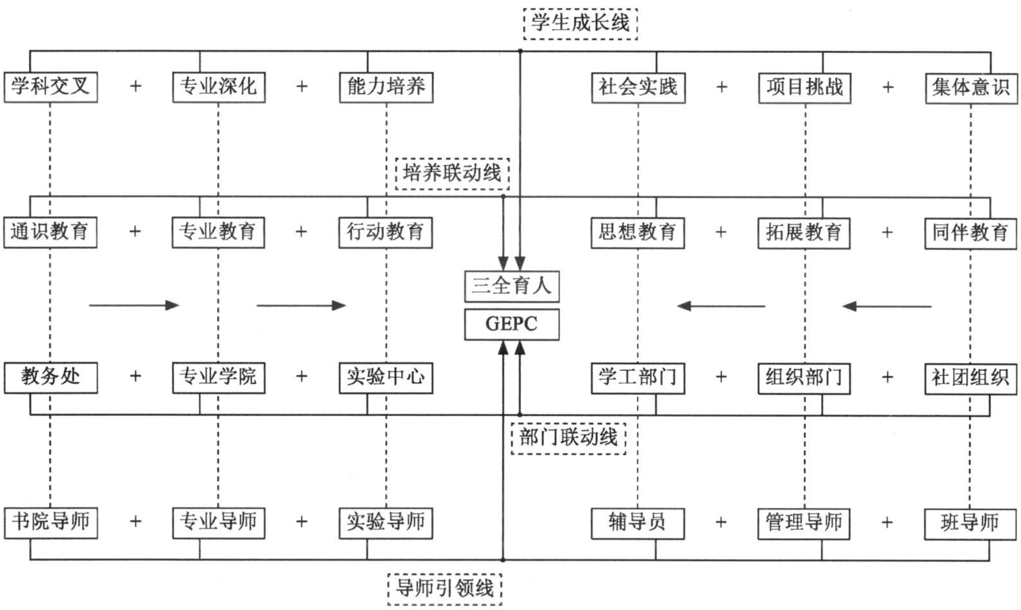

图5 GEPC 实验实践教学模式的四条引导线实现大学教育的全域参与

（三）以国家级实验教学示范中心为主体推进文理交融的 GEPC 教学模式

依托南开大学各级各专业实验教学示范中心，针对学生的基本应用能力、内容创新能力、专业实践能力，开设通识实验课，组织社会实践，开展学科竞赛，促进大学生创新。进一步拓展数字素养的应用领域，进行学科交叉，将数字素养培育渗透到专业实验课程，实现文理融合、专通并举。

同时，以虚拟教研室为基础进行多学科联动教学。发挥虚拟平台的优势，跨学科、跨部门开展以数字素养为主题的教学研究。依据数字素养知识和实验教学的特点，根据文理专业特征差异，将数字素养课程群从现有的文本、图形、图像、影像以及 VR（虚拟现实）/全景等领域扩展到交互设计、大数据、数据可视化、人工智能等领域，与南开大学通识课程模块化、专业化建设同步发展，形成数字素养通识实验课程群（见图 6）。

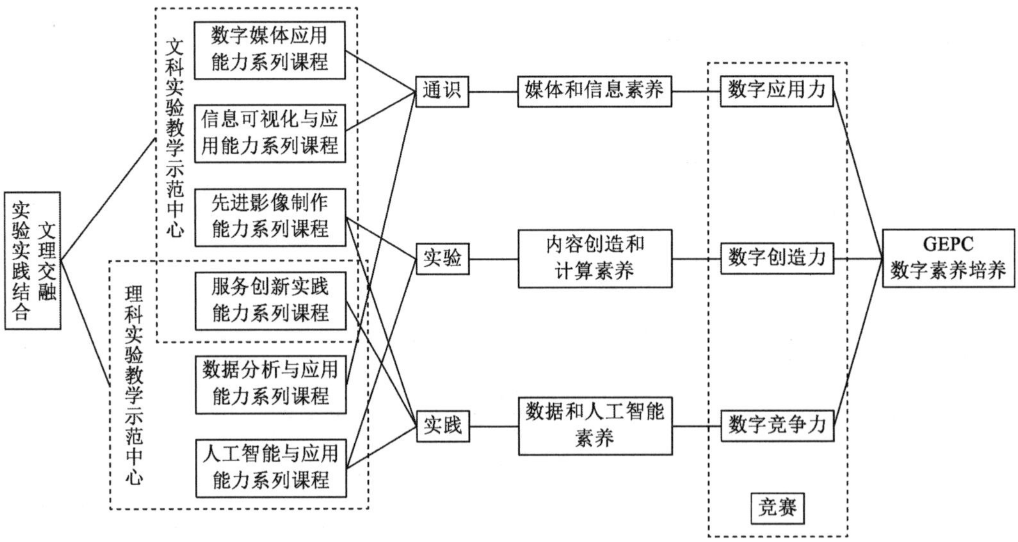

图 6　GEPC 实验实践教学模式中的文理交融

（四）引入线上线下混合式实验和虚拟仿真实验教学手段

以 MOOC（慕课）、双语教学、线下案例实验教学和科研实践等多种手段引入线上线下混合式实验和虚拟仿真实验，对学生进行知识、能力、素质的协同培养。线上线下和虚拟仿真实验联动机制，为学生提供了更多数字素养教育的机会，也是对课程教学的补充。积极引入 AR（增强现实）、MR（混合现实）等新的教学条件和设备，实现虚拟仿真实验的线上线下混合，拓展学生关于 XR（扩展现实）技术的认知。同时，创建混合式课程考核形式，综合检测学生的学习效果。借助数字技术取代“填鸭式”教学，让学习向“主动式”学习转变，使学生在毕业前养成终身学习的良好习惯。

作为先进影像制作能力代表课程之一的“VR 体验与全景视频创作”课

程，采用 VR 技术手段进行实验教学，以自编的古代文字、古代礼仪等虚拟仿真实验以及 Tilt Brush 等集成程序为教学手段，引导学生进行 VR 体验，了解 VR 世界的 3I 特征。该课程在 2018 年和 2020 年经过两轮教学改革被重新定位为线上线下混合式，线上英文内容“VR Experience and Panoramic Video Creation”目前已经进行 5 个轮次。线上内容涉及的理论知识点及设备操作指引，为学生提供知识性介绍。课程通过线上线下结合的理论讲授和实验教学，以南开大学筑梦计划、大学生创新创业计划等多种项目实践活动为媒介，以了解和使用前沿科技为目标，帮助大学生在本科学习阶段前瞻性地了解国情，提高人才培养与社会需求的契合度，培养适应时代需求的高素质创新实践型人才。同时以线上课程资源为指导，全天候辅助线下实验及实践顺利开展。

（五）打造高水平数字素养 GEPC 实验实践教学团队和优质实验课程

在数字素养通识实验课程群建设中，对教学交流和质量严格把关，培养有能力有梯度的实验教学团队。目前团队由天津市教学名师带领，集合文理多个专业的优秀实验教师。教学团队已经开设了国家级虚拟仿真实验一流本科课程“中华诗教诗词吟诵虚拟仿真实验”，国家级线上线下混合式一流本科课程“改变世界的化学”，还包括天津市一流本科课程（线上线下混合式）“VR 体验与全景视频创作”和国家级一流本科课程（社会实践）“服务学习：影像与社会”。教学团队根据教学需求，积极编写数字素养综合能力系列实验教材，已于 2021 年 11 月出版实验教材《VR 全景视频基础课程》并投入教学使用。另外，系列教材《手机摄影攻略——从入门到进阶》《图像处理与创新应用》《学术 PPT 展示高级教程》也在出版过程中。

四、实验实践教学模式的效果

（一）GEPC 实验实践教学模式在教改中呈现的特色

秉承“课程育人，课程思政”理念，在实验实践活动中实现“思想、素养、专业、应用”提升，“知中国、服务中国”是南开大学办学之初就提出的教育理念，“通识+实验+实践+竞赛”的 GEPC 实验实践教学模式探索，正是秉承这一指导思想。从高校与社会的联动入手，将实验教学与学生实践活动紧密结合，充分锻炼学生的动手能力以及数字素养能力。为训练“解决实际问题”提供基于数字素养培育的多语境学习成长链。数字化、网络化和智能化是社会发展的趋势，以大学生数字素养为培养目标的 GEPC 实验实践教学模式正是培育学生适应社会需求所需的具备数字生存能力。在此模式下，课程学习与专业呈现相结合，研究学习与日常表达相呼应。以实践能力为核心，带动学生参与科研与高阶性实验，使数字素养所包含的数字应用力、数字创造力和数字竞争力通过不断解决实际问题得到掌握和提升。

构建宽视野多层次文理融合的数字素养实验实践教学内容。在“高阶性、创新性、挑战度”目标下，发挥虚拟教研室优势，从专业教学和专业人才培养两个角度，探讨文理学科共通的大学生数字素养培育机制，建立“能力导向式”大学生数字素养教育框架，从广度和深度上完善大学生数字素养通识实验课程体系。项目已经在各实验中心和学院推动下完成 10 余门数字素养通识系列实验课程的建设和教学（见图 4)，并在文理学生的交叉发展中取得初步成效。以网络课程资源平台和校企创新转化平台为基础，在学校教务处的领导下构建学生能力认证体系和优秀项目资助体系，培养学生数字素养综合创新能力（见图 7)。

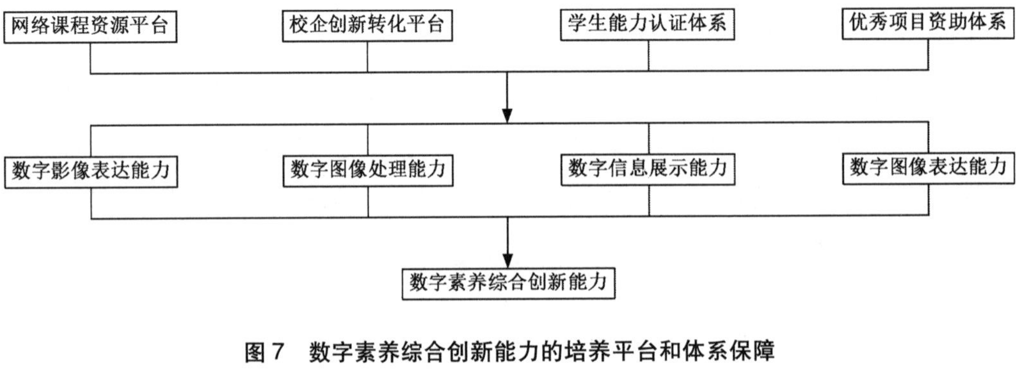

图 7　数字素养综合创新能力的培养平台和体系保障

传统的文科实验教学多是以模拟实践的方式进行设计的，在实验教学过程中更强调技能培养，而这些实验实践的培养效果往往不好。结合 GEPC 实验实践教学模式后，新文科的实验教学体系从底层上需要进行一定的层级结构设计。譬如，低年级的通识教育打破专业壁垒，学生接触的专业跨界促使知识融会贯通，激发创新意识和发展创新思维能力。而在中高年级的专业学习阶段，理论与实验教学并行，模拟实践的实验项目结合虚拟仿真实验和线上线下实验教学方式，以及开放实验项目的设计来强化并渗透对专业理论的认知与理解。① 从全视角学习理论的角度来看 GEPC 教学模式，也是符合学生个体与社会呈现出整合性的方式来完成学习的三个维度：以动机完成数字素养方面的学习内容，学习内容反过来影响数字素养和科学素养的目的，最后个人综合能力的提升与社会需求产生互动，最终全面提升学生的能力（见图 8）。②

GEPC 实验实践教学模式充分调动学生的主动性，激发学生的学习兴趣，增强学生“学以致用”的意识，培养学生服务社会、服务中国的大情怀，也使实验实践课程更加符合教育部“高阶性、创新性、挑战度”的要求。

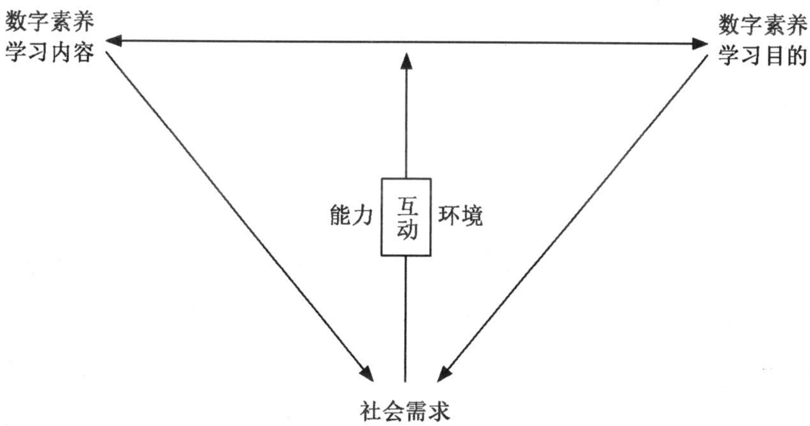

图 8　数字素养学习内容、学习目的与社会需求的相互关系

（二）GEPC 实验实践教学模式跨学科教学成果

“新文科 GEPC 实验实践教学模式构建”课题获得 2022 年高等教育（本科）天津市级教学成果奖二等奖。南开大学文学和历史两个实验教学中心带领学生获中国国际“互联网+”大学生创新创业大赛和“挑战杯”中国大学

① 参见李凤亮、陈泳桦：《新文科视野下的大学通识教育》，《山东大学学报》（哲学社会科学版）2021 年第 4 期。

② 参见傅进军、赵祖地、吴小英等：《创新人才培养的教育环境建设研究》，科学出版社 2011 年版，第 26—28 页。

生创业计划竞赛银奖、铜奖多项，省部级大赛和校级大赛奖励多项。“校军融合——强军人才培养前哨战”获第七届中国国际“互联网+”大学生创新创业大赛青年红色筑梦之旅赛道天津金奖/全国铜奖。“南有嘉鱼——基于虚拟仿真技术的传统文化深度研学”获得第二十届“挑战杯”中国大学生创业计划竞赛银奖。“‘云美术’公益线上教育平台”获第十二届“挑战杯”中国大学生创业计划竞赛铜奖。

GEPC 教学模式注重跨学科培养学生，文学国家级实验教学示范中心跨学科利用物理实验教学中心所搭建的物理实验实践平台，开阔学生的科学视野，从实践进行认知。提高学生发现和解决实际物理问题的能力，锻炼学生团队合作和表达能力。学生充分利用在数字素养系列课程之一的“记录型影像表达”中得到的数字表达能力训练，在中国大学生物理学术竞赛中获得一等奖。化学国家级实验教学示范中心带领学生获第二届全国大学生化学实验创新设计大赛特等奖，华北赛区一等奖，天津市科学实验展演会演二等奖，第五届天津市科普微视频大赛二等奖，这充分体现了化学学院学生数字素养的提升。

（三）增强学生社会责任意识

新文科实验教学进一步提升开放力度，积极服务社会经济建设。新文科的实验教学与科研和社会实践紧密结合，是培养高级专门人才的基本途径，是高校办学指导思想的重要内容之一。① 在带领学生参加社会实践过程中，采用师生同行模式深入实践，教师在带领和指导学生的同时也全面了解企业和事业机构的现状。这既能将实践与教学活动紧密结合，也能提高教师自身的实践教学能力，最终实现教学质量综合提升的目的。同时，在实践过程中帮助所服务机构发现其存在的问题，参与企事业单位的科研，实现教学、实践和科研齐丰收。② 自 2019 年开始，文学国家级实验教学示范中心教师带领学生赴庄浪参加社会实践，实践团连续多年获得南开大学优秀社会实践团称号。4 年来超过 30 位同学聚焦乡村振兴战略视野下的影像生产与传播，深入考察

① 参见邬锡琴、胡敏：《全面加强实验室建设的重要举措》，《实验室研究与探索》2009 年第 4 期。

② 参见曾雪丽、冯彦武：《对高校文科实验教学管理的若干思考》，《实验技术与管理》2011 年第 12 期。

记录脱贫攻坚中的南开人、庄浪人，拍摄百万余张照片和海量视频素材，形成系列考察影像记录；对当地非遗文化进行数字化整理，创建应用资源库；立足学生专业特色，原创文化产品，助力文化创意产业发展，多举措服务当地经济文化发展。学生与教师同行，用专业所学解决庄浪县的实际问题，面对庄浪美术教育人才缺失的难题，启动“云美术”公益线上教育平台项目，获得“挑战杯”中国大学生创业计划竞赛铜奖。

（四）积极推广教学模式获取社会关注

GEPC 实验实践教学构架中的“服务学习：影像与社会”课程，延续2018 年启动的“校军共建”项目，通过“师生四同”社会实践走进一线部队，推动“强军爱国”服务性劳动实践向“青年红色筑梦之旅”创新性劳动实践融合转化。课程汲取南开大学“知中国，服务中国”办学理念中蕴含的课程思政理念，建立了一整套“实践发现问题—项目式课程设计—科研解决问题—成果服务社会—反思总结提升”的课程模式，培养学生把基础影像知识转化为影像服务能力，主动转化“双创”实践，以“服务中国”为使命，主动服务国家战略，强化学生培养与服务社会的紧密结合，强调在解决真实问题中培育人才。学生综合运用专业知识和影像技能，以影像作品或影像教学等形式，解决文化强军中的实际问题。

2020 年 6—8 月“使用摄影技能与图像应用能力培养”“摄影与创作”“大画幅胶片摄影赏析与创作”课程团队在天津、庄浪多地举办“时间样本——见证新时代，聚焦脱贫攻坚纪实影像展”，被学习强国、新华社客户端等各大媒体报道。2021 年，庄浪社会实践团经过学生与老师的共同努力，进行了多维度的活动宣传和报道，新闻稿被新华社客户端、庄浪融媒、搜狐网、澎湃新闻等媒体报道和转载，其中新华社客户端转载报道中有三条阅读量过百万，得到社会广泛认同。

五、总结

随着国家发展与社会信息化建设产生的新需求，培养新型人文社科类人才的重要性越发凸显，新文科实验教学模式的构建也得到更多的重视。及时调整教育理念，推进教学改革，创新文科实验实践教学模式，增强新文科实验教学在多学科融合和协同育人方面的功能，扩大新文科实验教学的影响力和覆盖面，彰显其在提升学生数字素养、科学素养、人文精神等诸多方面的重要作用，才能不断提高新文科人才培养的质量。新文科的建设需要在其发展过程中不断促进融合教育，将不同学科、专业进行融合，还要将人才培养从单一性专业转向多学科融合，譬如文理融合就是将人文学科的文化品格、人文内涵与理性思维进行深度融合。另外，还需将学科和专业内部不同的教学方法进行融合，譬如 GEPC 通识、实验、实践和竞赛这一教学模式的动态性融合，代表着互动、创新和变革。最后，将虚拟仿真实验与 VR 等新兴技术手段纳入文科的专业学习，以技术推动文理交叉，以人文素养为基础培养学生的数字素养和科学素养，多维度提升学生素质。

新文科 GEPC 实验实践教学模式以数字素养能力为基础，其目标是培养掌握现代新文科理论，具备较强动手能力、科研能力、创造性思维以及组织协调能力的综合性人才。通过不断的实验实践教学模式改革，完善教学体系的架构，将理论与实践、教学与科研、人才培养与学科发展有机结合，完善实验课程结构，创新实验项目，运用新技术不断适应信息化时代对新文科人才培养的需求。新文科建设对于文科实验教学是挑战更是机遇，GEPC 实验实践教学模式的构建就是对这一挑战的创新和尝试，积极构建具有南开特色的“能力导向式”大学生数字素养教育框架，解决素养培育与专业教学的割裂问题。同时基于数字技术的线上线下混合式实验和虚拟仿真实验，解决学生在数字思维驱动下的主动学习和终身学习能力培养问题。

（原载于《中国大学教学》2023 年第 6 期）

典型案例

江苏省教育厅：以需求为导向，集成创新、彰显特色，扎实推进新文科建设

江苏坚持以习近平新时代中国特色社会主义思想为指导，全面贯彻党的教育方针，认真落实教育部《新文科建设宣言》和《江苏省“十四五”高等教育发展规划》，积极应对新一轮科技革命和产业变革，主动服务高质量发展，推动学科交叉融合，推进江苏高校文科教育迈向更高水平，全面提高人才自主培养质量，为高标准建设现代化教育强省提供坚实支撑和有力保障。

一、基础扎实，文科教育改革由来已久

江苏高等教育发展规模、整体水平、办学成果处于全国第一方阵，文科发展水平也位于全国前列，较早即开展了扎实且富有成效的探索，是新文科建设的先行实践者。作为江苏省新文科建设的先行实践者，江苏师范大学早在1994年就设立了国内第一个神经语言学和工程语言学方向，同时建立了语言能力省部共建国家级协同创新中心、语言科学综合实验教学示范中心，长期开展跨语言学、心理学、神经科学、医学、计算机科学等多学科专业改革与研究，形成了“语言机能+语言系统+语言技能”的新型中国语言学架构，为当前开展的基于协同机制的双学位新文科复合型人才培养改革实践提供了扎实的基础。南京师范大学早在2015年即开展“厚生育人、深度融合、协同创新的经管类人才双轨培养模式及运行机制”改革，为面向数字化转型的地方高校经管法专业人才培养改革实践打牢了根基。

二、需求导向，培养新时代文科人才

江苏省高校积极回应国家重大战略需求和区域经济社会发展需要开展新文科研究与改革实践。南京审计大学面向行业需求，开展广泛调研，深挖会计学专业人才培养存在的问题，制定“思政+智能+会计学”三维融合的专业

人才培养方案，开展“两育三元四融”人才培养模式改革及“一体两翼四协同”的育人体系创新。南京师范大学以教育学传统优势学科专业为基础，回应当前“保教结合”新要求，开展“医学+教育”的跨学科交叉融合创新探索，改革学前教育人才培养方案，建设医教结合的新课程体系，提升人才培养的社会适应性。南京信息工程大学作为一所以大气科学为特色的高校，面向国家创新驱动发展战略需要的气象科普，依托优势学科，建设跨学科课程和教材，培养具有行业特色的高层次数字艺术人才。

三、集成创新，推动新文科协同发展

江苏省高校坚持立德树人的根本任务，大力推进学科专业交叉融合，以科技赋能深化育人模式改革，完善课程教学体系，开展政产学研协同育人，推动高校文科教育集成创新。苏州大学开展面向科技创新的“知识产权法+工科”复合型知识产权人才培养模式创新与实践，通过开展学科交叉融合的教学资源建设，开设“创新与知识产权保护”微专业，打造政产学研一体化的实验实践教学体系等，培养具有对特定科技领域知识产权进行创造、运用、管理与保护能力的复合型人才。南京邮电大学依托“大信息”学科群的学科优势，立足江苏省哲学社会科学重点研究基地教育人工智能研究中心的“信息与通信工程”博士授权一级学科点的“教育智能体与多媒体通信”学科方向，遵循教育学与信息学科交叉融合方法论原则，面向校、企、政多元需求，打造立体化“教育人工智能”人才培养方案。扬州大学积极开展科学人文融通的中国语言文学类专业建设研究与实践，在凝练新文科精神的基础上，形成艺术与科技交融的“大艺术”人才培养理念，探索构建“一个着力点+两个交叉点+三个平衡点”的科技艺术人才培养体系。江苏科技大学开展“思政引领、技管融通、资源保障”的管理学新文科协同育人创新与实践，以需求为导向，重构管理专业新文科人才培养方案；立足大类培养，构建“思政融合”“技管融通”的新文科课程体系；深化产教融合，建立“产业伴生和企业嵌入”的产教融合协同育人机制。

四、锐意改革，实施新文科建设“四大计划”

江苏省教育厅加大改革和创新力度，出台《江苏省教育厅关于加快推进本科高校新文科建设的意见》，以任务为驱动，推动江苏高校文科教育迈向更高水平，构建具有江苏特色的新文科人才培养体系。一是实施江苏新文科教育教学体系创新计划。主动服务国家软实力提升和文化繁荣发展需要，推动课程思政与思政课程同向同行；推动形成基础学科专业健全扎实、重点学科专业优势突出、新兴和交叉学科专业创新发展、冷门学科专业代有传承的新文科专业布局；加快一流课程（群）建设，加强教材建设，加速教学案例库建设和实验室、实验教学平台建设等。二是实施江苏新文科交叉人才培养先锋区建设计划。建设一批国家级、省级文科基础学科拔尖人才培养基地，打造文科拔尖人才自主培养的江苏方案；探索跨学科、跨专业的文科教育组织模式；加强协同育人平台建设，构建学界业界双向交流、优势互补的新文科协同育人机制。三是实施江苏新文科大讲堂计划。全面挖掘江苏文化底蕴，广泛邀约学界、业界名家大师，着力打造高水平、多模块、一校一品、一校多品、特色共享的新文科大讲堂；选树新文科特色教研品牌，构建多层次、立体化的文科教师教学研训体系，建设新文科教师梯队。四是实施“悦读经典”——江苏大学生读书行动计划。指导高校将读书行动纳入人才培养方案，在通识教育课程体系中设置阅读学分，完善读书指导体系，培育建设优质阅读类课程；举办“江苏大学生读书文化节”等系列活动，推动营造书香校园氛围。

（稿件来源：江苏省教育厅）

新疆新文科教育联盟：点线面结合，全面探索新疆新文科人才自主培养路径

2021年12月，在新疆维吾尔自治区教育厅指导下，新疆财经大学发起组建了新疆新文科教育联盟。联盟由新疆大学、新疆师范大学、新疆法学会、自治区文博院等54家成员单位组成，涵盖20所高校，19个科研院所、群团、社团组织和15家企业。两年来，新疆新文科教育联盟结合联盟高校的特色优势和发展定位，在新文科建设经验分享交流、实习基地建设、新疆新文科研究与改革实践项目建设等方面开展了积极探索，为新疆各兄弟院校、科研机构、行业企业、社会组织推动新疆新文科教育发展搭建了良好的平台，有力推动了新疆各高校新文科教育出人才、出理念、出成果，形成了新文科人才自主培养的“新疆路径”。

一、以“点”为要，探索一校一品特色发展

新疆各高校结合学校发展特色和办学定位，以具体学科、专业、课程、教材、技术、教师等人才培养要素为“点”，不断夯实新文科人才培养“新基建”，呈现出文医交叉、文理交叉、文文融通等“一校一品”的新文科发展特色。

新疆大学中国语言文学学院提出“整合优化资源、融合创新模式、打造经典案例”的发展理念，构建“厚植家国情怀、彰显人文底色、回归经典研读、凸显多学科交叉融通、重视创新人才培养”的中国语言文学类专业发展模式，培养具有创新精神、适应新时代需要、愿意扎根边疆奉献边疆的文科拔尖人才。新疆医科大学提出“思政引领，医文结合，走协同发展之路”的新文科建设思路，以马克思主义学院、人文学院为载体，坚持医学与人文相融合，构建“医学+思政+人文”一体化的医学人文教育模式，加强医学生的医德和人文素养教育。新疆财经大学立足区域特点，发挥财经优势，制定

《新疆财经大学新文科建设工作方案（2022—2025 年）》，提出了“三化一性”的新文科探索与实践路径。伊犁师范大学积极探索新文科发展的有效路径，制定出台《新文科建设方案（2021—2025 年）》，积极开展新文科建设工作，促进人文社会科学学科专业创新发展，构建起适应新时代发展需求的人才培养创新体系。新疆科技学院经济学院提出数字化新文科、数字化新商科，以数字化作为新文科的抓手、切入点、突破口、新契机，推动学校新文科建设。

二、以“线”为引，探索多元协同育人机制

新疆新文科教育联盟理事单位涵盖了 19 个科研院所、群团、社团组织和 15 家企业。联盟各成员单位以项目建设为线，探索建立校校联合、校企合作、产教融合、科教融合的多元协同育人机制。

（一）以联盟新文科研究与改革实践项目为抓手，深化文科教育改革与创新

为进一步推动新疆各高校文科人才培养改革，2023 年，在自治区教育厅的支持下，新疆新文科教育联盟开展了联盟首批新文科研究与改革实践项目申报工作。联盟通过设立新文科研究与改革实践项目，推动传统的文科教育从学科导向逐步向需求导向转变，深化文科教育改革与创新实践，提升高校文科教育服务国家重大战略和新疆经济社会发展需求的能力。项目建设本着高校主导、对等合作、协调联动、共建共享的原则，深化产教科教协同，鼓励各高等院校、科研院所、行业企业、社会组织等联盟理事单位联合设计并实施项目。联盟首批新文科研究与改革实践项目立项 15 项，涵盖 11 所高校，涉及新文科建设发展理念研究与实践项目 1 项、新文科专业优化研究与实践项目 2 项、新文科人才培养模式改革研究与实践项目 9 项、重点领域分类推进研究与实践项目 1 项、新文科师资队伍建设研究与实践项目 1 项、新文科特色质量文化建设研究与实践项目 1 项。联合实施项目建设 6 项，其中校企合作 3 项、校校合作 2 项、校科合作 1 项。

（二）以自治区产学合作协同育人项目为抓手，探索校企合作的协同育人机制

为深入贯彻落实《国务院办公厅关于深化产教融合的若干意见》，贯彻落实自治区教育高质量发展大会精神，增强高校人才培养与产业需求的紧密衔接，实现校企深度合作、产教深度融合，2023 年，新疆维吾尔自治区教育厅联合国资委、工信厅组织有关企业和高校开展了自治区产学合作协同育人项目申报工作。首批自治区产学合作协同育人项目立项共计 393 项，涵盖 20 余所高校、300 余家企业。其中，新工科、新医科、新农科、新文科建设项目 22 项，涵盖 13 所高校、19 家企业，新文科项目 7 项，主要由新疆大学、新疆财经大学、伊犁师范大学、昌吉学院、新疆科技学院、昌吉职业技术学院、和田职业技术学院与合作单位共同实施项目建设。自治区以首批产学合作协同育人项目为抓手，积极探索多元协同育人模式，通过产教融合、科教融汇构建相互支撑、相互赋能、共建共享的协同育人机制，创新新文科教育新范式。

三、以“面”为台，探索建设人才自主培养共同体

（一）搭建新文科建设经验交流分享平台

新疆新文科教育联盟自成立以来，秉持共建共享原则，为新疆各兄弟院校、科研机构、行业企业、社会组织推进新疆新文科建设经验交流与分享搭建了良好的平台。2023 年 5 月 26 日，新文科教育联盟组织召开了新疆新文科教育高质量发展论坛，邀请教育部新文科建设工作组组长、山东大学原校长、教育部财政学类教学指导委员会主任委员樊丽明，重庆工商大学原校长、教育部工商管理教学指导委员会委员孙芳城，新疆财经大学副校长李季刚等国内文科领域专家学者、教育工作者作主题报告，分享新文科建设先进理念、经验。17 所高校、14 家企业、5 个社会团体和行业组织派代表参会。在论坛交流过程中，“头脑风暴”不断上演，凝聚了发展共识。

（二）共建校企合作实训基地

新疆新文科教育联盟主动对标“丝绸之路经济带核心区”建设和自治区“八大产业集群”发展需要，联盟成员单位开展合作，促进学界业界优势互

补，积极推进产教融合、校企合作共建实习基地，签订具备企业特色的“一企一策”战略合作协议，构建“社会导师”进课堂机制，把校外资源引进课堂，以项目驱动课程、问题导向课程和综合性课程开发为目标，新增系列实践实训课程，拓展实习基地建设，提升政产学研协同发展水平，培养服务国家战略需求、适应新疆经济发展的复合型人才。以新疆财经大学为例，现有校外实习实训基地 129 个，其中示范性教育实践基地 4 个，与行业企业共建 63 个，学生实习实训稳定开展、质量稳步提高。

（三）探索产教融合共同体建设

联盟立足新疆资源禀赋和区位优势，以“八大产业集群”等优势产业为重点，在自治区教育厅的指导下，探索推动联盟成员单位积极参与产教融合共同体建设。以新疆财经大学为例，学校紧紧围绕服务自治区“八大产业集群”发展，以为产业集群发展提供财经类专业技术人才支持为目标，发挥财经类学科专业特色与优势，建立“思政课教师研修基地”，不断提升职业学校思政育人能力；加强“双师型”教师队伍建设，为“产教融合共同体”的职业院校教师和企业管理人才提供学历提升途径；探索“职普融通”发展新模式，拓展学生成长成才通道，不断提升与扩大专升本、在职研究生、成人本科教育的人才培养质量和招生规模；共建智慧文旅产教融合共同体，打破校企合作边界，聚焦文旅人才供需对接、共育与培训，智慧文旅实践基地共建与科研共创等工作任务，构建“校、行、企、研”互联互通体系，形成人才孵化链、师资成长链、实习实训实践链、创新创业链、智慧文旅信息链、科研成果转化链。

（稿件来源：新疆新文科教育联盟）

北京大学：坚持自主理论创新
加快推进经济学拔尖人才培养

北京大学新结构经济学研究院认真贯彻党的二十大精神，深入贯彻落实习近平总书记关于教育的重要论述，加快推动以中国自主的知识体系为内核的经济学理论创新，秉承“道正、术高、业精、实求、事达”的理念，推动经济学拔尖学生培养计划2.0基地建设，为培养造就更多经济学拔尖创新人才贡献力量。

一、坚持自主理论创新，构建经济学学科体系

北京大学深入贯彻习近平总书记在哲学社会科学工作座谈会提出的“构建具有中国自身特质的哲学社会科学学科体系、学术体系、话语体系、教材体系”的要求，以及在中国人民大学考察调研时指出的“加快构建中国特色哲学社会科学归根结底是建构中国自主的知识体系”的要求，始终致力于在马克思辩证唯物主义和历史唯物主义指导下，总结中国经验和解决中国现代化进程中的实际问题。新结构经济学研究院人才培养工作是以自主知识理论体系为基础，在现有经济学研究生培养体系中，引入新结构经济学理论视角，将二维现代经济学拓展成不同发展程度的国家有不同结构的三维新结构经济学视角的课程体系和教学体系，构建和打造具有中国特色、适应国家需求的一流经济学学科体系。

二、牵头经济学“101计划”，着力推动拔尖人才培养

经济学“101计划”以构建和推广自主知识体系为首要任务，并以核心课程建设为切口，带动核心教材、核心师资团队、核心实践项目建设，打造高水平人才自主培养体系，着力解决人才培养大问题。经济学“101计划”提出“道正、术高、业精、实求、事达”的课程设计理念，并借助虚拟教研

室平台等新型组织方式共享优质课程和教材等教学资源，联合优秀出版社协作推出以自主知识体系为内核的系列教材。在教育部、北京大学、20 所经济学拔尖学生培养计划 2.0 基地、新结构经济学研究联盟单位以及专家委员会和工作组的大力支持下，经济学“101 计划”稳步完成核心课程大纲设计，逐步确定核心课程团队成员，为后续课程建设打下坚实基础，在教材教案建设等方面取得阶段性进展（见图 1）。

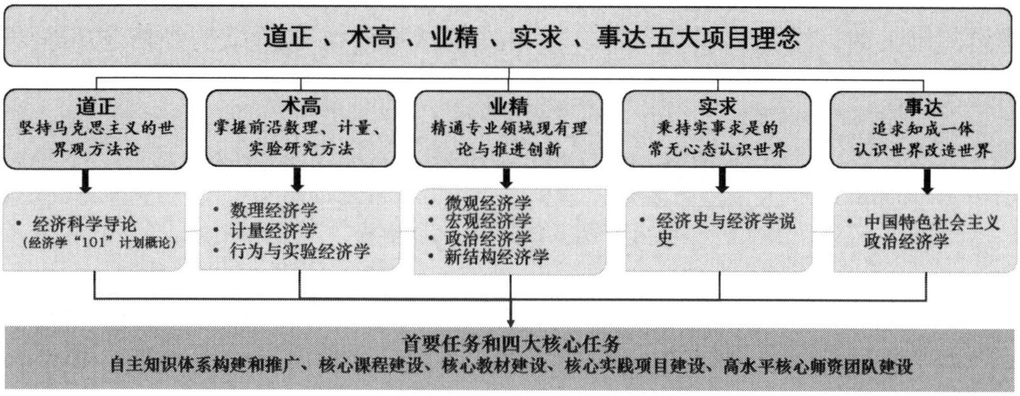

图 1　经济学“101 计划”的规划设计

三、建立新结构经济学实验班，培养经济学专业人才

北京大学新结构经济学研究院和经济学院于 2019 年联合设立新结构经济学本科实验班，以新结构经济学理论体系为切入点，形成“厚基础、宽口径、重创新”的新结构经济学系列课程体系，打造“创新性、高阶性、挑战度”的特色教学体系，培养学生系统掌握新结构经济学的学术思想、结构视角和研究方法。实验班培养计划的必修课模块中，在原有思政实践要求基础上，特增设“新结构智库实践”课程，引导和帮助学生深入了解地方发展政策，提升深入剖析经济现象的能力，运用新结构经济学理论来分析和解决实际问题。截至目前，新结构经济学实验班学生参与的实践项目包括：新疆维吾尔自治区伊犁哈萨克自治州、浙江省绍兴市、河北省无极县、河北省兴隆县等地思政教育实践或智库实践，深入调研重庆数字经济。研究院鼓励学生在实

践中拓宽视野，在探索中增长才干，将提升理论知识与解决实际问题有机融合，为经济发展和社会进步贡献一份坚实的力量。目前，新结构经济学系列课程已被纳入清华大学等高校通识课程和专业课程体系，“中国经济专题”等新结构经济学课程入选国家一流本科课程，多门新结构经济学慕课成功上线。国内外出版发行多部新结构经济学教材和教辅，《新结构经济学导论》《解读中国经济》等教材已被众多高校师生采用。新结构经济学实验班作为北京大学经济学拔尖学生培养计划 2.0 基地的实验班，是教育部经济学“101 计划”建设的排头兵，经济学“101 计划”相关教材将陆续在新结构经济学实验班率先使用。

四、组建新结构经济学研究联盟，共同推进理论创新和人才培养

北京大学、清华大学、浙江大学、武汉大学、吉林大学、华中科技大学、波兰大学等国内外近 30 家著名高校成立新结构经济学研究中心，并于 2019 年组建新结构经济学研究联盟，另有约 30 家机构正在积极筹建新结构经济学研究中心，新结构经济学研究蔚然成风。围绕新结构经济学这一主题，联盟单位在人才培养等方面也开展深度合作，南昌大学、上海大学、哈尔滨工业大学（深圳）、辽宁大学等高校相继推出新结构经济学本科实验班，江苏大学、河海大学设立新结构经济学微专业，研究联盟在推动经济学拔尖人才培养等方面日益发挥重要作用。

五、加强虚拟教研室建设，共享优质教学资源

2022 年，新结构经济学虚拟教研室正式获批成为教育部第二批虚拟教研室建设试点。教研室以提高人才培养能力为核心，以现代信息技术为依托，探索建设新型基层教学组织。教研室鼓励成员创新教研形态、加强教学研究、共建优质资源、开展教师培训等。研究院相继编制《新结构经济学研究院教研室实施办法》《新结构经济学虚拟教研室建设规划》等政策文件，对总体定位与目标、必要性、基本职责、人员支持、教材署名、经费和其他资源支持、评估考核、奖励与退出机制等方面加以严格规范。目前，新结构产业经济学

虚拟教研室、新结构区域和城市经济学虚拟教研室、新结构宏观经济学虚拟教研室等六个新结构经济学子领域的专业虚拟教研室正式从教育部获批成立，将为经济学自主知识体系数字化建设和拔尖人才培养提供重要支撑。

（稿件来源：北京大学）

中国人民大学："哲学+"跨学科人才培养理念创新与实践探索

中国人民大学认真学习贯彻党的二十大精神，贯彻落实习近平总书记关于教育的重要论述，特别是习近平总书记在中国人民大学考察时的重要讲话精神，以立德树人为根本，以强基博识为思路，以学科交融为方法，开展有组织的教学和科研，探索"哲学+"跨学科人才培养理念与实践创新。

近年来，中国人民大学"哲学+"教学团队立足培养有理想信念、有理论思维、有现实关怀的"复兴栋梁、强国先锋"，针对传统哲学教育与思政教育、学科交叉、实践应用结合不够紧密的问题，围绕哲学课程思政建设、通专结合贯通培养、教学模式课程创新、本硕博衔接机制等方面进行综合改革，不断推动哲学教育内涵式发展，探索出一条具有人大风格、中国特色、国际水准的本硕博一体化哲学人才培养之路（见图1）。

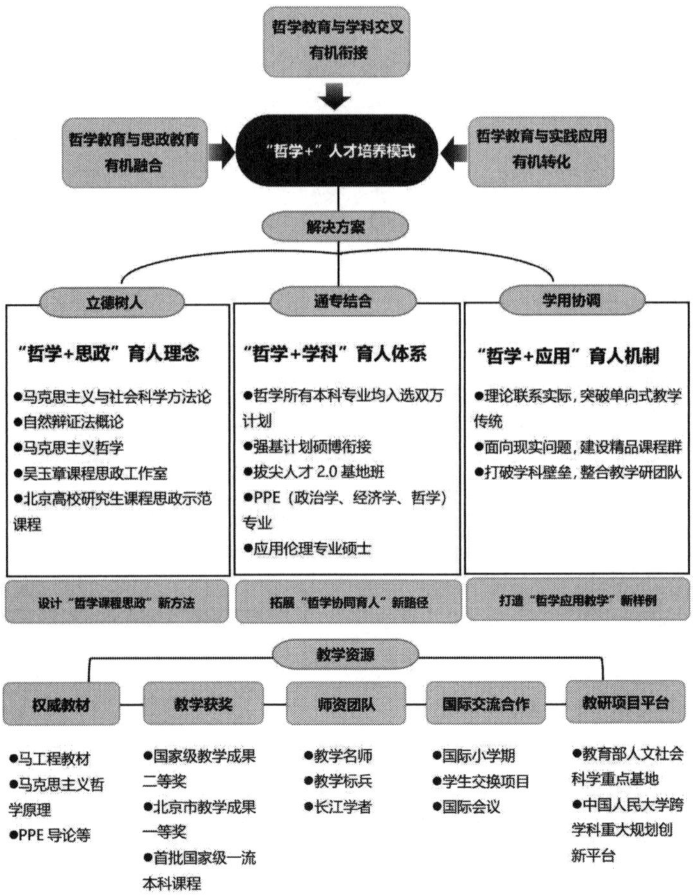

图1　中国人民大学"哲学+"人才培养模式

一、探索“哲学课程思政”新方法

以课程思政建设为中心，探索哲学课程思政新方法。一是汇聚马克思主义哲学教学资源，建立“大马哲”课程思政建设体系。通过组建教学研究团队、集体备课、合开课程，从有组织的“大马哲”科研向专业化的“大马哲”教学转化，为哲学课程思政筑牢理论基础。二是深入研究马克思主义哲学同中国具体实际和中华优秀传统文化相结合，推动哲学课程内容创新。把“两个结合”与“中国式现代化的哲学问题”联系起来，不断创新课程思政内容。通过打造“哲学的殿堂”和“哲学的星空”等本研衔接示范课程，引领哲学课程思政教育改革。

以马克思主义哲学教育，引领哲学课程思政建设。坚持以马克思主义哲学原理、马克思主义哲学经典著作和科学方法论教育为引领，在讲好全校思政课“马克思主义与社会科学方法论”“自然辩证法概论”的基础上，依托课程思政示范课程“马克思主义哲学”“哲学前沿与研究方法”“科学技术哲学”与中国人民大学吴玉章课程思政名师工作室“当代哲学热点问题”，全面加强哲学课程思政建设，开设研究生必修课“习近平新时代中国特色社会主义思想的世界观和方法论”。统筹推进哲学课程思政“三覆盖”——覆盖本硕博培养层次，覆盖哲学各二级学科，覆盖所有哲学课程类别，使哲学课程思政“必修课所在必有”“选修课应有尽有”，使学生深刻理解马克思主义哲学中国化的时代精华，深耕哲学教育与课程思政的同向性，阐明社会主义核心价值观的哲学要义，使哲学教育成为人民满意的成人之教、成业之教和成己之教。

二、拓展“哲学协同育人”新路径

以强基为根本，设立新专业，衔接本硕博，为哲学本科生提供多样化培养路径。囿于学科建设壁垒，传统哲学教育与其他学科缺少相互连接的桥梁和纽带，难以有效借助跨学科资源优化教学内容。中国人民大学“哲学+学科”的人才培养模式，一方面以强固哲学基础学科为前提，充分发挥哲学理论思维母体作用，协同相关学科成立“政治学、经济学与哲学”专业；另一方面成功孵化哲学门类首个专业硕士学位“应用伦理”，协同多学科教学资源拓展哲学教育新路径。

以课程建设为中心衔接本研一体化培养方案。贯彻落实本硕博教学改革方案，制定本研一体化培养方案。在中国人民大学首批实行全员硕博连读培养模式、首批采用申请—审核制博士生招生考试模式、首批入选卓越人才培养计划直博生项目、首批实行博士学位论文匿名送审教育部线上平台。多年来，我们以课程建设为中心，通过在本硕博三个培养层次分阶段、分程度、分重点、分领域衔接课程设置，为哲学专业学生提供了厚重、贯通、多样的学习提升路径，不断优化本硕博哲学人才培养模式一体化方案。在此基础上，打造高质量哲学教学团队，以学生喜闻乐见的方式更新哲学教案和教材，避免在本硕博不同培养阶段重复设置课程，丰富国际小学期哲学课程，建设全英文哲学课程系列，推出“中国哲学与当代视界”系列讲座，开展国际学术合作与联合培养，可以使学生更好提高学习效能，形成可观的哲学学养。

三、打造“哲学应用教学”新样例

以问题为导向，“哲学+”教学团队不断完善“哲学应用教学”新样例。改变单向式教学传统，通过各种新媒体技术的应用和教学手段的现代化，拓展课堂教学的边界，以学生为主体创新教学方式，让学生从被动吸收转向主动思考，全方位提高哲学本科生的学习兴趣和思辨能力。

建立“学用结合”的哲学人才贯通培养机制。一方面，通过对谈式教学和跨学科课程激活讲授哲学基础理论研究的问题意识；另一方面，通过汇聚名师讲授哲学精品课，培养具有厚实哲学基础的复合型人才，有效推动了哲学人才培养综合改革。以创新的教学形式增强哲学教学实效性和亲和力，以问题为导向，在教学方式、课程设计、师资整合等方面创新探索。将传统课程转化为线上线下相结合课程，如将本科生“新生研讨课”建设为“哲学的殿堂——中国人民大学哲学名家系列课程”，将博士生“哲学前沿与研究方法”课程建设为“哲学的星空——中国人民大学哲学前沿系列课程”。“哲学的殿堂”“哲学的星空”等创新课程推出以来，广受好评。

四、建构“哲学课程体系”新框架

哲学“101 计划”在课程、教材、教学团队、实践项目四个重要方面进行课程教学与人才培养模式改革，夯实了哲学基础理论教学与研究，推进了哲学学科人才培养机制创新，致力于推动哲学教育现代化。

基于哲学领域“101 计划”，积极探索推进哲学学科自主知识体系建构。充分发挥哲学学科的理论思辨优势，遵从哲学学科发展规律，结合新文科建设理念，契合国家重大战略需求与社会需求，繁荣中国特色哲学社会科学，构建中国自主哲学知识体系。一个总体性设想，即以“13 门核心课程和教材建设”为主要成果，以“哲学‘101 计划’建设体系报告”为总结说明，最终形成一个以“思想要点汇编”“文献索引数据库”为根基、以 13 门核心课程及教材为主干的哲学专业教学与科研体系，并以此作为构建哲学学科自主知识体系的重要基础（见图 2）。

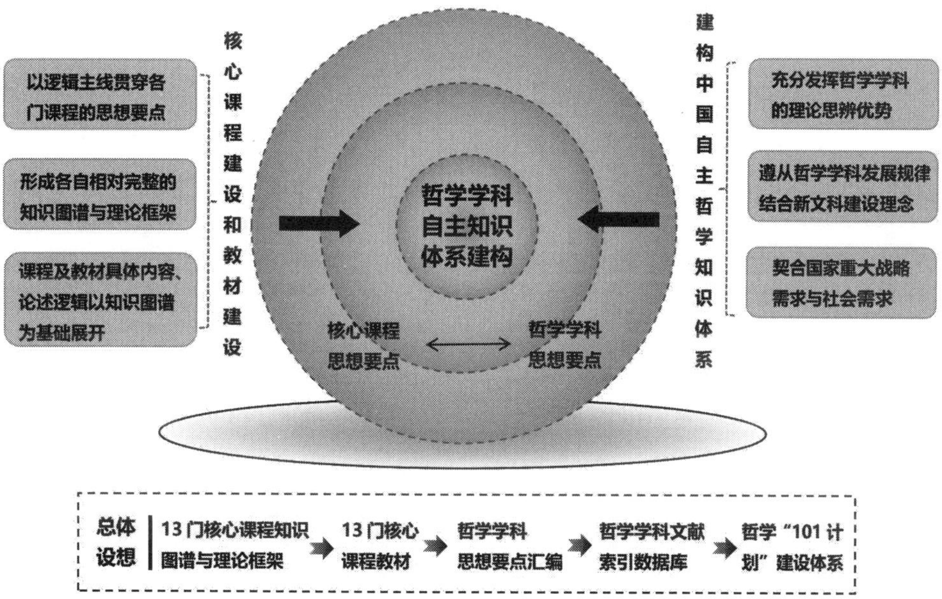

图 2　哲学领域“101”计划总体设想

未来，我们将以习近平新时代中国特色社会主义思想为指导，以事关党和国家全局性、根本性、关键性问题为导向，继续实施“哲学+”的本科教学理念，牢牢把握课程体系、教材体系、社会实践、师资队伍四个核心建设要素，深化哲学学科体系、学术体系、话语体系建设，不断提升人才培养质量，着力打造一批贯彻立德树人理念的精品课程、权威教材、实践项目和育人团队，努力建构中国自主的哲学知识体系，为以中国式现代化全面推进中华民族伟大复兴培养具有理论思维的高素质人才。

（稿件来源：中国人民大学）

北京外国语大学：服务国家国际传播能力建设重大需求建设《理解当代中国》多语种系列教材

党的二十大报告强调："加强国际传播能力建设，全面提升国际传播效能，形成同我国综合国力和国际地位相匹配的国际话语权。"为服务国家重大战略需求，助力提升国家国际传播能力，北京外国语大学牵头全国高校外语院系，深入落实《习近平谈治国理政》多语种版本进高校、进教材、进课堂（以下简称"三进"）工作，编写出版《理解当代中国》多语种系列教材，推动高校外语类专业知识体系、课程体系、教材体系与教师发展体系创新。

《理解当代中国》多语种系列教材是中央宣传部、教育部联合开展的"三进"工作的重要成果。2020 年，北京外国语大学牵头成立工作组，由全国 50 所高校及相关机构 251 位专家学者组成编写团队。2022 年秋季，系列教材由外语教学与研究出版社出版，并面向全国普通本科高校外国语言文学类专业本科生、研究生和语言类留学生推广使用。系列教材涵盖英语、俄语、德语、法语、西班牙语、阿拉伯语、日语、意大利语、葡萄牙语、韩国语等 10 个外语语种和国际中文，针对本科生、研究生、留学生等各学段各类型教学，支撑读写、演讲、翻译等各核心专业课程。

一、《理解当代中国》多语种系列教材建设的创新做法

在编写理念上，系列教材深入落实课程思政，将价值塑造、知识传授和能力培养融为一体，帮助学生读原著、悟原理，将习近平新时代中国特色社会主义思想内化于心、外化于行；贯彻内容与语言融合理念，引导学生在进行知识探究的过程中提高外语能力，在开展听说读写译语言活动的过程中加深对核心内容的理解；贯彻跨文化思辨外语教学理念，通过启发式、讨论式、

体验式和混合式等教学形式，提升学生语言运用能力、跨文化能力、思辨能力、研究能力等多元能力。

在编写内容上，系列教材课文选篇主要来自《习近平谈治国理政》多语种版本的核心内容，并吸收《中共中央关于党的百年奋斗重大成就和历史经验的决议》《在庆祝中国共产党成立100周年大会上的讲话》等党的最新理论成果。教材围绕“十个明确”，对习近平新时代中国特色社会主义思想的核心内容进行系统概括，帮助学生进一步增进对中国共产党领导和中国特色社会主义的政治认同、思想认同、理论认同、情感认同。

在编写模式上，系列教材整合“政产学研”各方面力量，探索教材编写新机制，使人才培养体系更好应对国家对国际传播人才的迫切需求。中央宣传部、教育部在教材策划、编写、培训、使用等各环节把关定向，提供政策保障。中央党史和文献研究院、中央党校、中国社会科学院、中国人民大学等高校与科研院所的理论界专家提供理论指导。中联部、外交部、新华社、外文局、中国日报社等外宣机构专家参与教材编审，教育部高等学校外国语言文学类专业教学指导委员会提供专业指导。

二、全面推动知识体系、课程体系、教材体系与教师发展体系创新

以知识体系创新促进教材体系创新。系列教材首次将习近平新时代中国特色社会主义思想系统融入外语类专业听说读写译等核心课程，帮助学生夯实外语基本功，在提高读写、演讲与翻译能力的同时掌握中国特色话语体系，提高用外语讲好中国故事、用中国理论解读中国实践的能力。系列教材出版后，北京外国语大学牵头研发了慕课、虚拟仿真课程、翻译实训平台等教学资源。

以教材体系创新促进课程体系创新。截至2023年12月，全国共有1094所高校累计开设6300多门“理解当代中国”系列课程。各高校通过增设、改造或融入相关课程等方式在外语类专业使用系列教材，推动了课程体系创新，使当代中国特色知识体系、话语体系首次融入外语类专业知识结构。同时，教育部高等学校大学外语教学指导委员会也发出使用系列教材创新大学外语

课程体系的倡议，一些高校开始探索面向非外语专业本科和研究生层次开设“理解当代中国”系列课程。

以课程体系创新促进教师发展体系创新。在高教司支持下，编写团队建设了10个语种共14个虚拟教研室，自2022年9月至2023年12月累计举办130次“理解当代中国”教研活动，各语种任课教师共计23万多人次参加各类培训和虚拟教研活动。北京外国语大学还牵头组织各类“三进”教学研讨会与教师培训，有近10万名教师参加培训；定期汇编工作简报，征集全国高校“三进”课程建设综合改革案例与课程设计案例。各高校“理解当代中国”课程建设取得显著成果，在第三届全国高校教师教学创新大赛上，使用《理解当代中国：英语演讲教程》的教师获得二等奖。

以实践体系创新提升教材育人成效。为推动“三进”工作纵深发展，北京外国语大学自2023年起举办“外研社·国才杯”“理解当代中国”全国大学生外语能力大赛。大赛模拟国际传播和人文交流的真实场景，检验学生的外语实践能力，分为英语组和多语种组，涵盖演讲、写作、阅读、翻译等多种能力，包含校赛、省赛、国赛三个阶段。各省级教育行政部门积极组织，各高校踊跃参与。2023年3月大赛启动以来，共有来自全国1186所本科院校和147所职业本科及高职院校的百万人次大学生参赛，有力促进了高等外语教育改革创新，为提高我国国际传播人才自主培养能力做出了积极贡献。

面向未来，北京外国语大学将继续以高度政治责任感和历史使命感，进一步推动“三进”教学工作走深走实，探索外语学科知识体系和教学体系创新路径，为培养高素质外语人才，提高中华文化影响力、感召力、塑造力，以中国式现代化全面推进中华民族伟大复兴做出新的更大贡献。

（稿件来源：北京外国语大学）

中国传媒大学：积极探索新时代国际传播人才培养

中国传媒大学深入学习贯彻党的二十大报告和习近平总书记关于加强国际传播能力建设的重要精神，坚持以服务国家重大战略需求为导向，探索以学科建设为纲、本科专业建设为基，“国际新闻传播硕士班”“国际传播白杨班”双轮驱动，政治、文化、语言、技术“四位一体”的新时代国际传播人才培养模式。

一、理论创新驱动国际传播人才培养理念创新

中国传媒大学国际传播人才培养已有四十余年历史。1982 年，学校开设全国首个英语（国际新闻方向）专业，2000 年开始招收国际传播方向博士研究生，2009 年起，中央宣传部、教育部等部门在清华大学、中国传媒大学等高校开展试点，招收国际新闻传播硕士研究生，设立“国际新闻传播硕士班”，为中央重点新闻媒体培养国际传播后备人才。2010 年 12 月 7 日，李长春、刘云山、刘延东等时任中央领导同志到中国传媒大学调研国际新闻传播后备人才培养工作，并对人才培养成果予以高度肯定。进入新时代，中国传媒大学坚持“系统治理、创新图强”的发展理念，落实立德树人根本任务，持续深化“四个一批”专业建设和“五个一流”教育质量提升工程，推进新文科、新工科建设，提出“三个跨越”战略，全面布局国际传播学科建设、专业建设、人才培养。

中国传媒大学以“提高我国国际传播能力，让主力军全面挺进主战场”为宗旨，坚持“国之大者”“包容天下”“以未来为向度，以世界为坐标”的核心精神，确立“培养党和国家所需，能够应对未来媒体挑战，驰骋于国际舞台的卓越传媒人才”的培养目标，提出国际传播人才“坚守国家立场、坚定文化自信、葆有人类情怀、理解未来媒体、通晓国际规则、提升斗争能力”六大能力素质，探索“树立‘三观’，把好‘四关’”的人才培养方法论，

通过树立科学的世界观、积极的人生观、正确的价值观，把好政治关、文化关、语言关、技术关，用理论创新驱动理念创新，致力于培养卓越国际传播人才。

二、建构覆盖本硕博层次的国际传播人才培养体系

（一）深耕区域国别学科建设

布局基于重点区域国别研究的国际精准传播人才培养。自主增设“区域与国别研究”二级学科，成立区域国别传播研究院，依托外国语言文化学院、传播研究院等单位，重点建设 28 个区域国别研究中心，小语种教学涉及 22 个语种，覆盖超过 50 个国家，大力推进区域国别视域下国际传播的理论创新和人才培养。

（二）着力建设交叉融合本科专业

2014 年，中国传媒大学在广播电视学专业中设置国际新闻传播方向，2019 年获批“国际新闻与传播”本科专业并列入《普通高等学校本科专业目录》，于同年起招收国内首届国际新闻与传播本科生。从 2021 年起，陆续开设中英双语播音主持方向、中朝中韩双语播音主持方向、中西双语播音主持方向，开办“国际传播与全球治理胜任力”微专业，通过交叉融合的本科专业以及微专业建设，推动国际传播人才培养模式、管理体制形成崭新的局面。

（三）面向国家重大战略需求，强化硕博培养

2021 年 9 月，中国传媒大学设立“国际传播白杨班”，厚植科技素养，深耕区域国别，生源覆盖硕士、博士研究生。学校党委廖祥忠书记亲自担任班主任，出席开班仪式、参加主题活动、讲授党课、参加劳动教育活动等。

至此，从学科到专业，从跨学科交叉融合到拔尖人才培养，中国传媒大学率先建构起覆盖本硕博层次的国际传播人才培养体系。

三、探索“四位一体”国际传播人才培养模式

（一）价值引领，坚定思想信仰，把好国际传播人才培养政治关

中国传媒大学打造了“课程思政+作品思政+实践思政+项目思政+活动思

政”“五位一体”的国际传播思政育人体系，将爱党爱国教育、国情社情教育、马克思主义新闻观教育融入国际传播专业教育，培根铸魂、启润心智，致力于培养胸怀祖国、立场坚定的国际传播人才。

用好“课堂教学”主渠道。在国际传播教育中，中国传媒大学探索构建“实践中的马克思主义新闻观”课程体系，获国家级教学成果奖一等奖；连续4年制作“四大讲堂”之一的“中国新闻传播大讲堂”视频课程，通过邀请一线记者讲授新闻报道的“行与思”，激发学生立足国际舞台推介中国、传播中国的雄心壮志；每年带领学生参加中宣部、教育部“国情教育讲座”，培养青年人的大局观和爱国热情。

立足“实践育人”主阵地。秉持“以人为中心、以作品为导向”实践育人理念，利用暑期社会实践，带领学生走访红色革命根据地和国家脱贫攻坚一线，学生深入基层调研、采写的国际新闻报道在CGTN等国家主流外宣媒体播出。深度参与“一带一路”对外宣传、影视翻译、中华学术外译、海外舆情监测、国别区域研究等领域重大项目，发挥多语种优势，参与重大外事活动，选派优秀本科生参加第三十一届世界大学生夏季运动会、第十九届亚洲运动会、2023年中国网球公开赛的播报工作，以及中国国际服务贸易交易会、第三届“一带一路”国际合作高峰论坛、北京国际非遗周等活动的志愿服务工作，为增进中外文化交流互鉴发挥积极作用。

（二）夯实基础，深耕传媒业务，把好国际传播人才培养文化关

夯实学生通识基础。加强通识核心课中关于社会研究与国家发展、人文经典与文化传承等领域的课程建设，开设“全球治理与国际法”“中国传统政治文明与政治现代化”“中西社会思想比较与前瞻”等课程；开展“文明互鉴”西方哲学系列讲座，提升通识教育对国际传播人才培养的支撑度；举办“中华民族现代文明建设与国际传播能力提升”国际传播研究生白杨论坛，促使青年学者围绕国际传播相关议题进行学术交流与思想碰撞。

优化专业课程体系。以服务国家传播战略、紧跟媒介发展趋势、凸显传媒学科特色的优质课程，培养懂传播、会传播、善传播的优秀人才。重构“六大类”（通识类、新闻史论类、专业英语类、创作类、新媒体类、观摩写作类）国际新闻传播课程体系，打造“高级英语听说读写译”“英语新闻采编播”“国际新闻理论与实务”等核心课程；重点推进区域和国别研究、播音主持与艺术、新闻传播、国际传播、融媒体创作与传播等类型的特色课程建设，致力于培养新形势下符合智能媒体时代要求的国际传播人才。

（三）融通中外，提升国际交流能力，把好国际传播人才培养语言关

强化外语通识教育。大学英语在课程分级的基础上实行学分分级，同时增开第二外语，突出对英语特长学生的个性化培养，突出对国际传播能力培养的支撑度。提升国际传播相关专业学生的外语修业要求，选拔优秀国际传播人才建立英语实验班。汇集校内优质外语教学资源，建设国家级双语示范课“电视新闻导论”、教育部英文品牌课“视觉新闻”“影视剧改编研究”。

在实践中增强语言应用能力和跨文化传播能力。鼓励学生参加全国大学生英语能力竞赛、外研社杯英语大赛等学科竞赛，参与“一带一路”国际合作高峰论坛等重要国际交流活动的志愿服务工作，在美国国家传播学会年会（NCA）等全球顶级研讨会发表英文论文，立足国际舞台，展现新时代中国青年的风采风貌。2023 年 11 月上旬，“国际传播白杨班”派出两个调研团分赴马来西亚和阿联酋开展海外调研，感受文明交流互鉴，探寻国际传播的实效策略。马新社、《星洲日报》、《华侨日报》、《光华日报》等进行了专题报道。11 月中旬，“国际传播白杨班”师生参加第二届全球媒体大会，并在“当代传媒教育”分论坛上与国际新闻传播机构专家、高校新闻传播专业学者就传媒教育的现状、挑战以及未来趋势展开了深入研讨。其间，师生代表团还同多所世界名校师生和多家国内外知名媒体机构开展深入探讨。

（四）技术赋能，涵养科技思维，把好国际传播人才培养技术关

开设全校通识必修课“计算思维”，系统培养学生面向计算或基于计算求解问题的思维，突出对未来国际传播人才培养的支撑度。聚焦人工智能发展与智能传媒转型，开展“人工智能与艺术创作：创造性工具与创新性表达”系列讲座。推动数字内容融入传统文科专业教育，探索 AIGC（Artificial Intelligence Generative Content）与各学科、专业的碰撞与融合。优化专业课程体系，开设“AI 概论”课程，并将 AI 内容融入专业课程之中；发挥“媒体融合与传播国家重点实验室”“国际传播联合研究院”“智能融媒体

教育部重点实验室”“融合出版与文化传播国家新闻出版署重点实验室”“信息计算实验室”等重要科研平台对涵养国际传播人才科技思维、AI 思维的支撑作用，持续探索技术对未来国际传播及人才培养的巨大驱动力。

（稿件来源：中国传媒大学）

中国政法大学：构建“六个协同”育人体系推动新时代涉外法治人才培养

中国政法大学始终以习近平法治思想为指导，以党的教育方针为遵循，坚持立德树人、德法兼修的培养理念，明确复合型、应用型、创新型、国际型的“四型”涉外法治人才的培养目标，全面推动涉外法治人才培养体系改革，构建“六个协同”育人体系，培养符合时代要求的涉外法治人才。

一、涉外法治人才培养面临的新形势新挑战

涉外法治作为中国特色社会主义法治体系的重要组成部分，事关全面依法治国，事关我国对外开放和外交工作大局。推进涉外法治工作，根本目的是用法治方式更好维护国家和人民利益，促进国际法治进步，推动构建人类命运共同体。要从更好统筹国内国际两个大局、更好统筹发展和安全的高度，深刻认识做好涉外法治工作的重要性和紧迫性，建设同高质量发展、高水平开放要求相适应的涉外法治体系，为中国式现代化行稳致远创造有利法治条件和外部环境。

近年来，我国法学教育取得了巨大成就，但涉外法治人才培养不足，成为明显短板。据了解，目前能够熟练从事涉外业务的律师仅7000余名，可从事“双反双保”业务的律师仅500余人，可在WTO机构独立办案的只有300余人，这与国家发展战略和社会需求严重不匹配。在国别法方向涉外法治人才数量上存在巨大缺口，而且质量上远远不能满足国家的需要。特别是精通国际法或国别法（如美国法）并能参加实战的法律人才十分稀缺，现有部分律师也达不到独立处理涉外法律事务的要求。近年来无论是面对南海仲裁案，还是美国对华发起的贸易制裁和美国境内对中方发起的恶意诉讼和蛮横执法，法律回击的力量明显不够。

总的来说，涉外法治人才培养存在的教学问题有以下四方面。一是涉外

法治知识体系单一，复合性不强。法学专业学生的外语运用能力不足，跨文化交流、国际政治、国际贸易等相关领域的知识储备明显不足，国际视野不够宽广。二是本科、硕士、博士等人才培养阶段割裂，没有形成贯通培养模式；第一课堂和第二课堂没有有效衔接，显性教育和隐性教育没有形成合力。三是培养单位各自为战，校际合作维度单一。国内高校之间没有形成优势学科、专业和资源互补，跨校本硕贯通培养机制不畅。四是法学院校和实务部门之间存在体制壁垒，知识教学和实践教学没有有机结合。高校没有充分利用社会上的优质实践教学资源，选派学生到国际组织、跨国企业实习的人数不多；司法机关、律师事务所、涉外仲裁机构等法律实务部门没有充分发挥其参与涉外法治人才培养的独特优势。

二、涉外法治人才培养的新举措

中国政法大学高度重视涉外法治人才培养工作，先后设立国际法学院、中德法学院、中美法学院、比较法学研究院等。2008 年，我国政府与欧盟委员会共同组建的中欧法学院落户中国政法大学，该学院是我国法学领域唯一一所教育部批准的中外合作办学机构。2020 年，中央依法治国办将我校确定为“国家级涉外法治研究基地（综合型）”。

（一）以“六个协同”创新涉外法治人才培养理念

针对涉外法治人才培养中的突出问题，中国政法大学通过不同专业协同、育人阶段协同、课堂内外协同、国内高校协同、中外机构协同、高校社会协同的“六个协同”育人体系，一改不同专业间的“泾渭分明”为交叉融合，一改本硕博不同学段的割裂断层为统筹谋划，一改各个高校孤军奋战为团体协作，一改理论实践之间的壁垒重重为知行合一。“六个协同”育人体系充分体现了新文科建设继承与创新、交叉与融合、协同与共享的理念。

1. 协同不同专业，拆除学科专业藩篱

成立多个涉外实验班，突破专业限制，学生可以跨专业修读课程。成立“涉外法律人才培养模式实验班”，培养国际化复合型法治人才；成立“涉外法治人才联合培养实验班”，实施“法学+外语”七年贯通培养，培养法

学外语双精通的优秀人才；成立“西班牙语特色人才培养实验班”，培养通晓西班牙语国家和地区规则的专门人才；成立“国际化法治人才实验班（国别法方向）”，培养兼具国别法学知识和小语种语言能力的高素质人才。

2. 协同育人阶段，推行一体贯通培养

设立“六年制法学人才培养模式改革实验班”，实行六年制两阶段贯通式培养。推行硕博连读和直博生培养模式改革，具有推免资格的应届本科毕业生可以攻读硕士学位，也可直接攻读博士学位。贯通培养实现了全流程长周期育人，可以使学生的知识和能力更为全面。

3. 协同两个课堂，耦合显性隐性教育

注重理论教学与实践教学相融合，建设以国际法学、外国法学、比较法学、案例课程、实务课程、研讨课程等为核心模块的涉外法学课程体系。校园法治文化活动、法律援助服务、学科竞赛、国际模拟法庭、国际大专辩论赛、模拟联合国等第二课堂，作为第一课堂的必要补充，切实提升了学生的涉外法治实践能力，实现了显性教育与隐性教育的有机统一。

4. 协同国内院校，实现优质资源互补

与北京外国语大学联合设置“法学+英语联合学士学位项目”，发挥各自学科专业和资源优势，培养法学外语双精通人才，打造“1+1+2”的强强联合协同育人模式。与对外经济贸易大学等高校联合发起成立“涉外法治人才教育联盟”，携手推动涉外法治人才培养机制创新。与武汉大学、浙江大学等互派交换生 2000 多名，共享优质涉外法治教育资源。

5. 协同中外机构，推动国际交流合作

与 54 个国家和地区的 283 所高校建立合作关系。我国政府与欧盟委员会合作共建中欧法学院，每年派送百余名学生到欧盟国家学习。学校与美国圣路易斯华盛顿大学合作开展国际法双硕士学位项目，每年选派 30 人赴美留学。迄今为止，我校已与 24 个国家的 39 所大学签约开展 41 个海外攻读博士或联合培养项目。实行国际小学期制度，每年邀请百余名外国专家来校授课。

6. 协同高校社会，打破体制机制壁垒

与中国国际经济贸易仲裁委员会、北京仲裁委员会、中伦律师事务所等国内实务部门共同发起成立“涉外法治高端人才培养联盟”，聘请涉外专家担任兼职教授和实务导师，全程参与培养方案设计、课堂教学、教材编写等。与国际商事争端预防与解决组织等国际组织和境外机构合作，设立实习实践基地。累计选派300余名学生到联合国总部、世界贸易组织、世界银行国际金融公司、前南斯拉夫国际刑事法庭等国际组织、涉外政府部门、跨国企业等单位实习实践。

（二）以协同、高效的组织模式创新涉外法治人才培养运行机制

针对涉外法治人才培养机制不顺畅等问题，中国政法大学探索形成了高效务实的协同机制。与北京外国语大学联合设置“法学+英语联合学士学位项目”的同时，设立联合学位管理委员会、学生管理联合工作组、培养方案制定与修订联合专家组，确保跨校合作的顺利开展。中欧法学院实行一家机构、多个合作伙伴的运行机制，决策机构为联合管理委员会，由十名中外专家委员组成；设中国国籍和非中国国籍院长各一名，负责学院日常事务；中国国籍院长由学校提名，为学院的行政负责人，另一名联席院长由汉堡大学在其他欧方合伙人的配合下提名，负责学院财务。学校专门成立推免工作领导小组，协调贯通培养事宜。

（三）以辅修学位、联合学位、第二学位创新涉外法治人才培养制度

中国政法大学制定了《辅修专业管理办法》《双专业双学位人才培养模式管理办法》《国内名校交换交流培养实施办法》《赴国外境外大学交流学习管理办法》等文件，确保涉外法治人才培养各项举措有章可依。灵活的学位制度大幅提高了学生学习的主体性和积极性。“涉外法律人才培养模式实验班”的学生可获得法学学士学位和法语文学辅修学士学位。“涉外法治人才联合培养实验班”的学生可获得法学学士学位和北京外国语大学签章的英语文学辅修学士学位。中欧法学院双硕士学位项目的学生可获得我校法学硕士学位和德国汉堡大学欧洲—国际法学硕士学位。与圣路易斯华盛顿大学合作项目的学生可获得我校国际法学硕士和美方法学硕士两个学位。中德法学院硕士生可获得我校和德方大学两个法学硕士学位。

（稿件来源：中国政法大学）

吉林大学：传承创新　培养新时代考古人才

吉林大学认真学习贯彻党的二十大精神，深入落实习近平总书记关于教育的重要论述特别是关于考古学人才培养的系列重要指示精神，坚定发展自信，保持发展定力，激活发展动力，发挥学校学科、人才、科研等优势，聚焦田野考古实践教学中的难点、痛点问题，探索考古学拔尖人才培养新路径，推动形成考古学实践教学模式传承创新的“吉大方案”，着力培养造就了一批具有家国情怀、担当精神、创新素养的新时代考古人才，为推进中国考古学科和考古事业的高质量发展做出了“吉大贡献”。

一、搭建综合教学平台，引领田野考古发展

创建吉林大学考古山西夏县基地，着力解决“飞速发展的教学需求与高校田野考古实践教学条件艰苦、创新不足的现状严重脱节”的问题。山西夏县是中华文明起源与发展的核心区域之一，吉林大学选择于此建成了我国高校中规模最大、设施最全、创新性强、整合度高的教学基地。国家文物局、山西省人民政府、吉林大学主要领导为基地揭牌。基地占地面积0.8万余平方米，功能完备、分区合理，设有文物库房、多功能厅、数据处理中心、数字考古实验室、陈列室、修复室、保卫室、研究室、摄影室、资料室、装备室、医疗室、现场工作室、教师公寓、学生公寓、餐厅等，能容纳140余人工作生活。基地坚持更新教学内容，探索科学方法，提高教学质量，北京大学等40多所高校考古专业负责人曾到现场考察研讨，充分肯定了夏县田野考古实践教学基地的教学成果。各高校纷纷学习学校基地建设经验，开展考古基地建设。该基地发挥了对考古高等教育的引领示范作用，推动了考古实践教学的规范化、科学化建设进程。

二、创新基地教学模式，深化理论实践融通

吉林大学全面形成“考古基地教学新模式”，着力解决“迅猛提升的技

术规范与高校田野考古实践教学课程体系紧密衔接的要求契合不足”的问题，瞄准田野考古学科前沿要求培养人才。采用传统考古发掘技术与现代科技手段相结合的形式，将 GPS、GIS、遥感等前沿科技应用到教学中，以达到知识与技能有机结合的效果，强化学生对理论知识的学习、领悟，提升学生的创新能力和实践能力。在夯实层位学的基本原理、探方发掘的基本原则和实际操作的具体要求的同时，率先引入虚拟仿真平台，让学生在实际发掘前熟练掌握田野考古发掘规范化技能，与考古发掘实践操作相结合，全方位提高教学效果。大力推行“素质考试”，推行过程式考核方法，创新考古实践考核办法，注重测试学生的分析和判断能力，调动学生的积极性，全面提升学习质量。

三、探索协同发展机制，强化学科交叉融合

吉林大学秉持“考古+”的学科发展理念，着力解决“学科交叉的发展态势与高校田野考古实践教学平台建设缺乏整合的矛盾日益凸显”的问题。吉林大学在传承中国考古优良传统的同时，开拓创新，全面开展学科交叉探索。发挥文、理、工多学科交叉优势，改进传统的田野考古发掘工作方式，建立数字化、智能化发掘工作系统。联合人工智能学院研发面向考古发掘的智能运输系统，以夏县基地为平台，联合机械与航空航天工程学院、汽车工程学院、通信工程学院、仪器科学与电气工程学院和计算机学院共同研发无人驾驶的考古工地运输车。联合吉林大学黄大年团队和东北师范大学地理学院团队进行遗址勘探和自然地貌分析，联合化学、材料学、物理学、地质学、地理学、机械学、人工智能、仪器工程等学院开展跨学科交叉合作研究。研发田野考古实践教学虚拟仿真平台，开发虚拟发掘场景。同时，与山西省、运城市和夏县各级政府及文物部门展开校地合作，充分发挥高校的人才优势和科技优势，助力地方经济社会发展。通过合作项目，更好地为当地文化遗址发掘和文化遗产保护提供智力支持。

四、加强发掘成果转化，传承弘扬中华文明

夏县基地师生通过全媒体教学实践，加强考古研究成果的传播，向全社

会展示博大精深的中华文明，讲好中国故事，服务国家战略；引导和教育广大人民群众坚定文化自信，以考古实践服务人民群众，提升国家和民族的文化软实力。一是设立考古发掘现场开放日，举办考古出土文物展览。在遗址发掘过程中，每周设立固定的时间段作为“公众开放日”，制作宣传材料，开展志愿讲解服务，引导人民群众走近考古，了解历史；建设基地文物陈列室，将考古学和博物馆学结合起来，将发掘出土的精美文物按照博物馆要求进行布展，实现“博物馆搬进考古工地”的展陈效果，充分发挥考古学的社会效益。二是开展文创产品设计与宣讲活动。积极开展公众考古活动，针对每周遗址发掘的新动态进行讲解，指导学生开展文化创意产品设计，独立设计与考古遗址有关的文创产品，增强考古宣传的趣味性和实物收藏性。三是推进传统媒体与新媒体宣传。《人民日报》《三联生活周刊》等媒体平台都曾多次报道夏县师村遗址的重要考古发现。2022 年 6 月 11 日，央视《新闻联播》头条播出的新闻《在习近平新时代中国特色社会主义思想指引下　探寻文明根脉　筑牢自信根基》，报道了师生在山西夏县师村遗址发掘出土了我国迄今年代最早的仰韶时代早期的石雕蚕蛹。充分利用“吉大考古”“吉大考古青年说”“时空挖掘机”“吉大考古小丫头”等新媒体平台，制作《梦想成真：吉大考古夏县基地的故事》和《山西夏县师村遗址》等纪录短片，宣传考古基地建设和考古工作者的日常工作与生活；制作《致敬中国考古百年》短片，献礼中国考古学诞生百年，激励师生献身考古事业，服务国家需求。四是加强调研研究，服务文物保护事业。在公众开放日，学校师生对参观群众进行问卷调查和随机访谈。学生自主设计调查问卷，并将问卷进行汇总统计，形成调研报告。这对文物保护事业的健康发展，具有较强的指导和参考意义。

（稿件来源：吉林大学）

东南大学：贯通·联通·融通，高质量构建大思政教育教学体系

东南大学始终心怀天下、心系祖国，为科学进步、民族复兴而自强不息、追求卓越，逐步形成了“严谨、求实、团结、奋进”的优良校风和“以科学名世、以人才报国”的办学理念，铸就了“止于至善”的校训精神。东南大学自入选全国“三全育人”综合改革试点高校以来，大力实施“十大育人计划”，着力贯通各环节、联通各领域、融通各方面育人资源和育人力量，按照“培根铸魂、守正创新、全程多元、知行合一”的建设理念，整体设计、系统推进建设具有东大特色、一流水平的课程思政教学体系，推动思想引领、能力培养和知识传授三位一体有机结合，构建全员全方位全过程育人大格局。

一、强化顶层设计，构建大思政教学体系

（一）培根铸魂、培元固本，构建一体贯通的思政教学体系

建强思政课程主阵地，新开设“习近平新时代中国特色社会主义思想概论”课程和“四史”选择性必修课程，深化“形势与政策”课程改革建设，实现入学到毕业思政教学全程贯穿。畅通课程思政主渠道，制定实施课程思政目标支撑和达成矩阵，建成700多门校级课程思政示范课。建好实践文化“冶炼炉”，建立实践和文化育人学分认定机制，构建学习与践行、双创教育与专业教育一体化“双螺旋”创新教育模式、“高质量课程—高水平讲座—高品位活动”三位一体文化育人模式。基于以上创新建设，2018年东南大学入选全国首批10所“三全育人”综合改革试点高校。

（二）联合互补、联动提质，构建多极联通的思政教育教学资源支撑

依托学校教育部高校思政工作创新发展中心，推进马克思主义理论学科与各专业联通；依托2个国家级和2个省级重点哲学社会科学智库，推动

150 多个思政理论研究成果进入教学案例；集聚校内优质资源，建成思政课程和课程思政媒体教学资源库和案例库 1000 多个，获批国家级课程思政示范课程 3 门；联合校外优质资源，建设覆盖各学科大类的专题社会实践基地 200 个，多渠道对接中央、省、市机关岗位实习实践，组织优秀青年志愿者到联合国、“一带一路”沿线国家实习实践。获批全国首批高校实践育人创新创业基地 1 个，首批教育部中华优秀传统文化传承基地 1 个。

（三）集成协同、集力润育，构建多元融通的思政教育保障机制与育人载体

成立“三全育人”综合改革试点工作领导小组，统筹推进思政教育教学一体化建设，健全工作机制与政策保障。实施“十大育人计划”，内融校内各条线，外联杰出校友、校外专家、业界精英等，构建多元集成的“思政育人共同体”。依托 2 个书院和 4 个生活教育学园，实施“书院导师制+学术导师制”特色制度，打造多元一体润育载体。学校入选教育部“一站式”学生社区综合管理模式建设试点（见图 1）。

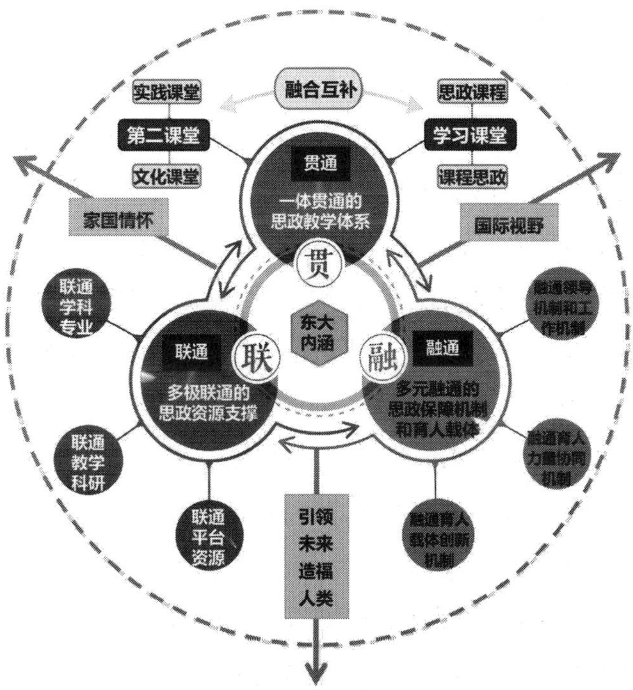

图 1 “贯通·联通·融通”的大思政教育教学体系

二、强化价值引领，打造大思政育人格局

（一）抓谋划、强统筹，构建长效机制

东南大学大力推动“培元计划”，成立以教务处牵头、多部门协同联动的“培元计划”领导工作组和课程思政教学研究中心，在校级层面构建课程思政标准体系，出台《东南大学课程思政建设实施方案》《东南大学思想政治理论课质量创新创优工程行动计划》，编撰《“课程思政”示范课优秀案例集》，建立马克思主义学院与专业学院课程思政结对共建机制，推动“三个课堂”有机融入思想政治教育元素，全方位推进课程思政体系化、规范化、常态化建设，举办大型主题思政课、课程思政教学成果展，着力打造文化品牌活动，建设东南大学课程思政云平台等。围绕教师成长发展轨迹链、教师专业发展进阶链和教学专题活动载体链三条主线，建立教师教学能力提升培训机制，建立以校内教师为主导、校外教师为补充的德才兼备课程思政教师培训队伍，形成“专业课教师+思政课教师/院系辅导员/专业班主任/校外导师”的复合型育人共同体。建立激励与约束机制，全面落实院系课程思政主体责任，把课程思政建设成效作为院系“双一流”建设、年度教学工作评价和领导班子任期目标责任制考核的重要指标，并将考评结果纳入院系人才培养综合绩效考核范畴。

（二）抓教改、强思政，选树典型示范

分类推进各专业课程思政建设，按学科分类制定专业（类）课程思政教学指南，工程管理、交通工程、临床医学 3 个专业获评首批江苏省课程思政示范专业，立项建设校级课程思政示范专业 18 个、校级课程思政教学研究与改革项目 184 项。出台《本科课堂教学质量提升工程实施意见》，大力推进课程资源建设与教学模式改革，重塑教学新形态，实现信息技术与思想政治教育的深度融合。实施精品课程战略，按照“国家—省级—校”分层次规划建设，形成具有东南大学特色的一流课程体系。获评国家级课程思政示范课程 3 门、国家级课程思政教学名师与教学团队 3 个、首批江苏省课程思政示范课程 6 门，立项建设校级课程思政示范课 700 余门。出台《东南大学教材建设与管理办法》，科学规划教材建设，重视教材质量，突出教

材特色，落实课程思政要求，加强教材选用管理，严格落实马克思主义理论研究和建设工程重点教材统一使用要求。深化实践育人体系建设，将社会实践作为思政课程和课程思政的课外延伸环节，每年组织近千支团队近万名师生，围绕“小我融入大我，青春献给祖国”主题，开展实践活动，参与创新创业竞赛。承担教育部思想政治工作精品项目，多个社会实践项目获中国国际“互联网+”大学生创新创业大赛青年红色筑梦之旅赛道金奖、“挑战杯”中国大学生创业计划竞赛乡村振兴组全国金奖、中国青年志愿服务公益创业赛优秀项目奖等全国最高荣誉。

（稿件来源：东南大学）

山东大学：积极探索实践育人新思路
全面推进文科实践教学创新改革

山东大学坚持以习近平新时代中国特色社会主义思想为指导，深入学习贯彻习近平总书记关于教育的重要论述和党的二十大精神关于教育、科技、人才“三位一体”的战略部署，落实立德树人根本任务，聚焦全面提升人才自主培养质量，在建章立制、优化体系、创新模式、强化协同等方面聚力用劲，不断探索实践育人改革新思路，全力推动文科实践教学高质量发展，加快探索拔尖创新人才自主培养之路，为培养堪当民族复兴重任的时代新人做出新的更大贡献。

一、注重统筹谋划，织牢文科实践育人“制度网”

山东大学在全国率先制定实施新文科建设工作方案，明确指导思想、基本原则和建设路径，提出将加强实践教学改革作为新文科建设的重要举措，从提高文科实践教学要求、创新文科实践教学体系、加强文科实验平台建设、提升文科实践内涵质量等方面全面深化文科实践教学改革。积极回应时代需求，服务构建新发展格局，研制出台《山东大学关于进一步加强和改进新时代本科实践教学工作的实施意见》，修订实验教学管理、实习教学管理、实践教学基地建设与管理等相关文件，构建“1+N”实践教学制度体系，进一步强化实践育人功能，对实践教学全过程全要素进行统筹设计、系统推进。以培养一流人才、服务国家战略、争创世界一流为导向，着力构建课程实践、实习实训、创新创业“三位一体”本科实践教学体系，抓好本科教育“新基建”。以建设一批一流核心实践课程，开发一批一流核心实践教材，锻造一支高水平核心实践教学团队，培育一批核心实践项目，构筑一批高质量实践教学平台为目标，在实践教学内容更新、方法革新、考核评价、队伍建设、条件改善、信息化建设、实践教学研究、质量保障等方面重点发力，进一步强化实践教学规范管理、全方位提升学生创新实践能力，推动人才培养工作取得突破性进展。

二、坚持问题导向，构筑文科实践育人“新体系”

针对文科专业在人才培养中存在的重理论轻实践、价值导向弱化、实践形式单一、毕业生在就业市场竞争力不足等突出问题，研制出台《山东大学文科实践创新专项行动方案》，以文科教育为试点全面推动实践教学改革创新。开设一批思政教育与专业教育融合、通识教育与专业教育融合、多学科交叉融合的实践创新“金课”。设立“实践创新论坛”，邀请校外知名专家学者、业界导师、实务专家围绕社会发展热点问题、实践创新能力提升等举行讲座报告，将行业产业前沿知识融入人才培养，引导师生积极参与实践创新活动，提升教师的实践育人能力和学生实践创新能力。推进数字化课程资源建设，依托在线学习平台，打破学习时间和空间限制，建立涉及教、学、考、练多个层面的教学资源库，推进资源互鉴共享。大力推广基于项目的文科实践教学模式，鼓励学生跨学科、跨年级、跨学段组队开展实践创新项目。创设实践创新工作坊，以实践为导向，以学生为中心，推广群体式、体验式、互动式、启发式的学习组织。

三、推进模式创新，创办文科实践育人“新赛事”

聚焦全面提高学生实践创新能力，鼓励广大青年学生走出校园、走向田野、走向社会，提高学生运用专业知识解决实际问题的能力和水平，创办“山东大学大学生文科实践创新大赛”，以赛促学、以赛促教、以赛促创。设置新文科建设相关选题，引导学生围绕中华优秀传统文化创造性转化和创新性发展、数智赋能创新应用、社会治理、乡村振兴、全球胜任力、知识产权与生态保护等重点领域深入开展社会调查、咨政研究、创意设计等专业实践活动，围绕社会热点难点问题进行研究探索，提升学生发现问题、解决问题的能力，形成一批优质成果。举办以“实践赋能、融创致新”为主题的大学生文科实践创新大赛，学校文理工医各专业共 454 个项目、近 3000 人报名参赛，不断提高学生运用专业知识解决实际问题的能力和水平，打造竞赛育人新生态。

四、强化多方聚力，唱响文科实践育人“协奏曲”

强化实践创新平台支撑，加强校地合作，充分发挥教学科研实验室、国家级实验教学示范中心等平台实践育人功能，为学生实践创新提供有力支撑。力争通过学科交叉、产教融合、科教融汇，构建“课程学习、项目探索、大师引领、竞赛锻炼、平台支撑”“五位一体”的实践育人新体系。积极推进产教融合，加强与头部企业、政府部门、实务部门协同合作，建立校外实践教学基地500余个。依托高密市人民政府建立的山东大学考古实习基地成功入选山东省普通高等学校示范性实习（实训）基地，为提高学生在真实环境中解决真问题、锻炼真本领的能力提供了支持和保障。实行校内外联动的“双导师”制度，加强对学生实践过程的指导，强化学生创新思维实践能力培育，推动实现人才培养与社会需求有效衔接。深化学校与产业界的全方位合作，推进任务式、项目式、探究式教学，推动课程内容与产业需求科学对接，把企业一线项目作为毕业设计、课程设计的选题来源，以产业发展的新需求、新成果推动实践教学改革。积极推进科教融汇，推动科研资源有效转化为实践教学资源，丰富实践教学内容。将先进的科研平台与技术融入实践教学，推动科研资源更大范围地开放和共享，鼓励本科生早进课题、早进实验室、早进团队，以高水平科学研究提高学生创新和实践能力。建设一批文科实验室和文科实验教学中心，山东大学数智管理与决策模拟实验室、智慧国家治理实验室、语言科学实验中心、蓝色经济绿色发展实验室、经济行为与决策实验室、黄河生态产品价值实现理论实践创新实验室、数字文旅行为实验室、数字人文实验室、数字体育与主动健康实验室等9个实验室获批山东省高等学校文科实验室立项建设，通过“产教融合、科教融汇”，不断汇聚协同育人合力，为实践教学的全面提升提供有力支撑。

（稿件来源：山东大学）

哈尔滨体育学院：四轮驱动　彰显特色
创新性推进新文科体育人才培养

哈尔滨体育学院以冰雪特色为办学基石，秉承创新性推进新文科体育人才培养的理念，结合黑龙江省地域优势，深化了冰雪特色办学思路，在新文科冰雪体育人才培养方面开创了新局面并引领了全国实践。2023 年 9 月，习近平总书记在黑龙江考察时指出，要把发展冰雪经济作为新增长点，推动冰雪运动、冰雪文化、冰雪装备、冰雪旅游全产业链发展。哈尔滨体育学院致力于探索冰雪体育经济人才培养新模式，加快培养高质量冰雪人才。

一、国家战略布局驱动：聚焦“体育强国”建设

为加快推进体育强国建设，积极回应习近平总书记提出的“三亿人参与冰雪运动”的号召，哈尔滨体育学院聚焦国家和地方发展战略，强化冰雪体育人才培养理念，创新性设计人才培养方案和课程体系，构建了以冰雪为特色的新文科体育人才培养体系。确立“+冰雪体育”学科融合发展理念，通过省级冰雪体育特色应用型本科示范专业集群建设，推动体育学与经济学、管理学、文学及新闻与传播学等学科深度融合，培养“冰雪体育+”应用型人才。注重服务冰雪体育行业，以培养冰雪运动推广者、冰雪文化传播者和冰雪体育管理者为目标，主动与行业对接，吸收行业专家建议，在专业教学活动中引入行业指导，并设置交叉专业课程，如“体育产业经营与管理”“雪场建设与管理”等，已获批省级一流课程，高质量培养一批能胜任冰雪体育组织、运行、管理及服务的专业人才。2022 年 4 月，成立“冰雪体育产业学院”并获批黑龙江省教育厅首批省级现代产业学院，进一步推动了产教协同育人，同时也助推了冰雪产业发展。

二、学科结构优化驱动：建设优势特色学科

（一）优化学科结构布局

哈尔滨体育学院结合新学科发展需要，优化学校整体学科结构，2022 年申请并获批黑龙江省“冰雪体育经济”优势特色学科，是具有一定研究基础与研究实力的龙江特色学科，也是黑龙江省及我国冰雪体育研究的先行探索者。学科重点以冰雪体育产业、冰雪体育旅游、冰雪体育消费及公共服务等交叉学科为主要方向，目前已为国家体育总局、黑龙江省地方政府等部门多次提供决策咨询服务。冰雪体育经济学科突出学科交叉融合发展理念，涉及冰雪体育政策、冰雪体育文化、冰雪体育管理、冰雪产业高质量发展等契合国家发展战略的研究方向，同时该学科重点关注人工智能等现代信息技术与冰雪体育经济的融合，并与哈尔滨工业大学计算学部建立合作关系，开展相关研究，进一步提升冰雪体育经济对区域发展的作用。

（二）开展“三全三重点”自主探索

冰雪体育经济学科建设以不同学科的理论与方法为基础，探索研究学科交叉后形成的新实践问题，建立三方面的研究口径。一是以全面支撑“体育强国”建设、服务高质量发展为方向，重点结合龙江冰雪资源优势与科技发展需求，通过政策的制定、落实和调整，引导和引领区域冰雪经济发展。二是全面探索冰雪体育消费新动力，加强冰雪体育文化与旅游的深度融合，推动冰雪体育经济与信息技术互动，重点服务冰雪体育产业结构升级，形成冰雪体育经济新业态。三是全面支撑冰雪体育发展，强化社会服务功能，重点满足冰雪体育公共服务需求，探索冰雪体育公共服务供给路径。

三、多元教学改革驱动：加强应用型教学实践探索

（一）构建“教、学、研”一体化的多元实践教学平台

哈尔滨体育学院积极构建“教、学、研”一体化的实践教学平台，全面提升教师和学生的综合能力。一方面，通过线上各种教学资源及教学竞赛促进教师教学能力提升，尤其关注教师对新文科教学创新的设计。另一方面，在引导学生课程学习的同时强调实习实训及科研内容的融入。学校每门课程

的三分之一学时用于开展学生实践，加深学生对课程知识的体会和理解。同时，学校与冰雪企业、体育管理部门、中小学校等建立深度合作关系，共同打造适应冰雪管理、竞技组织和社会体育指导的实践基地与平台，特别是与中国大学生体育协会合作，将哈尔滨体育学院尚志校区的冠军滑雪场打造成集教学科研、社会服务于一体的多元实践基地。通过拓展与建设实践平台，为学生提供了丰富的实践体验与专业技能培养保障。

（二）建设“双师型”冰雪特色专业教学团队

为满足国家、区域对冰雪特色人才的需求，哈尔滨体育学院全面打造一支在体育相关专业和行业领域具有权威资质的冰雪“双师型”教师队伍。“双师型”教学团队旨在为学生提供全方位的教学与实践指导，使学生能够满足行业需求。“双师型”教学团队由两类教师组成，分别是社会体育指导员和冰雪体育管理人员，以确保学生获得多元化的冰雪就业经验和专业技能。其中，具有社会体育指导员资格的教学团队拥有丰富的社会体育指导经验和实践技能，主要指导学生在社会体育领域进行实践活动，帮助学生掌握大众运动技术的指导方式，提升学生的社会体育指导技能。冰雪体育管理人员教学团队具有一定的冰雪赛事组织和场地运营管理经验，主要承担学生冰雪体育管理的实践指导，包括指导学生获取赛事组织方面的专业知识，帮助学生理解冰雪体育赛事的规划、运营和管理的特点，培养学生在冰雪体育赛事策划、组织与冰雪场地运营等方面的能力。

（稿件来源：哈尔滨体育学院）

广州美术学院：坚持需求导向与系统创新
积极开展新文科建设探索与实践

步入新时代，广州美术学院依托广东作为改革开放排头兵、先行地和实验区的优势，立足粤港澳大湾区，凭借历史、区位、经济发展、文化资源以及人才汇聚的多方面优势，在粤港澳大湾区美术和设计教育领域发挥龙头引领作用，以高起点、新作为推进人才培养、科研创作，以高质量发展更好地为新时代社会发展提供人才和智力支撑。

一、坚持跨学科跨专业融合发展

文史哲、经管法、艺术学与教育学，八个学科门类面对今天的社会需求，单一的专业供给已经不能满足需要，越来越多地呈现出多学科、多专业协同攻关的特点。对艺术学门类而言，学科融合的趋势格外明显。当前很多社会问题和产业问题需要通过协同创新才能解决，学科间需要更大跨度的融合。这一点也突出体现在了广州美术学院的发展与人才培养之中。

广州美术学院立足美术人才培养全过程，以创作为主线，聚焦美术人才“原生创意”特征，推进“以学生为中心”的教学转型，直面科技浪潮与社会需求，以美术学科全覆盖的国家级一流专业建设点为载体，推进交叉新型专业建设与动态调整；推进教学内容与课程体系以国际视野进行艺科融合的升级改造。一方面，通过横向拓展不断产生与科技相融通的数字媒体、艺术品保护与修复、元宇宙数字艺术等新知识新内容；另一方面，通过纵向延伸不断内化学科文脉与文化根源，不断关注新科技所带来的学科交叉与融合成果，实现教学内容与课程体系持续创新。

同时，广州美术学院生源也呈现出多学科来源的特点。部分学生有工科、医学、农学等各种不同学科背景，他们的艺术作品与设计实践自然地与其先修的学科专业领域发生密切关联，或者有些是为了解决原学科领域的问题。

比如，2023 年，广州美术学院跨媒体艺术学院的一位本科学科背景为农学的硕士毕业生，就以树木、生态等元素完成一件生态艺术毕业作品。此外，艺术背景的学生也有着强烈向工科、医学、农学领域拓展的需求，比如艺术与科技专业的毕业生则选取现代农业、医疗服务作为毕业设计的主要方向和课题。

二、加强艺科融合、科教融汇、产教融合

新文科建设背景下的艺术学融合发展，不单是纯粹学科知识体系的融合与协同，它还需要直面新一轮科技变革、产业变革浪潮，面向实践与需求，推动艺科融合、科教融汇、产教融合。艺术与科技的交汇，不仅源于钱学森先生强调的艺术思维对科学研究的重要性，还越来越强调科学思维对于艺术创作与设计的重要性，艺科融合已成为无法回避的未来趋势，深入推进艺科融合、科教融汇、产教融合成为广州美术学院高质量发展的重要抓手。

广州美术学院达芬奇创新学院是产教融合、艺科融合的一个综合案例。2022 年，广州美术学院联合李泽湘教授和东莞松山湖国际机器人产业基地，率先在国内同类院校中创建了以培养“硬科技”创新创业人才为目标的达芬奇创新学院。达芬奇创新学院是探索“新文科”教育改革背景下艺术类院校“双创”人才培育模式的迭代发展，全力打造从“设计人才培养”到“项目孵化”再到“创新创业”的全模式改革的“试验田”。学校构建了“设计+工程+科学+商业”的创新创业人才培养体系（见图 1），培养学生设计思维、科学思维，使其在深刻理解人文、商业和伦理的基础上推动产品方案市场化。

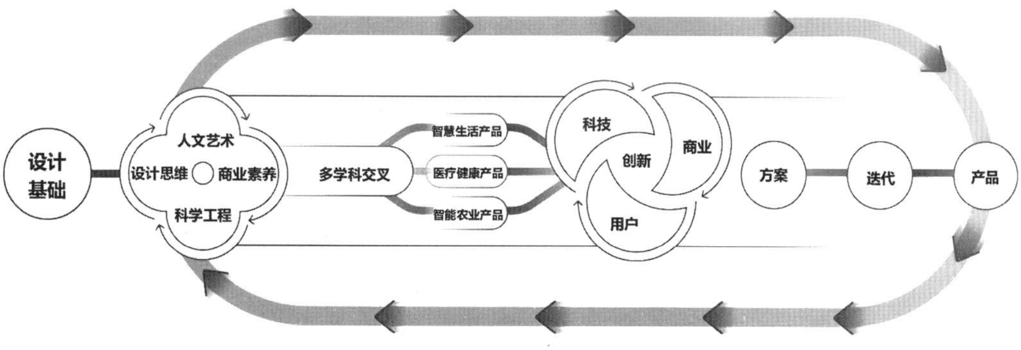

图 1　达芬奇创新学院人才培养模式

学院通过采用跨学科项目驱动的教学模式，为区域经济社会高质量发展提供新动能和人才支撑。

广州美术学院“文物保护与修复”专业的建设是传统美术领域的艺科融合案例。随着国内文博事业的快速发展，文化遗产保护意识的提升，艺术品与不可移动文化遗产的专业保护与修复人才的短缺成为发展的瓶颈，这是一个专业性与复合性非常强的专业领域，需要化学、材料学、建筑学、历史学、法学、美术学等多学科的支撑与协作。广州美术学院预见性地抓住了这个发展机遇，紧跟国家关于文物科技创新的政策指引，坚持艺科融合，全面加强文物科技创新，引进了有专业背景的、国际化的教师团队以高起点建设相关专业，已经取得了阶段性成效，不仅为国家博物馆等一些重要文博机构培养输送了急需人才，还为各大博物馆和艺术机构提供了专业的服务。

以艺术与设计服务社会、服务产业，注重从作品到产品再到商品的全过程转化和落地，并以此为目标建立起一整套行之有效的人才培养机制，是广州美术学院教育教学的鲜明特色。近年来，广州美术学院持续探索产教融合、协同创新模式的迭代升级，贴合实体经济和数字经济的发展，与华为、腾讯、大疆、广汽、美的等世界500强企业和科技创新型企业开展多元化全方位的产学研合作，实现了艺术、科技与产业的深度融合。依托创新型校办企业集美公司，通过项目制教学链接课堂、链接企业、链接社会，构建了中国艺术院校最早的产学研教学创新模式，培养了大批实践创新能力优秀的艺术与设计人才，产出了深圳城雕《开荒牛》、珠海城雕《珠海渔女》、长沙橘子洲《青年毛泽东艺术雕像》，人民大会堂广东厅、2005年日本世博会中国馆、2010年上海世博会主题馆和山西馆等设计工程，以及2010年广州亚运会视觉设计、广州城市标识设计、北京冬奥会吉祥物冰墩墩等一大批标志性的成果。

三、新文科建设的创新实践——湾区艺术创新系统

粤港澳大湾区国家战略的实施、广东高质量发展的内驱动力，推动广州美术学院开启新思路、开辟新领域、开发新赛道。学校坚持以“问题

导向”与“系统观念”谋划未来发展，基于社会创新体系建设提出构建“湾区艺术创新系统”。通过“打散重造”各项发展要素，探索“小核心+大网络”的人才培养组织形式，形成流动的资源、松散的联结与高效的聚合。

“湾区艺术创新系统”的构建旨在突破原来学科专业、教学科研组织与资源系统、内部治理架构条块分割的局限，从问题与需求而不是学科出发，组建社会技术创新、艺术科技产业、艺术城乡建设、文化遗产保护、文化创意生活、视觉文化传播等六大动态创新集群（见图2），每个集群融人才培养、科研创作、社会服务职能于一体。集群在资源共享、人才互动的条件下探索学校艺术设计教育与国家区域经济社会高度同频、深度对接的创新发展路径，打造湾区艺术与科学、设计与产业、教育与社会面向未来、共享共生、互惠互利的创新系统。

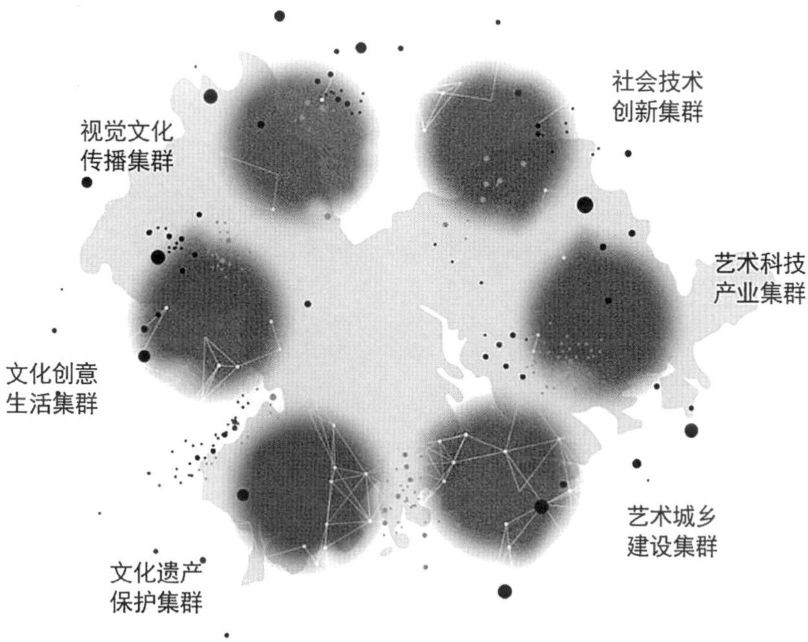

图2 “湾区艺术创新系统”六大集群

“湾区艺术创新系统”作为一个开放的系统，对外而言属于社会创新大系统的重要环节；对内而言，六个创新集群分别聚焦观念、产业、空间、传统、生活与传播，每个创新集群之间既相对独立，又动态融汇，因集群间的张力而形成了系统发展的活力。构建“湾区艺术创新系统”既是区域的、在地的行动指南，也是广州美术学院面向未来、面向世界、面向中国式现代化的建设愿景。

（稿件来源：广州美术学院）

附录　大事记

▶ 2 月，教育部等五部门印发《普通高等教育学科专业设置调整优化改革方案》

教育部、国家发展改革委、工业和信息化部、财政部、人力资源社会保障部印发《普通高等教育学科专业设置调整优化改革方案》。方案提出要以服务经济社会高质量发展为导向，建好建强国家战略和区域发展急需的学科专业；以新工科、新医科、新农科、新文科建设为引领，做优做强特色优势学科专业；加强教育系统与行业部门联动，实现学科专业与产业链、创新链、人才链的紧密匹配与相互促进。到 2035 年，形成高水平人才自主培养体系，实现高等教育高质量发展，建成高等教育强国。（来源：教育部网站）

▶ 2 月，中共中央办公厅、国务院办公厅印发《关于加强新时代法学教育和法学理论研究的意见》

为加强新时代法学教育和法学理论研究，中共中央办公厅、国务院办公厅印发《关于加强新时代法学教育和法学理论研究的意见》。意见提出要坚持以习近平新时代中国特色社会主义思想为指导，贯彻落实党的二十大精神，深入学习贯彻习近平法治思想，努力培养造就更多具有坚定理想信念、强烈家国情怀、扎实法学根底的法治人才。要坚持把马克思主义法治理论同中国具体实际相结合，同中华优秀传统法律文化相结合，总结中国特色社会主义法治实践规律，汲取世界法治文明有益成果，推动法学教育和法学理论研究高质量发展。（来源：中国政府网）

▶ 3 月 11 日，江苏省社科界第十六届学术大会“数字化与新文科建设”专场在南京举行

大会由江苏省委宣传部、省社科联共同主办，东南大学承办。会议聚焦“数字经济下的新文科转型发展”举行院长论坛，围绕“数字金融与数字交易平台的理论发展和实践前沿”“数字化浪潮下乡村振兴以及区域经济高质量发展的理论与实践”“数字经济理论和数字空间规划治理的发展与实践前沿”“数字化时代的新文科建设与教学实践”四个主题，各分论坛展开了深入研讨。（来源：江苏省哲学社会科学界联合会）

▶ 3 月 25 日，第七届全国高等学校外语教育改革与发展高端论坛在北京开幕

论坛主题为“大道致远，知行合一”。中宣部领导、教育部领导、教指委专家及两千余位高等外语教育界专家学者齐聚北京，以党的二十大精神为指引，聚焦“四新”建设、一流课程建设、国际传播人才培养、“理解当代中国”系列课程建设、外语教育数字化转型、教材建设、教师发展等高等外语教育核心议题，共同探讨外语教育现代化建设新路径。论坛启动了 2023 年“外研社·国才杯”“理解当代中国”全国大学生外语能力大赛。（来源：外语教学与研究出版社）

▶ 4 月，《新文科建设年度发展报告（2022）》出版发行

由全国新文科教育研究中心编著的《新文科建设年度发展报告（2022）》一书，由山东大学出版社出版发行。年度报告设置“领航之声”“专题报告”“专家观点”“典型案例”“大事记”等栏目，内容主要包括教育部领导的相关重要文章，2022 年全国新文科理论与实践发展报告和文科专业建设分析报告，知名专家学者观点以及省级教育行政部门、高校、教指委开展新文科建设的典型案例等。（来源：全国新文科教育研究中心）

▶ 4 月 8 日，新文科建设理论与实践论坛顺利召开

作为第 58 · 59 届中国高等教育博览会的主论坛之一，新文科建设理论与实践论坛在重庆顺利召开。论坛以“新文科与教育数字化”为主题，聚焦教育数字化背景下文科人才培养模式改革的重点问题，深入探讨教育数字化背景下的新文科建设。会议引发了热烈反响，取得了广泛共识。（来源：重庆工商大学）

▶ 4 月 8 日，西南地区高校外语教师发展联盟在渝正式成立

西南地区高校外语教师发展联盟启动仪式在成渝地区双城经济圈深化新时代高校教师评价改革论坛举行，并发表《西南地区高校外语教师发展联盟倡议》。联盟秉承“共建、共享、共赢”的合作理念，构建西南地区高校外语教师协同发展共同体，努力打造辐射西部、影响全国的教师发展创新示范区，产出一批具有示范价值的外语教师发展研究成果及改革经验，为整体提升西南地区高校外语教育水平、打造西南地区高等教育对外开放“桥头堡”贡献力量。（来源：中国日报网）

▶ 4 月 19 日，教育部基础学科“系列 101 计划”工作启动会在京召开

为深入贯彻党的二十大精神，加快构建高质量基础学科人才培养体系，教育部在北京大学召开基础学科“系列 101 计划”工作启动会。教育部基础学科教育教学改革试点工作计划（“101 计划”）涵盖计算机、数学、物理学、化学、生物科学、基础医学、中药学、经济学、哲学等 9 个基础学科。会上各学科领域牵头人介绍了本领域“101 计划”的实施方案。（来源：教育部、武汉大学）

▶ 4 月 21 日，深入推进新文科建设座谈会顺利召开

会议由全国新文科教育研究中心举办，旨在深入贯彻落实党的二十大对教育的新部署、新要求，聚焦新文科建设的使命和任务，总结全国新文科发展的成效和经验，研判新文科建设痛点难点问题，谋划未来新文科发展方向和举措，全面提高文科人才自主培养质量，推动新时代高等文科教育创新发展。（来源：全国新文科教育研究中心）

▶ 4 月 27—29 日，第八届全国高校日语专业院长/系主任高级论坛在江西南昌举行

论坛以“新时代 新征程 新发展”为主题，来自全国各地近 200 位高校日语专业院长、系主任和学科负责人，围绕日语专业发展、教学改革、人才培养模式创新、一流课程建设、教师素养提升、教材编写、思政育人、智慧教学等议题展开了深入的探讨，共同为新时代日语专业的高质量发展贡献智慧。（来源：上海外语教育出版社）

▶ **4 月，中国人民大学倡议组建“建构中国自主的知识体系大学联盟”**

在习近平总书记考察调研中国人民大学一周年之际，由中国人民大学倡议，北京大学、清华大学、北京航空航天大学等全国 40 所高校共同发起成立了“建构中国自主的知识体系大学联盟”，旨在加快建构以中国自主知识体系为内核的中国特色哲学社会科学学科体系、学术体系、话语体系。4 月，哲学、法学、工商管理等学科中国自主知识体系联盟分别成立。（来源：中国人民大学）

▶ **5 月 13 日，2023 年新闻传播学院长论坛在广州举行**

论坛由教育部高等学校新闻传播学类专业教学指导委员会主办，暨南大学新闻与传播学院承办。论坛以“新时代、新文科、新动能：中国特色新闻传播学高质量发展”为主题，设置“专业课程思政与‘马新观’教育”“国际传播话语提升与人才培养”“新文科建设与特色化人才培养”“数字变革背景下的新闻传播”“中国特色新闻传播学科建设与发展”“新闻传播教育创新与技术赋能”六个分论坛，共谋中国特色新闻传播学科实现高质量发展的新战略、新方向、新路径。（来源：中国新闻网）

▶ 5 月 19—21 日，“双一流”高校外语教育创新发展高端论坛在武汉举办

论坛由武汉大学主办，上海外语教育出版社承办。论坛以“新时代 新征程 新使命”为主题，与会学者专家围绕“高质量发展与外语学科建设”“外语教育与国际传播人才培养”“科技赋能外语智慧教学”“‘四新’建设与外语专业创新发展”等议题展开了深入探讨，共同为新时代外语教育的高质量发展建言献策。（来源：武汉大学）

▶ 5 月 26 日，新疆新文科教育高质量发展论坛顺利召开

论坛由新疆维吾尔自治区教育厅指导，新疆财经大学主办。新疆新文科教育联盟理事单位围绕新文科建设指导思想，共商新疆文科教育发展大计，共话新疆文科人才培养，推动新疆新文科教育高质量发展。新疆新文科教育联盟于 2022 年 5 月正式成立，自成立以来，联盟在推动高校与企业、科研院所、社会组织协同育人，实习基地建设，高校间教师互派、课程互选、学分互认机制，设立新疆新文科研究与改革实践项目等方面进行了积极探索。（来源：新疆财经大学）

▶ 6 月 8 日，全国新文科教育研究中心举行第二批研究员聘任仪式暨工作研讨会

为打造高端智库平台，充分发挥中心公共平台作用，全国新文科教育研究中心举行第二批研究员聘任仪式。会上，中心聘任了来自全国 16 所高校的 48 位高水平研究员，进一步壮大了研究力量，为推动新文科建设走深走实、行稳致远奠定了坚实基础。会上，教育部新文科建设工作组组长、全国新文科教育研究中心主任樊丽明教授为受聘研究员颁发聘书。（来源：全国新文科教育研究中心）

▶ 6 月 17 日，法学教育创新联盟 2023 年年会在天津举行

会议以“贯彻落实中办国办《关于加强新时代法学教育和法学理论研究的意见》，加快推进法学教育高质量发展”为主题，围绕习近平法治思想如何融入法学教育、涉外法治人才培养实践、法学院校学科建设和课程设置、教学实践基地建设和高水平实务师资队伍建设等问题进行了交流研讨。法学教育创新联盟是我国首个新文科建设联盟，由全国 17 家法学院校于 2020 年成立，旨在探索新时代新形势下法学本科人才培养的目标、模式、机制、路径和方法，促进与增强法学本科教育的现代化和适应性。（来源：《法治日报》）

▶ 6 月 27 日，南京师范大学发布文科建设十大计划

南京师范大学举行第五次文科发展大会，发布实施文科建设十大计划，具体包括马工程建设引领计划、人才培养培根铸魂计划、哲社名家大师引育计划、南师传世经典培育计划、传统文化传承发展计划、新文科交叉创新计划、文科重点平台攻坚计划、文科国际学术影响提升计划、社会服务能力拓深计划、文科发展保障计划。(来源：南京师范大学)

▶ 7 月 7 日，教育部高等学校电子商务类专业教学指导委员会全体会议暨《中国电子商务本科专业建设 20 年》新书发布会顺利召开

会议由教育部高等学校电子商务类专业教学指导委员会主办，北京工商大学、对外经济贸易大学、北京交通大学、北京物资学院共同承办。此次会议是深入推进教育部“四新”建设精神和“国家教育数字化战略行动”的重要行动，系统总结了电子商务本科专业 20 年发展建设和人才培养经验，探讨了新时代如何推进电子商务专业人才培养模式创新和质量提升的发展路径。会上，主办方还举行了《中国电子商务本科专业建设 20 年》新书发布仪式。(来源：光明网)

▶ 7月7日，全国政法院校“立格联盟”第十二届高峰论坛在渝召开

会议以“深入贯彻落实习近平法治思想，加强新时代法学教育和法学理论研究”为主题，围绕“优化法学学科体系，推进法学院校‘双一流’建设”“加快完善法学教育体系，培养高素质法治人才”“创新发展法学理论研究体系，服务全面依法治国实践”“优化新时代涉外法治人才培养体系，提升中国法治国际传播力”等内容，设置四个分会场展开研讨、交流思想、分享成果。（来源：西南政法大学）

▶ 7月19日，山东大学出台《山东大学文科实践创新行动方案》

为全面落实立德树人根本任务，推进文科实践教学改革创新，提升学生实践创新能力，山东大学出台《山东大学文科实践创新行动方案》。方案提出要通过学科交叉、产教融合、科教融汇，强化学生实践创新能力培养，构建“课程学习、项目探索、大师引领、竞赛锻炼、平台支撑”“五位一体”的实践育人新体系。（来源：山东大学）

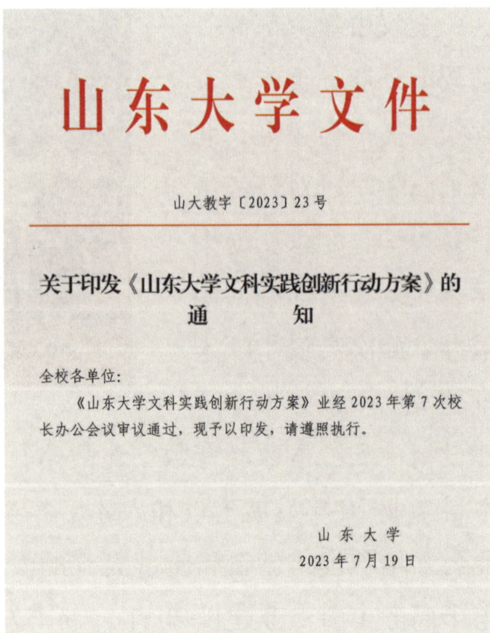

山东大学文件

山大教字〔2023〕23号

关于印发《山东大学文科实践创新行动方案》的通知

全校各单位：

《山东大学文科实践创新行动方案》业经2023年第7次校长办公会议审议通过，现予以印发，请遵照执行。

山东大学

2023年7月19日

▶ 7 月 22 日，2023 年数字经济人才培养与学科建设研讨会召开

会议由全国数字经济教育发展联盟、哈尔滨商业大学联合主办。会议围绕数字经济人才培养主线，深入探讨数字经济产业学院建设、学科体系建设、教材体系建设、数字经济实验室建设等议题，为优化学科布局、培养创新人才、推动教育服务区域经济社会发展贡献智慧和力量。（来源：央广网、哈尔滨商业大学）

▶ 7 月，“新文科建设理论创新与山大实践”获国家级教学成果奖一等奖

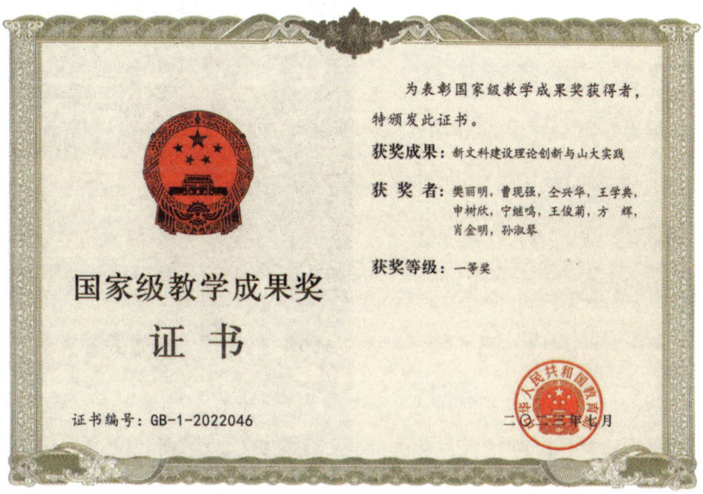

在教育部公布的 2022 年高等教育（本科教育）国家级教学成果奖获奖名单中，山东大学申报的“新文科建设理论创新与山大实践”荣获国家级教学成果奖一等奖。在成果中，山东大学创新提出“446”新文科建设理论，创建“1265”新文科育人体系，形成了“理论创新+实践探索+智库支撑”的新文科建设模式。（来源：山东大学）

▶ 8 月 14—15 日，2023 年新文科建设研讨会在广州召开

会议由教育部新文科建设工作组主办，全国新文科教育研究中心和广东财经大学共同承办。会议以“构建协同育人共同体”为主题，聚焦新文科建设的使命和任务，深入推进学科交叉融合发展，推动产教融合、科教融汇，构建协同育人共同体，全面提高文科人才自主培养质量，推动新时代高等文科教育创新发展。（来源：全国新文科教育研究中心）

▶ 8 月 21 日，新文科创新发展论坛在杭州举办

会议由教育部高等教育司指导，中国高等教育学会主办，浙江大学承办。面对世界之变、时代之变和历史之变，会议以“守正”为底色，以“创新”为画笔，为数智时代中国特色哲学社会科学的建设提供了新思路。会议举行了院长圆桌论坛，围绕数智时代“新文科”的内涵、发展新兴学科与交叉学科的重要性、学科知识体系的边界拓展、教学改革的重点方向、教学相长的良性互动等议题展开深入探讨。（来源：中国高等教育学会）

▶ 8 月 25—26 日，第二届新文科背景下外语课程与教材建设论坛成功举办

会议由中国高校外语学科发展联盟课程与教材建设委员会、上海外国语大学外语教材研究院联合举办。会议对接国家新文科教育战略，聚焦“课程建设”与“教材研究”两大主题，深入研讨，为外语课程与教材建设研究带来了新的视野和新的思考，有助于推动中国外语课程与教材研究，提升外语课程与教材建设水平，推动外语教育高质量发展。（来源：“外研社高教”微信公号）

▶ 8 月 29 日，中央财经大学发起成立中外财经教育联盟

在 2023 中国—东盟教育交流周开幕期间，中央财经大学发起成立“中外财经教育联盟”（Alliance for Economics and Management Education，AEME）。在中国—东盟教育交流周开幕式上，教育部部长怀进鹏与东盟各国教育部官员共同为中外财经教育联盟暨中国—东盟高校财经教育网络揭牌。联盟致力于推动以财经教育为优势的国内外知名大学和企业在人才培养、科学研究、学术创新、政策与规则制定等领域交流合作，共同发展为全球财经教育的“领航者”。（来源：中央财经大学）

▶ 9 月 23 日，福建省高校外语类“三进”工作推进会暨福建省高校外语课程思政联盟成立大会顺利召开

为贯彻落实《高等学校课程思政建设指导纲要》，深入贯彻中宣部、教育部关于推进《习近平谈治国理政》多语种版本进高校、进教材、进课堂工作精神，华侨大学联合福建省内32所高校成立“福建省高校外语课程思政联盟”，并举办福建省高校外语类“三进”工作推进会暨福建省高校外语课程思政联盟成立大会。（来源：华侨大学）

▶ 9 月 26 日，文史哲经基础学科拔尖学生培养计划 2.0 基地建设研讨会在山东大学召开

会议由全国新文科教育研究中心主办。会议旨在贯彻落实习近平总书记关于基础学科拔尖人才培养的重要论述，聚焦中国语言文学、历史学、哲学、经济学等基础学科的核心课程、核心教材、核心实践项目、核心师资团队等关键要素建设与建构中国自主知识体系以及科教融汇、产教融合协同育人等主题，交流基础学科拔尖学生培养基地建设经验，研判基地建设存在的重点难点问题，研讨基础学科拔尖学生培养新思路、新举措、新模式。（来源：全国新文科教育研究中心）

▶ 10 月 11 日，江苏实施“四大计划”加快推进本科高校新文科建设

江苏省教育厅召开“贯彻党的二十大·教育在行动之江苏加快推进本科高校新文科建设”新闻发布会，发布并解读了《江苏省教育厅关于加快推进本科高校新文科建设的意见》。意见提出要全面实施新文科建设“四大计划”，即江苏新文科教育教学体系创新计划、江苏新文科交叉人才培养先锋区建设计划、江苏新文科大讲堂计划、“悦读经典”——江苏大学生读书行动计划。（来源：江苏省教育厅）

▶ 10 月 21 日，中国高校外语学科发展联盟第四届财经类院校外语学科发展高端论坛顺利召开

会议由中国高校外语学科发展联盟财经类院校委员会主办，西南财经大学外国语学院承办。会议聚焦“新文科”建设，围绕“新财经”背景下商务英语一流本科专业建设与发展、外语学科教材体系建构、数智时代助力外语学科新变革、数字经济下产教融合探索与实践、数字化推动外语教学创新发展等主题展开研讨，全面提升新时代背景下财经类院校外语学科人才培养质量，推动财经类院校外语学科高质量发展。（来源：中国网）

▶ 10 月 27 日，第十四届中国高等财经教育校长论坛在江西财经大学召开

会议以“中国高等财经教育高质量跨界发展：学科融合、数智融合、产教融合”为主题，以高质量跨界体系建设为基本主线，以高等教育数智化发展为战略引擎，以调整优化学科专业结构为关键举措，深入推进现代信息技术与传统财经专业的深度交叉融合，全面推动高等财经教育质量提升和可持续发展。（来源：中国高等教育学会高等财经教育分会）

▶ 10 月 28—30 日，西南地区高校戏剧与影视学类专业人才培养论坛暨一流课程建设研讨会顺利召开

会议由教育部高等学校戏剧与影视学类专业教学指导委员会指导，四川省高校戏剧与影视学类专业教学指导委员会、成都理工大学主办。会议以“聚焦课堂，助力一流人才培养”为主题，设置“特邀专家论坛”“戏剧与影视学类专业人才培养研讨会”和“一流课程申报与建设经验交流会”三个主题论坛。此次会议吹响了西南地区戏剧影视人才培养联动的集结号，有助于全面提升西南地区戏剧与影视类专业人才培养质量。（来源：成都理工大学）

▶ 10 月 29 日，浙江省高等学校法学类专业教学指导委员会会议暨涉外法治人才协同培养研讨会成功召开

会议由浙江省高等学校法学类专业教学指导委员会主办，浙江工商大学法学院（知识产权学院）承办。会议旨在贯彻落实党中央、国务院关于加快推进涉外法治人才培养工作的决策部署，推进浙江首批 14 家省级涉外法治人才协同培养创新基地的建设。会上为浙江大学、浙江师范大学等 14 所院校颁发了“省级涉外法治人才协同培养创新基地”牌匾。（来源：浙江工商大学）

▶ 11 月 4 日，2023 全国电子商务数字教育发展研讨会在杭召开

会议由教育部高等学校电子商务类专业教学指导委员会、全国电子商务数字教育发展联盟、高等学校电子商务与数字经济案例中心主办，杭州师范大学承办。会议以“数智时代，下一个十五年”为主题，分享前沿数智技术，探讨电子商务教育发展方向。会议围绕“数智时代的电子商务与数字经济案例教学与研究”“产教融合与产业学院建设”“信息社会 50 人论坛——智能时代：经济学的重构”等主题设置分论坛，对数字经济未来发展走向与电商教育未来前景进行深入研讨。（来源：中国网）

▶ 11 月 4 日，2023 年中外新闻传播学院院长论坛在中国人民大学举行

会议由中国人民大学新闻学院、清华大学新闻与传播学院和中国高等教育学会新闻学与传播学专业委员会联合举办。会议举行了“中国新闻传播学自主知识体系联盟”启动仪式，开启了中国新闻传播学自主知识体系建设的新篇章。会议围绕“实践与理论：中国新闻传播学自主知识体系构建的路径与目标”展开交流讨论，共同推进中国新闻传播学自主知识体系建设。（来源：中国人民大学）

▶ 11 月 7 日，2023 年“中国新闻传播大讲堂”在京启动

2023 年“中国新闻传播大讲堂”在中国传媒大学正式启动。2023 年度“大讲堂”以“中国式现代化：记者的行与思”为主题，邀请来自全国 22 家媒体单位的 32 名优秀新闻工作者担任主讲人，录制 32 集课程视频。“大讲堂”于 2020 年正式创设，自启动以来成功覆盖了我国 719 所设有新闻传播学类专业院校。（来源：中国传媒大学）

▶ 11 月 11 日，首届公共管理学科发展与教材建设研讨会顺利召开

会议由教育部课程教材研究所（国家教材委员会专家委员会秘书处）和中南财经政法大学主办，课程教材研究所高校教材研究中心和中南财经政法大学公共管理学院共同承办。会议聚焦公共管理教材建设、公共管理学科建设和公共管理课程建设等议题展开全方位、多层次讨论，共同推动中国公共管理学科发展与教材建设。（来源：中南财经政法大学）

▶ 11 月 17 日，2023 年广西新文科建设论坛在桂林召开

会议由广西师范大学承办，来自全区 30 多所高校的 100 余位学者参会。会议全面总结了广西高校新文科建设的成效及存在的问题，并提出未来广西高校新文科建设的对策与建议。会议期间召开了 2023 年广西高校专业设置与教学指导委员会全体委员会议，深入交流研讨广西高校学科专业设置现状及改革前景，共同推动广西高等教育高质量发展。（来源：广西师范大学）

▶ 11 月 18 日，2023 年全国跨境电商本科专业高质量发展论坛在浙江工商大学成功举办

会议由教育部高等学校电子商务类专业教学指导委员会、浙江省高等学校电子商务类专业教学指导委员会指导，全国电子商务数字教育发展联盟、全国电子商务数字教育发展联盟跨境电商工作委员会主办，浙江工商大学管理工程与电子商务学院、中国（杭州）跨境电商学院、国家级电子商务虚拟仿真实验教学中心、中国（杭州）跨境电商人才联盟承办。会议以“数智跨境·共赢未来”为主题，从数智跨境、岗课赛证、产教融合、校企合作等多角度，共话跨境电商面临的人才培养新趋势、新挑战、新突围，为跨境电商人才培养带来新思路。（来源：高校电商教指委）

▶ 11 月 20 日，教育部办公厅印发《“十四五”普通高等教育本科国家级规划教材建设实施方案》

《方案》提出要深入推进新时代党的创新理论进教材，聚焦经济学、哲学等重点学科领域和新工科、新医科、新农科、新文科领域，重点建设一批关键领域核心教材，培育和打造一批经典传承教材，探索建设一批示范性新形态教材，打造中国特色、世界水平的高质量教材体系，为高等教育强国建设提供坚实支撑。（来源：教育部网站）

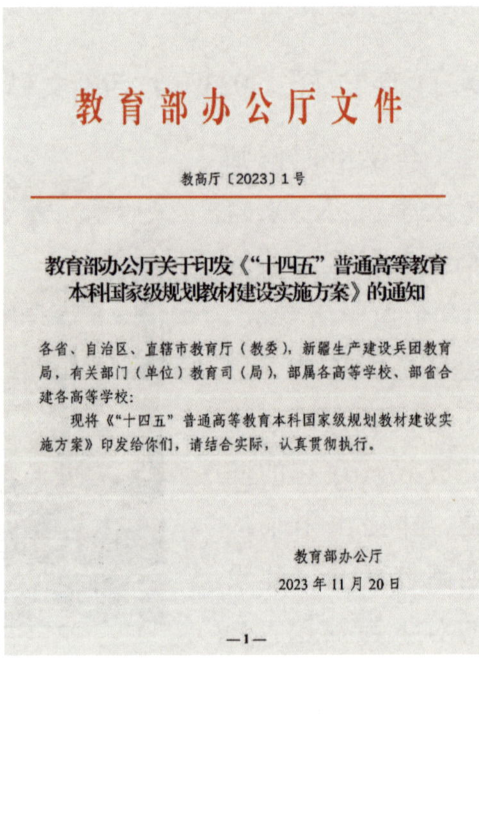

教育部办公厅文件

教高厅〔2023〕1 号

教育部办公厅关于印发《“十四五”普通高等教育本科国家级规划教材建设实施方案》的通知

各省、自治区、直辖市教育厅（教委），新疆生产建设兵团教育局，有关部门（单位）教育司（局），部属各高等学校、部省合建各高等学校：

现将《“十四五”普通高等教育本科国家级规划教材建设实施方案》印发给你们，请结合实际，认真贯彻执行。

教育部办公厅

2023 年 11 月 20 日

—1—

▶ 11 月 25—26 日，首届哲学学科发展与教材建设研讨会召开

会议由教育部课程教材研究所（国家教材委员会专家委员会秘书处）、南京大学主办，课程教材研究所高校教材研究中心和南京大学哲学系共同承办。会议围绕新时代哲学学科教材建设的瓶颈、成就与经验，哲学学科教材建设的历史、现状与国际比较，哲学学科教材的个案研究，哲学学科教材与人才培养，哲学学科新形态教材建设等议题展开深入研讨，共商新时代哲学学科发展和教材建设大计。（来源：南京大学）

▶ 12 月 8 日，2023“外研社·国才杯”“理解当代中国”全国大学生外语能力大赛国赛顺利举办

大赛由北京外国语大学主办，外语教学与研究出版社承办。大赛以“理解中国，沟通世界”为主题，深入贯彻党的二十大精神，落实立德树人根本任务，推动“三进”工作纵深发展，培养更多有家国情怀、全球视野、专业本领的高水平国际化人才，提高新时代国际传播人才自主培养能力，服务国家参与全球治理、推动构建人类命运共同体。大赛分为英语组和多语种组两大组别，历经校赛、省赛、国赛三个赛段，吸引了 1300 多所院校的近百万学生参赛。（来源：“理解当代中国”全国大学生外语能力大赛网站）

▶ 12 月 8 日，江西省 2023 年新文科建设暨新文科课程思政研讨会召开

会议由江西省教育厅指导，江西省新文科教育研究中心主办，江西师范大学协办。会议聚焦文科教育高质量发展，围绕学科专业交叉、重构课程体系、创新教学新模式、产教科教融合等问题进行交流研讨，并就江西新文科如何把握“课程思政铸魂育人”主基调、以问题意识为导向促进新文科创新发展等形成共识。（来源：江西师范大学）

▶ 12 月 9 日，首届历史学科发展与教材建设研讨会召开

会议由教育部课程教材研究所、教育部高等学校历史学类专业教学指导委员会、山东大学、全国新文科教育研究中心主办，课程教材研究所高校教材研究中心、山东大学历史文化学院共同承办。会议围绕中国史、世界史、考古学教材建设的历史传统与优势、面临的机遇与挑战、发展路径与举措、打造经典案例等内容展开深入交流研讨，引起与会专家的共鸣。（来源：山东大学）

▶ 12月9日，第一届山东大学大学生文科实践创新大赛成功举办

大赛以“实践赋能、融创致新”为主题，鼓励广大青年学生积极回应国家发展战略急需和经济社会发展需求，聚焦社会现实问题，围绕中华优秀传统文化创造性转化与创新性发展、数字人文、金融科技、智慧司法、全球治理、体育与健康等相关选题，开展社会调查、资政研究、创意设计等实践创新活动。第一届山东大学大学生文科实践创新大赛于9月正式启动，旨在以赛促学、以赛促教、以赛促创，提升学生创新思维和实践能力，打造竞赛育人新模式。（来源：山东大学）

▶ 12月9日，西部新商科实践教学数字化转型论坛暨第二届西部新商科实践教学创新与共享联盟会员大会在西安召开

会议由陕西高校工商管理教指委、西部新商科实践教学创新与共享联盟、教育部大数据管理课程虚拟教研室、虚拟仿真实验教学创新联盟经济管理类专业工作委员会主办。会议以“新商科实践教学数字化转型”为主题，深入探讨数字化转型对商科教育的影响和挑战，分享适应数字经济时代的实验教学模式，提出“双化协同”背景下商科教育产教融合的实践思考。（来源：西安欧亚学院）

▶ 12 月 11 日，全国新文科教育研究中心荣获 CTTI2023 年度智库建设最佳案例“标杆案例”和智库研究优秀成果一等奖

由南京大学、云南大学与江苏省社会科学院共同主办的“2023 新型智库治理论坛”在昆明召开。论坛发布了 CTTI2023 年度智库建设最佳案例和智库研究优秀成果。全国新文科教育研究中心申报的《建强全国新文科中心智库，引领推动高等文科教育事业高质量发展》荣获 CTTI2023 年度智库建设最佳案例“标杆案例”，《新文科建设年度发展报告（2022）》荣获 CTTI2023 年度智库研究优秀成果一等奖。（来源：全国新文科教育研究中心）

▶ 12 月 16 日，全国高校电子商务及法律专业第七届年会在河南召开

会议由教育部高等学校电子商务类专业教学指导委员会主办，河南财经政法大学承办。会议设置“电子商务及法律专业建设特邀论坛”和“数字经济时代电子商务及法律理论与实践探索特邀论坛”，与会专家从商法融合协同、创新人才培养、教赛一体虚拟平台建设、课程思政进课堂进教材、平台企业反垄断规制等方面探讨了专业内涵建设、人才培养方案制定、知识体系构建、课程与教材建设、教学方法及内容创新等领域的做法和经验，分享了电子商务及法律专业教学理论与实践的最新进展。（来源：河南财经政法大学）

▶ 12 月 17 日，长三角工商管理学科联盟成立大会在浙江工商大学召开

为积极响应推动长三角一体化发展国家战略部署，发挥工商管理学科在长三角乃至全国产业经济与企业快速发展中的作用，打造长三角工商管理学科发展共同体，建构中国自主的工商管理学科知识体系，成立长三角工商管理学科联盟。联盟坚持学科共建共享，不断增强学科竞争力；围绕产、学、研、教，不断加强与产业深度融合；推进学科数字化转型与跨学科交叉；围绕国家发展重大现实问题，开展有组织的合作研究；联合开展本硕博拔尖创新人才培养；等等。（来源：浙江工商大学）

▶ 12 月 23 日，涉外法治人才培养与国际法学科专业建设专题研讨会在西安成功召开

会议由中国国际法学会与西安交通大学联合主办，西安交通大学法学院、“一带一路”与国际法治研究院承办。会议聚焦涉外法治人才培养，与会人员围绕“国际法学科与专业建设的机遇与挑战”“涉外法治人才培养的实践与创新”进行了深入交流研讨，凝聚共识，发布《国际法学科专业建设西安倡议》，为推进国际法学科专业建设、服务涉外法治人才培养、服务涉外法治工作、服务国之大者奠定了基础。（来源：西安交通大学）